新一代信息技术系列教材

区块链
理论与实战

强 彦 赵涓涓 王盈森 编著

机械工业出版社

区块链（Blockchain）被认为是继蒸汽机、电力、信息、互联网之后，第五个最有潜力引发颠覆性革命的核心技术。它是数字化资产的分布式账本，是构建价值互联网的基石，是驱动分享经济发展的新引擎。区块链的共识算法、密码学以及数据库等技术手段，在商品溯源、跨境支付、供应链金融等方面已有实际应用。

本书首先介绍比特币的相关技术和理念，进而介绍区块链的共识算法、密码学等知识，最后带领读者搭建基于 Hyperledger Fabric 的区块链环境与应用。

本书内容由浅入深，理论与实践相结合，既适合区块链的入门者，也适合从事与区块链相关专业的人员参考。

图书在版编目（CIP）数据

区块链理论与实战/强彦，赵涓涓，王盈森编著. —北京：机械工业出版社，2023.5
新一代信息技术系列教材
ISBN 978-7-111-73051-4

Ⅰ.①区⋯ Ⅱ.①强⋯ ②赵⋯ ③王⋯ Ⅲ.①区块链技术-教材 Ⅳ.①F713.361.3

中国国家版本馆 CIP 数据核字（2023）第 071299 号

机械工业出版社（北京市百万庄大街 22 号　邮政编码 100037）
策划编辑：刘琴琴　　　　　　责任编辑：刘琴琴　王　荣
责任校对：肖　琳　张　薇　　封面设计：张　静
责任印制：张　博
北京建宏印刷有限公司印刷
2023 年 7 月第 1 版第 1 次印刷
184mm×260mm・14 印张・318 千字
标准书号：ISBN 978-7-111-73051-4
定价：49.00 元

电话服务　　　　　　　　　网络服务
客服电话：010-88361066　　机　工　官　网：www.cmpbook.com
　　　　　010-88379833　　机　工　官　博：weibo.com/cmp1952
　　　　　010-68326294　　金　书　网：www.golden-book.com
封底无防伪标均为盗版　　　机工教育服务网：www.cmpedu.com

前言

为何写作本书

近年来区块链技术迅猛发展，各种基于区块链的创新和应用层出不穷。作为下一代互联网的底层技术，区块链已正式被纳入战略性前瞻性领域，其在推动数字产业化、健全完善数字经济治理体系等方面发挥着重要作用。现实中人们经常将区块链技术和金融、投资等画上等号，实际上，区块链本质上作为一种去中心化的分布式账本技术，已经渗透到各行各业，区块链对推动企业数字化转型，促进产业数字化发展，推进数字中国建设都起着强大的支撑作用。当前，政策叠加效应深度释放，我国区块链产业发展驶入"快车道"，已经成为驱动数字经济高质量发展的重要引擎。

区块链作为一种新兴技术，在繁荣和飞速发展的背后也隐藏着危机。目前区块链技术在实际应用中还存在以下困难：

1）系统的学习资料较少。区块链是近几年的新兴技术，目前有关区块链较为系统的资料比较少。

2）技术方向繁杂。区块链是一项融合了P2P、共识机制、密码学等的综合性技术，且技术之间存在关联。

3）有关区块链的实验环境和案例难以搭建。区块链是一门新技术，缺乏比较成功的案例；即使一些行业头部公司开发了个别成功案例，但是目前并没有公开，这些都会给区块链的实际应用造成一定的阻碍。

本书由浅入深，避免区块链的爱好者们因为深奥的技术知识而对区块链望而却步，我们希望读者通过这本书，在深入理解区块链的核心技术的同时，也能够将区块链付诸实践，进而解决现有技术无法解决的行业痛点。

读者对象

本书适合区块链技术爱好者以及入门者，对比特币、以太坊感兴趣的相关学者以及相关产业技术人员阅读。

主要内容

本书先对比特币、以太坊这两个典型区块链平台的理论进行了介绍，然后深入解析其中蕴含的密码学以及共识机制的方法原理，最后以 Hyperledger Fabric 为实战平台，提供实战项目案例，展示代码示例供读者参考。

全书共 5 章。

第 1 章：首先对比特币的背景以及特性进行介绍，进而讲解比特币的数据结构，包括哈希指针、默克尔树和区块结构，然后深入解析比特币的交易模型、挖矿过程等，帮助读者深入了解比特币。

第 2 章：通过以太坊的基本概述、账户、数据结构、Ghost 协议以及挖矿这五个方面，系统地介绍了以太坊的结构以及应用。

第 3 章：从密码学的概念和发展历程、区块链中的哈希函数、主要的非对称加密算法、数字签名及零知识证明等方面，系统介绍了区块链安全的保障——密码学。区块链之所以能够解决人与人之间的信任问题，是因为它的不可篡改性，而这种特性本质上又是基于密码学算法来实现的。

第 4 章：介绍并深入探讨经典的分布式一致算法，包括 Paxos、PoW、PoS 以及 PBFT。一致性问题是分布式领域最基础、最重要的问题，也是半个世纪以来的研究热点。分布式系统中如何保证共识是个经典问题，无论在学术方面还是在工程方面都有很高的研究价值。通过本章的学习，读者可以体会到在工程应用中的类似设计技巧。

第 5 章：将理论知识付诸实践，带领读者详细部署搭建 Hyperledger Fabric 环境，并进行实例开发，包括 Fabric 的技术特性、安装和使用、智能合约的部署以及食品溯源等项目的开发。

我国采取了一系列措施全面整治虚拟货币和"挖矿"活动，本书选取国外实例进行介绍，展示区块链技术在全球范围内的发展现状。

本书第 1~2 章由强彦教授编写，第 3~4 章由赵涓涓教授编写，第 5 章由王盈森编写。原镭明、段亚红、王威雄、索遥、徐佳正等项目组成员做了大量的资料准备、文档整理和代码调试工作。全书由强彦教授统稿。

主 要 特 色

本书是作者深入研究区块链并参与诸多区块链项目后总结而成的，具有以下特点：

1）基础知识和高深理论相结合，由浅入深，由理论到实践，逐步引导读者深入理解区块链技术的精髓。

2）提供大量细致的源代码和实战步骤，通过这些源代码，读者可以进行区块链的操作和项目开发。

致 谢

本书能够完成首先要感谢机械工业出版社的工作人员为本书顺利出版付出的努力。同时感谢团队和对本书的编写提供帮助的所有朋友。

编著者

目 录

前言

第1章 比特币 ... 1

1.1 比特币概述 ... 1
1.1.1 比特币的特性 ... 1
1.1.2 比特币的发展背景 ... 2
1.1.3 比特币的意义和价值 ... 2

1.2 比特币数据结构 ... 3
1.2.1 比特币的密码学原理 ... 3
1.2.2 哈希指针 ... 4
1.2.3 默克尔树（Merkle Tree）的基本概念与结构 ... 6
1.2.4 区块结构 ... 14
1.2.5 全节点和轻节点 ... 17

1.3 比特币交易 ... 18
1.3.1 铸币（CoinBase）交易 ... 18
1.3.2 UTXO 交易模型 ... 18

1.4 比特币中的挖矿 ... 20
1.4.1 挖矿原理 ... 20
1.4.2 挖矿过程的概率分析 ... 21
1.4.3 比特币总量计算 ... 22
1.4.4 挖矿难度 ... 22
1.4.5 挖矿设备及矿池的演化 ... 24

1.5 身份认证 ... 26
1.5.1 传统认证方式 ... 27
1.5.2 电子签名 ... 28

1.6 挖矿攻击 ... 33

| 1.6.1 背景 ……………………………………………………………… 34
| 1.6.2 分叉 ……………………………………………………………… 34
| 1.6.3 攻击方式 …………………………………………………………… 36
| 1.7 本章小结 ……………………………………………………………………… 42
| 1.8 参考文献 ……………………………………………………………………… 42

第 2 章 以太坊（Ethereum） …………………………………………………… 44

2.1 Ethereum 概述 ……………………………………………………………… 44
  2.1.1 Ethereum 与去中心化思想 …………………………………………… 44
  2.1.2 Ethereum 与 BTC …………………………………………………… 45
  2.1.3 Ethereum 的创新——"智能合约" …………………………………… 46
  2.1.4 关于 Ethereum ……………………………………………………… 47

2.2 Ethereum 的账户 …………………………………………………………… 47
  2.2.1 Ethereum 账户（Ethereum Accounts） ……………………………… 47
  2.2.2 公钥与私钥 …………………………………………………………… 48
  2.2.3 BTC 转账机制（UTXO）和 Ethereum 转账机制（Accounts）……… 49

2.3 Ethereum 中的数据结构 …………………………………………………… 50
  2.3.1 默克尔帕特里夏树（MPT）…………………………………………… 50
  2.3.2 状态树 ………………………………………………………………… 58
  2.3.3 交易树与收据树 ……………………………………………………… 61
  2.3.4 户存储树 ……………………………………………………………… 62
  2.3.5 Ethereum 数据结构小结 …………………………………………… 64
  2.3.6 Bloom Filter ………………………………………………………… 65

2.4 Ghost 协议 ………………………………………………………………… 68
  2.4.1 概述 …………………………………………………………………… 68
  2.4.2 Ghost 规则 …………………………………………………………… 68
  2.4.3 叔父块的定义 ………………………………………………………… 69
  2.4.4 叔父块的特点 ………………………………………………………… 69
  2.4.5 奖励公式 ……………………………………………………………… 70

2.5 Ethereum 中的挖矿 ………………………………………………………… 70
  2.5.1 Ethereum 挖矿与 BTC 挖矿 ………………………………………… 70
  2.5.2 挖矿介绍 ……………………………………………………………… 72
  2.5.3 挖矿算力 ……………………………………………………………… 72
  2.5.4 矿池 …………………………………………………………………… 73
  2.5.5 挖矿算法 ……………………………………………………………… 73
  2.5.6 补充 …………………………………………………………………… 74

2.6 本章小结 75
2.7 参考文献 75

第 3 章 区块链安全的保障——密码学 77

3.1 密码学概述 77
    3.1.1 密码学的概念及分类 77
    3.1.2 密码学的发展历程 78
3.2 区块链中的密码算法 79
    3.2.1 哈希函数 80
    3.2.2 基于哈希加密的默克尔树（Merkle Tree） 92
3.3 密码算法 99
    3.3.1 RSA 算法概述 99
    3.3.2 RSA 算法密钥生成过程 99
    3.3.3 RSA 算法的加密和解密 100
    3.3.4 RSA 算法的设计流程 101
    3.3.5 椭圆曲线密码算法 104
    3.3.6 Diffie-Hellman 密钥交换算法 113
3.4 数字签名 117
3.5 零知识证明 120
    3.5.1 QAP 问题 121
    3.5.2 简洁性问题 123
    3.5.3 同态隐藏 123
    3.5.4 KCA——解决"答非所问"问题 125
3.6 本章小结 128
3.7 参考文献 128

第 4 章 分布式系统核心技术 130

4.1 一致性问题 130
    4.1.1 FLP 不可能原理 130
    4.1.2 CAP 原理 135
    4.1.3 ACID 原则与多阶段提交 138
4.2 经典分布式共识算法 139
    4.2.1 Paxos 算法与 Raft 算法 140
    4.2.2 拜占庭问题与 PBFT 算法 147
4.3 区块链共识机制 153
    4.3.1 工作量证明（PoW） 154

4.3.2　权益证明（PoS） ··············· 154
　　　4.3.3　委任权益证明（DPoS） ········· 158
　4.4　本章小结 ···························· 159
　4.5　参考文献 ···························· 159

第 5 章　基于 Hyperledger Fabric 的区块链应用案例　161

　5.1　Hyperledger Fabric 简介 ············· 161
　　　5.1.1　模块化 ······················· 162
　　　5.1.2　许可和非许可区块链 ············ 162
　　　5.1.3　智能合约 ····················· 163
　　　5.1.4　隐私和保密性 ················· 163
　5.2　Fabric 安装与部署 ·················· 164
　　　5.2.1　创建 ubuntu 20.04 虚拟机 ······ 164
　　　5.2.2　安装基础软件 ················· 165
　　　5.2.3　安装 Go 语言 ················· 166
　　　5.2.4　安装 Docker 和 Docker-compose ··· 166
　　　5.2.5　拉取 Fabric 开源项目 ·········· 167
　　　5.2.6　bootstrap.sh 脚本运行失败 ····· 168
　5.3　密码学实验 ························· 169
　　　5.3.1　用 Java 构建简单区块链 ········ 169
　　　5.3.2　SHA256 的具体实现 ············ 173
　　　5.3.3　区块链存储系统 ··············· 175
　5.4　食品溯源 ··························· 181
　　　5.4.1　项目环境 ····················· 181
　　　5.4.2　hyperledger-simple-app ········ 182
　　　5.4.3　url & json 格式 ··············· 183
　　　5.4.4　部署于服务器 ················· 184
　5.5　以太坊智能合约实验 ················· 185
　　　5.5.1　实验部分 ····················· 185
　　　5.5.2　实验 1：开发第一个智能合约 HelloWorld ··· 188
　　　5.5.3　实验 2：投票智能合约 ········· 192
　　　5.5.4　实验 3：教学成绩录入 ········· 194
　　　5.5.5　实验 4：Solidity 基本语法 ····· 198
　　　5.5.6　实验 5：ICO ·················· 202
　　　5.5.7　实验 6：二手车交易 ··········· 206
　5.6　参考文献 ···························· 214

第 1 章 比特币

比特币（BitCoin，BTC）是中本聪在 2008 年提出的一种数字货币，具有去中心化、去信任化、强健壮性、无监管、发行量固定等特点，一经推出就受到全世界的关注。作为当前最著名的数字货币之一，比特币基于 P2P 网络中众多节点构成的分布式数据库来确认并记录所有的交易行为，利用工作量证明机制（Proof of Work，PoW）解决共识问题，并使用密码学来确保货币流通的安全性。本章对比特币的相关知识进行详细介绍，帮助读者深入了解比特币。

1.1 比特币概述

货币是人类文明发展过程中的一大发明，其最重要的职能包括价值尺度、流通手段、贮藏手段等。理论上任何事物都可以作为货币，例如一张纸，只要交易各方都认可，这张纸就可以起到货币职能。如今最常见的货币流通形式就是纸币，既方便携带、不易仿制，又相对容易辨伪。而随着支付宝、微信转账等支付手段的出现，有些货币慢慢地变成一串串数据库里的数据。比特币就是一种数字货币。

比特币是一种基于区块链技术的加密货币。广义的比特币是指整个比特币区块链网络，而狭义的比特币是人们传统理解的货币比特币，类似于人民币一样的货币。它是一种基于网络的、运用开源的 P2P 技术软件计算产生的电子虚拟货币，也就是一种点对点的虚拟货币。这种点对点的特性使比特币成为一种去中心化、不依赖于特定央行发行机构，同时也不受金融体系控制的网络虚拟货币。比特币网络是首个经过大规模、长时间检验的公有区块链系统。区块链是比特币系统的底层技术，比特币是区块链的一个应用实现。

1.1.1 比特币的特性

比特币有着传统货币难以比拟的特性。

1. 去中心化

比特币不需要一个中央银行来发行和管理，没有监管机构来控制发行，优势是减少了人为干预，降低了通货膨胀预期；劣势是当金融危机周期性发生时，不能使用货币的相机决策（灵活地变动各种政策方法，有意识地根据机会来干预经济运行的行为）来降低由金融危机而引发的经济危机的可能性。

2. 安全性

比特币很好地保护了个人隐私，持有比特币不会泄露持有人的身份信息，以及持有的比特币数量，但同时也会导致不法分子利用此特性进行洗钱和偷漏税等违法行为，对现有的监管体系发起了新的挑战。

3. 公开透明

任何人都可以通过账号查询比特币的交易记录，全网都对其有监督的作用，这也保障了比特币的公开透明。

4. 低手续费

比特币可以在全球流通，因为比特币交易只需要通过相关的比特币软件就可以进行，它可以降低跨国贸易的成本。

1.1.2 比特币的发展背景

比特币是迄今为止最具创新性的数字货币之一，它的出现颠覆了传统的虚拟货币的概念，改变了人们对货币职能和本质的认知。中本聪于2008年提出了比特币这个概念，其特点是通过密码学技术来控制货币的发行和管理，而非将货币发行权交给特定的央行发行机构。2014年3月28日，美国国家税务局正式将比特币定义为一种财产而不是货币。同期，韩国和日本等国也逐渐放开了比特币的交易，比特币正被越来越多的国家和个人接受。然而，比特币的发展并非一帆风顺。由于难以监管，以及失窃的比特币难以追回，至今有不小数量的比特币被黑客盗取。

随着比特币的发展，比特币价格的波动似乎也没有降低。2020年2月，比特币24h跌幅最高达到了43%。比特币的巨大波动带了巨大的风险，中国人民银行在2017年9月15日叫停了各类比特币交易所。由于当时我国比特币交易者众多，这次事件对比特币市场的交易造成了不小的影响。在意识到数字货币是未来货币的发展趋势后，各国央行均计划发行自己的数字货币。2020年5月26日，中国人民银行数字货币（DC/EP）在部分地区开展了内部测试。中国人民银行计划推行自己的法定数字货币，以此来应对数字化的浪潮，央行数字货币在功能和属性上均与纸币类似，具有无限的法偿性。

比特币的出现是货币历史上的一场革命。它是著名经济学家哈耶克的货币去国家化理论所设想的一种货币。哈耶克认为，垄断货币发行将为政府机构带来长期的财政收入。在如今纸币发行的年代，不受限制的货币发行是经济动荡的隐患。一旦货币的发行缺乏一种有力的内外约束机制，政府滥用货币发行权，则必然导致经济的混乱和危机爆发。

1.1.3 比特币的意义和价值

直到今天，关于比特币的话题仍充满了不少争议，但大部分人都会认可，比特币是数字货币历史上，甚至整个金融历史上一次了不起的社会学实验。每个比特币都有其对应的地址和私钥。比特币背后的技术可以被用来创建无法作假、不可改动的去中心化系统。比特币网络上线以来,在无人管理的情况下,已经在全球范围内无间断地运行了10年时间,成功处理了千万笔交易,最大单笔支付超过1.5亿美金。难得的是,比特币网络从未出现过重大的系统故障。比特币网络目前由数千个核心节点参与构成,不需要任何中心化的支持机构参与,靠分布式机制支持了稳定上升的交易量。比特币首次真正从实践意义上实现了安全可靠的非中心化数字货币机制,这也是它受到无数金融科技从业者热捧的根本原因。随着时间的推移,比特币会获得越来越多的地位认可。

比特币作为一种虚拟货币,既有严谨的计算机技术做基础,又不受任何组织、个人控制,其在技术和设计层面固然是一个创举,有成为全球通用的世界货币的潜能,但是其匿名性、投机性又暴露了比特币的缺陷。如果相关产业链上的一系列诈骗现象能够得到遏制,人们能够理性地对待而非将其作为投机工具进行追捧,在政府的规范和监督下能够真正走向实际应用领域,就会对比特币的"超主权货币"之路大有裨益。

1.2 比特币数据结构

区块链在技术方面的核心是共识算法和数据结构,这两方面直接决定了区块链的工作运行原理。本节主要讲述比特币的核心数据结构,共识算法在其他章节另行介绍。

1.2.1 比特币的密码学原理

数字货币技术的蓬勃发展与现代密码学的演进紧密相关,想要准确理解以比特币为代表的虚拟货币,就必须对密码学进行深入了解。本节从哈希(Hash)和非对称加密两个方面介绍比特币中的密码学原理。

1. 哈希

哈希是将任意长度的消息序列映射到较短的固定长度值的函数,具有抗碰撞(Collision Resistance)和隐蔽性(Hiding),通常用于确保数据完整,即验证数据是否被非法篡改,因为被检验的数据发生变化时,其相应的哈希值也会发生变化。

(1)抗碰撞性

哈希碰撞是指存在哈希函数 H,对 $\forall x \neq y$ 使得 $H(x) = H(y)$。哈希碰撞非常常见,因为输入是无穷多的,而输出只在有限的哈希表中。比特币用到的哈希函数是 SHA 256,容纳空间为 2^{256},虽然这个数字相当大,但与输入相比仍是微不足道,因此哈希碰撞是不可避免的。哈希碰撞如图1-1所示。

而抗碰撞性保证,当 $H(x) \neq H(y)$,必然可以得到 $x \neq y$,在实际应用中,只要保证给定 y,很难找到一个 x,能够在 $x \neq y$ 的前提下,使得 $H(x) = H(y)$。

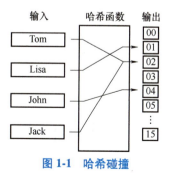

图1-1 哈希碰撞

有一个例外是MD5算法,它是以前很流行的哈希函数,但是经过实践检验,现在人们已经知道如何去制造 MD5 的哈希碰撞。而比特币中使用的哈希函数为 SHA 256，目前还没有找到哈希碰撞的方法。

（2）隐蔽性

指哈希函数是单向、不可逆的，即通过 H(x) 不能反推得到 x。隐蔽性实现的前提是输入空间大、分布均匀。当输入空间不足时，可通过拼接 x 和一个随机数（Nonce），记作 H(x‖Nonce），保证拼接后的输入是相对随机，分布相对均匀的。

（3）谜题友好（Puzzle Friendly）

谜题友好指的是哈希值的计算事先不可预测，根据输出很难预测输入。如存在某个谜题求输入 x 使得 H(x)<2^{128}，而解该谜题只能通过暴力求解尝试各种不同的输入 x_1，x_2，…，最终求得 x_n 使得 H(x_n)<2^{128}。该性质保证在比特币系统中，仅能通过挖矿获得比特币。

2. 非对称加密

密码学的核心技术包括对称加密和非对称加密。

对称加密是指，A 和 B 之间信息的交流可以利用密钥（Encryption Key），A 将信息加密后发给 B，B 收到后用密钥解密，因为加密和解密用的是同一个密钥，所以叫对称加密。使用该加密方式的前提是有渠道可以安全地把密钥分发给通信双方。因此对称加密的缺点是密钥的分发不安全。

非对称加密也称为公钥加密，利用两个密钥（公共密钥和私有密钥）来加密和解密特定数据，可以很好地解决对称加密中密钥早期分发的问题。例如：A 发消息给 B，用 B 的公钥进行加密，而 B 用自己的私钥进行解密。B 的公钥可以公开，但是其私钥只有自己知道。这样任何人都可以给 B 发信息，但只有 B 能通过私钥解密查看。非对称加密如图 1-2 所示。

图 1-2 非对称加密

两种常用的非对称加密算法包括公开密钥加密算法体系（Rivest-Shamir-Adleman，RSA）、椭圆曲线加密算法（Elliptic Curves Cryptography，ECC）。非对称加密保证了"签名"的应用。在发布交易时，使用私钥对交易签名，其他人可以根据公钥验证，从而保证交易由本人发起。

1.2.2 哈希指针

普通指针中存储结构体在内存中的地址，如图 1-3 所示。

哈希指针另外存储了结构体的哈希值，如图 1-4 所示。

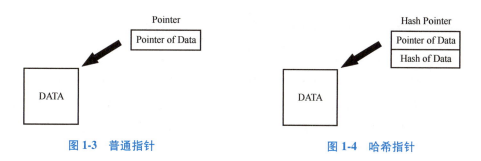

图 1-3　普通指针　　　　　　　　图 1-4　哈希指针

这样做的好处是能够检测出结构体的内容是否被篡改（哈希值的不可篡改性）。比特币中最基本的结构是区块链，区块链的底层数据结构是区块组成的链表，那么这个链表与普通的链表的区别有以下两个。

（1）区别一：哈希指针代替普通指针

区块链中，第一个区块称为创世纪块（Genesis Block），最后一个区块称为最近区块（Most Recent Block），每一个区块都包含指向前一个区块的哈希指针，指向最后一个区块的哈希指针保存在系统中，如图 1-5 所示。

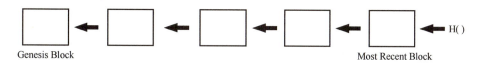

图 1-5　区块链图

哈希指针中的哈希值通过前一个区块求得，如图 1-6 所示，将区块 M 的内容和哈希指针通过哈希函数运算，求得区块 N 哈希指针的哈希值。

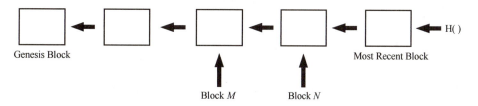

图 1-6　哈希指针的运算

（2）区别二：区块链是牵一发而动全身

普通链表可以改变任意一个元素，对链表中其他元素不会造成影响。而区块链只要改变任意一个区块的哈希值，后面的区块都要改变。所以只需要保存最后一个区块哈希值，就可以判断区块链有没有改变。

通过这种结构实现了防篡改记录（Tamper-Evident Log）。若攻击者篡改某个区块的内容，后面区块的哈希指针会出现匹配出错问题，之后区块的哈希指针也需要修改。以此类推，最后一个哈希指针的哈希值也会发生变化。因此，只需保存最后区块的哈希指针，就能保证整个链表哈希值的一致性，从而达到防篡改的目的。

1.2.3 默克尔树（Merkle Tree）的基本概念与结构

1. 哈希列表（Hash List）

在点对点网络中进行数据传输时，会同时从多个数据源上下载数据，但是许多数据源是不稳定或者不可信的。为了校验数据的完整性，较好的办法是把大文件分割成小的数据块。这样做的好处是，如果小的数据块在传输过程中损坏了，只需重新下载这一块数据，不必重新下载整个文件。

如何确定小的数据块没有损坏，关键是为每个数据块做哈希运算。例如，在利用一种中心索引式的 P2P 文件分析通信协议（Bit Torrent，BT）下载时，在下载到真正数据之前，先下载一个哈希列表和根哈希值，如图 1-7 所示，下载数据时，首先从可信的数据源得到正确的根哈希值，就可以用它来校验哈希列表了，然后通过校验后的哈希列表校验数据块（DataBlock）。

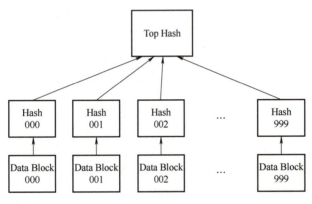

图 1-7 哈希列表

2. Merkle Tree 简介

哈希树（Hash Tree）能够高效、安全地验证大型数据结构的内容，是哈希链的推广形式，曾广泛用于文件系统和 P2P 系统中。因为哈希树的概念由美国计算机科学家拉尔夫·默克尔于 1979 年提出，故亦称 Merkle Tree。Merkle Tree 在密码学及计算机科学中是一种典型的二叉树结构，由一个根节点、一组中间节点和一组叶节点组成。每个叶节点均以数据块的哈希作为标签，除了叶节点以外的节点则以其所有子节点的标签组合而成的字符串再次进行加密哈希作为标签。

3. Merkle Tree 的数据结构

如图 1-8 所示，Merkle Tree 可以看作哈希列表的泛化（哈希列表可以看作一种特殊的 Merkle Tree，即树高为 2 的多叉 Merkle Tree。在最底层，和哈希列表一样，把数据分成小的数据块，通过相应的哈希值和数据块对应。但是往上走，并不是直接去运算根哈希，而是将相邻的两个哈希值合并成一个字符串，通过运算这个字符串的哈希，使得每两个哈希值就会合并成一个哈希，得到了一个"子哈希"。特殊情况是最底层的哈希总数是单数，必然出现一个单独哈希，这种情况直接对其本身进行哈希运算，也能得到自己的"子哈希"。于是往上推，依然是一样的方式，可以得到数目更少的新一级哈希值，最终形成一棵倒挂的树，并将最后一个哈希值称为根哈希（Merkle Root）。在P2P网络中下载文件之前，先从可信源获得文件的 Merkle Root。一旦获得了 Merkle Root，就可以从其他的不可信源获取 Merkle Tree。通过可信的 Merkle Root 来检查接收到的 Merkle Tree。如果 Merkle Tree 是损坏的或者虚假的，就从其他源获得另一个 Merkle Tree，直到获得一个与可信 Merkle Root 匹配的 Merkle Tree。

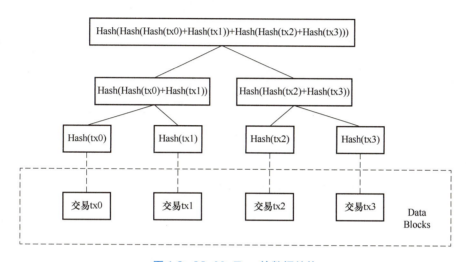

图 1-8 Merkle Tree 的数据结构

4. Merkle Tree 的特点

1) Merkle Tree 叶子节点的值是数据集合的单元数据或者单元数据哈希值。

2) 非叶子节点的值是根据该节点下面所有的叶子节点值按照哈希算法计算而得出的。

3) Merkle Tree 是一种树结构，大多数是二叉树，也可以是多叉树，它具有树结构的所有特点。

通常，SHA-256 和 MD5 是可以用来做加密的哈希函数，但仅防止数据被蓄意损坏或篡改，因此可以改用一些安全性低但效率高的校验和算法，如 CRC。

5. Merkle Tree 的操作

（1）创建 Merkle Tree

假如最底层有 9 个数据块，如图 1-9 所示，创建 Merkle Tree 的步骤如下：

Step1：（红色线）对数据块做哈希运算，$Node0i = Hash(Data0i), i = 1, 2, \cdots, 9$；

Step2：（橙色线）相邻两个哈希块串联，然后做哈希运算，$Node1((i+1)/2) = Hash(Node0i + Node0(i+1)), i = 1, 3, 5, 7$；对于 $i = 9, Node1((i+1)/2) = Hash(Node0i)$；

Step3：（黄色线）重复 step2；

Step4：（绿色线）重复 step2；

Step5：（蓝色线）重复 step2，生成 Merkle Root。

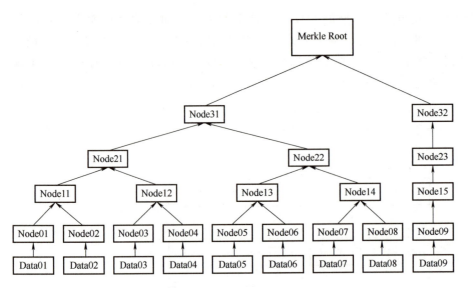

图 1-9　Merkle Tree 的创建

图 1-9 彩图

可以得到，创建 Merkle Tree 的复杂度是 $O(n)$（这里指 $O(n)$ 次哈希运算），n 是数据块的大小。得到 Merkle Tree 的树高是 $\log(n)+1$。

（2）检索数据块

为了更好理解，假设有 A 和 B 两台机器，两台机器具有相同的 8 个文件，文件分别是 f1，f2，…，f8。这时就可以通过构建一个 Merkle Tree 来快速比较文件的哈希值，如图 1-10 所示。

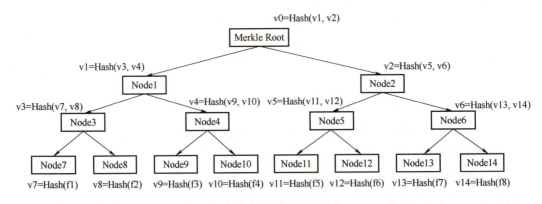

图 1-10　检索数据块实例

从图 1-10 可得，叶子节点 Node7 的值 v7=Hash(f1)，是 f1 文件的哈希。而其父亲节点 Node3 的值为 Hash(v7, v8)，也就是其子节点 Node7 和 Node8 值的哈希。这样一个层级运算关系使得根节点 Merkle Root 的值成为所有叶子节点的唯一特征。

假如 A 上的文件 5 与 B 上的不一样，通过 Merkle Tree 可以快速定位到不相同的两个文件，检索比较过程如下。

Step1：首先比较 v0 是否相同，如果不同，检索其孩子节点 Node1 和 Node2；
Step2：v1 相同，v2 不同。检索 Node2 的孩子节点 Node5 和 Node6；
Step3：v5 不同，v6 相同，检索比较 Node5 的孩子节点 Node11 和 Node12；
Step4：v11 不同，v12 相同。Node 11 为叶子节点，获取其目录信息；
Step5：检索比较完毕。

以上检索过程的理论复杂度是 $O(\log n)$。

（3）更新、插入和删除

对于 Merkle Tree 中数据块的更新操作其实是很简单的，更新完数据块后修改该数据块到根节点的所有哈希值，这样不会改变 Merkle Tree 的结构。但是，插入和删除操作会改变 Merkle Tree 的结构，插入数据块 0（考虑数据块的位置），其中一种插入操作如图 1-11 所示：

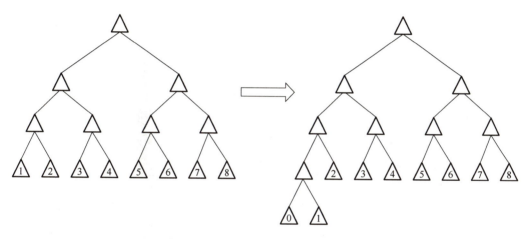

图 1-11　Merkle Tree 的插入操作（a）

另一种插入算法满足下面的条件：

re-hashing 操作的次数控制在 $\log(n)$ 以内；

数据块的校验次数在 $\log(n)+1$ 以内；

原始树的数据块的个数 n 是奇数，插入数据后的树没有孤儿区块，如果有孤儿区块，那么孤儿区块是最后一个数据块；

数据块的顺序保持一致；

插入后的 Merkle Tree 保持平衡。

插入完成后的结果如图 1-12 所示。

Merkle Tree 的插入和删除操作其实是一个工程问题，不同问题会有不同的插入方法。如果要确保树是平衡的或者树高是 $O(n)$ 的，可以用任何标准的平衡二叉树的模式，如 AVL 树、红黑树、伸展树、2-3 树等。这些平衡二叉树的更新模式可以在 $O(\log(n))$ 时间内完成插入操作，并且能保证树高是 $\log(n)+1$ 的。实际上，更新所有的哈希都可以在 $O(\log(n))$ 时间内完成。因为所有要改变的节点都是相关联的，即它们都在从某个叶节点到根节点的一条路径

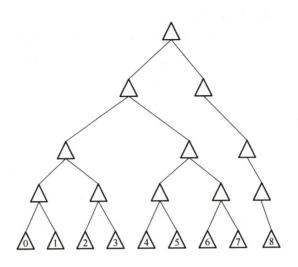

图 1-12 Merkle Tree 的插入操作（b）

上或者与这种情况相近。

实际上 Merkle Tree 的结构（是否平衡，树高限制多少）在大多数应用中并不重要，而且大多数应用中也不需要，保持数据块的顺序，因此可以根据具体应用的情况，设计插入和删除操作。一个通用的 Merkle Tree 插入或删除操作是没有意义的。

6. Merkle Tree 的作用

（1）证明该区块中是否存在某笔交易

通过构建交易的 Merkle Tree，并提供该笔交易各级兄弟节点中的哈希值，可以不暴露集合完整内容而证明某笔交易是否存在。

对于可以进行排序的集合，可以计算该笔交易的哈希值，取出该哈希值相邻两笔交易的哈希值，最终通过比较 Merkle Root 来验证该笔交易是否存在。

（2）快速验证一组交易是否被篡改

对每组交易排序后构建默克尔树结构，当两个默克尔树根相同时，则意味着所代表的两组交易必然相同，否则代表该笔交易被篡改。

由于哈希计算的过程十分快速，预处理可以在短时间内完成。利用默克尔树结构能带来巨大的比较性能优势。

（3）快速定位修改

基于交易 tx0，tx1，…，tx3 构造 Merkle Tree，如图 1-13 所示，如果 tx1 被篡改，会影响到 D1、D4、Root。因此，一旦发现 tx1 被修改，则可以通过 Root→D4→D1 进行快速定位，最多通过 $O(\log n)$ 时间即可快速定位到实际发生改变的数据块 tx1。

（4）零知识证明

以图 1-13 为例，如何向他人证明拥有交易 tx1 而不暴露其他信息。方法如下：通过公布 Hash(tx0)、Hash(D2+D3)、Root 的值，作为拥有者只需要提供 tx1 的哈希值，作为验证者，

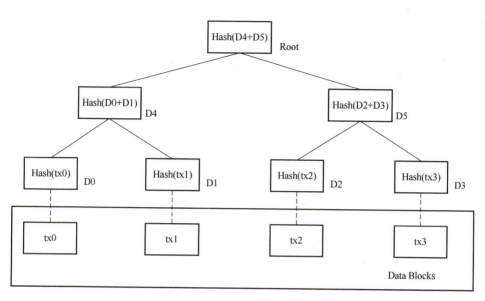

图 1-13　Merkle Tree 实例

只需要证明 Merkle Root 的正确性，如果跟所提供的 Root 值一致，则代表拥有者拥有交易 tx1 的信息。

7. Merkle Tree 的应用

（1）数字签名

最初 Merkle Tree 目的是高效地处理 Lamport 一次性签名方案（Lamport one-time signatures）。每一个 Lamport key 只能被用来签名一个消息，但是与 Merkle Tree 结合可以用来签名多条消息。这种方法成为一种高效的数字签名框架（Merkle Signature Scheme）。

（2）点对点（Peer to-Peer，P2P）网络

在 P2P 网络中，Merkle Tree 用来确保从其他节点接收的数据块未被损坏与替换，甚至可以检查其他节点是否欺骗或者发布虚假的块。比特流（BitTorrent，BT）下载就是采用了 P2P 技术让客户端之间进行数据传输，不仅可以加快数据下载速度，还减轻了服务器的负担。

BT 下载必须从中心索引服务器中获取一个扩展名为 torrent 的索引文件，torrent 文件包含了要共享文件的信息，比如文件名、大小、文件的哈希信息和一个指向追踪者（Tracker）的统一资源定位符（Uniform Resource Locator，URL）。torrent 文件中的哈希信息是每一块要下载的文件内容的加密摘要，这些摘要可以在下载的时候进行验证。大的 torrent 文件是 Web 服务器的瓶颈，其不能直接被包含在 RSS 或用流言传播协议进行传播。一个相关的问题是为了保持 torrent 文件非常小，数据块哈希的数量也必须保持非常小，这就意味着每个数据块相对较大。同时只有当大数据块全部下载并校验通过后，才能与其他节点进行交易，最终导致大数据块影响节点之间进行交易的效率。

解决上述问题的方法是用一个简单的 Merkle Tree 代替哈希列表。设计一个层数足够多的满二叉树，叶节点是数据块的哈希，不足的叶节点用 0 来代替。上层的节点是其对应孩子

节点串联的哈希值。

(3) 可信计算 (Trusted Computing)

可信计算是可信计算组为分布式计算环境中参与节点的计算平台提供端点可信性而提出的一种技术。可信计算流程如图 1-14 所示，可信计算技术在计算平台的硬件层引入可信平台模块 (Trusted Platform Model, TPM)，实际上是为计算平台提供了基于硬件的可信根 (Root of Trust, RoT)。从可信根出发，使用信任链传递机制，可信计算技术可对本地平台的硬件及软件实施逐层的完整性度量，并将度量结果可靠地保存在 TPM 的平台配置寄存器 (Platform Configuration Register, PCR) 中，此后远程计算平台可通过远程验证 (Remote Attestation, RA) 机制比对本地 PCR 中的度量结果，从而验证本地计算平台的可信性。可信计算技术让分布式应用的参与节点摆脱了对中心服务器的依赖，直接通过用户机器上的 TPM 芯片来建立信任，使得创建扩展性更好、可靠性更高、可用性更强的安全分布式应用成为可能。可信计算技术的核心机制是远程验证，分布式应用的参与节点正是通过远程验证机制来建立互信，从而保障应用的安全。

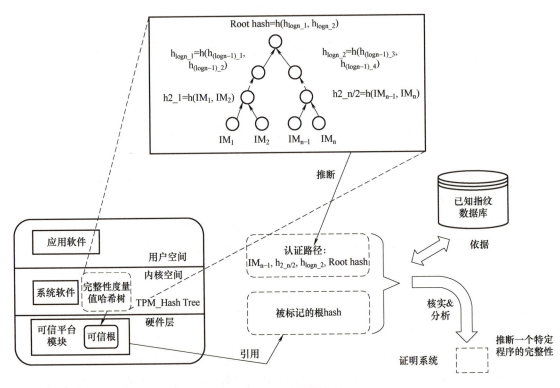

图 1-14 可信计算流程

该计算提出了一种基于 Merkle Tree 的远程验证机制，其核心是完整性度量值哈希树。首先，RA 在内核中维护的不再是一张完整性度量值列表，而是一棵完整性度量值哈希树 (Integrity Measurement Hash Tree, IMHT)，其中，IMHT 的叶子节点存储的数据对象是待验证计算平台上被度量的各种程序完整性的哈希值，而其内部节点则依据 Merkle Tree 的构建规则由子节点连接的哈希值动态生成。其次，为了维护 IMHT 叶子节点的完整性，RA 需要使用 TPM 中的一段存储器来保存 IMHT 可信根的哈希值。再次，RA 的完整性验证过程基于认证路径（Authentication Path）实施，认证路径是指 IMHT 上从待验证叶子节点到根哈希的路径。

（4）星际文件系统（InterPlanetary File System，IPFS）

IPFS 是很多互联网技术的综合体，如分布式哈希表（Distributed Hash Table，DHT）、Git 版本控制系统等。它创建了一个 P2P 的集群，这个集群允许 IPFS 对象的交换。全部的 IPFS 对象形成了一个被称作有向无环图（Merkle DAG）的加密认证数据结构。

IPFS 对象是一个含有两个域的数据结构：

1）Data-非结构的二进制数据，小于 256KB。

2）Links-一个 Link 数据结构的数组，IPFS 对象通过该数组链接到其他对象。

Link 数据结构包含以下三个域：

1）Name-Link 的名字。

2）Hash-Link 链接到对象的哈希。

3）Size-Link 链接到对象的累积大小，包括它的 Links。

通过 Name 和 Links，IPFS 的集合组成了一个 Merkle DAG，如图 1-15 所示。

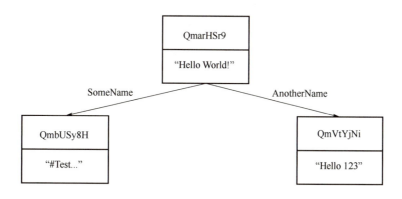

图 1-15　Merkle DAG

小文件（文件大小小于 256KB），是一个没有 Links 的 IPFS 对象，如图 1-16 所示。

大文件，被表示为文件块（文件大小小于 256KB）的集合，用最小 Data 的对象来代表这个大文件。该对象的 Links 的名字都为空字符串，如图 1-17 所示。

目录结构：目录是没有数据的 IPFS 对象，它的链接指向其包含的文件和目录，如图 1-18 所示。

图 1-16　小文件的 IPFS 对象

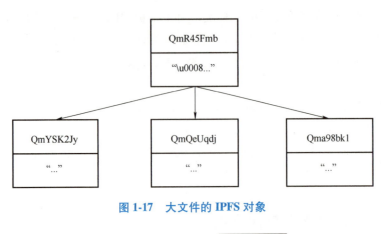

图 1-17 大文件的 IPFS 对象

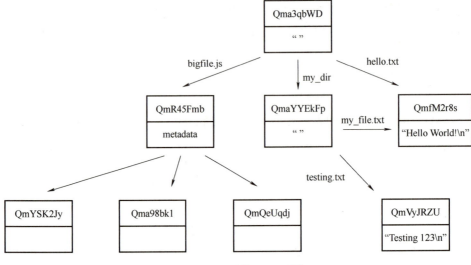

图 1-18 目录的 IPFS 对象

1.2.4 区块结构

1. 区块结构概述

区块是一种被包含在公开账簿（区块链）里的聚合了交易信息的容器数据结构。它由一个包含元数据的区块头和一长串交易的区块体组成。区块结构如图 1-19 所示，区块头规定为 80B，区块体中平均每个交易至少为 250B，每个区块至少包含超过 500 个交易。同时在区块链中每个区块的大小被规定不能超过 1MB。

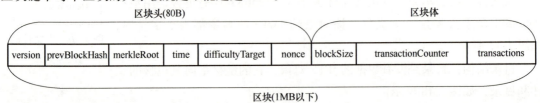

图 1-19 区块结构

2. 区块头

区块头结构见表 1-1。

表 1-1 区块头结构

大小	字段	描述
4B	version	版本号，用于跟踪软件/协议的更新
32B	prevBlockHash	父区块哈希值
32B	merkleRoot	该区块 Merkle Tree 的根节点的哈希值
4B	timestamp	该区块产生的近似时间
4B	difficultyTarget	该区块工作量证明算法的难度目标
4B	nonce	用于工作量证明的计数器

3. 区块体

区块体的内容是该区块的交易信息，包括交易数量和交易数据。区块体结构见表 1-2。

表 1-2 区块体结构

大小	字段	描述
4B	blockSize	表示该字段之后的区块大小
1~9B	transactionCounter	该区块内的交易数量
不定	transactions	记录在区块里的交易信息，使用原生的交易信息格式，并且交易在数据流中的位置必须与 Merkle Tree 的叶子节点顺序一致

4. 区块整体结构

区块整体结构如图 1-20 所示。

比特币区块头为 80B，首先分析前 80B 的区块头信息：0100000055bd840a78798ad0da853f68974f3d183e2bd1db6a842c1feecf222a00000000ff104ccb05421ab93e63f8c3ce5c2c2e9dbb37de2764b3a3175c8166562cac7d51b96a49ffff001d283e9e70。

按照字节长度和字段顺序逐步对 80B 区块头数据进行分析，比特币的原始数据保存方式是小端格式编码，也就是原始十六进制格式值需要逆转转化为大端格式数据，然后才能转化为正常的数值。因为大端格式编码为内存地址大的空间保存高位，书写出来为左边的数据表示高位，与十进制表示法相同。

首先 4B 是区块版本号（version）：01000000。将小端十六进制数据 0x01000000 转化为大端格式数据 0x00000001，转化为十进制数值表示 1。

接下来 32B 是父区块头哈希值（preBlockHash）：55bd840a78798ad0da853f68974f3d183e2bd1db6a842c1feecf222a00000000。将小端十六进制数据 0x55bd840a78798ad0da853f68974f3d183e2bd1db6a842c1feecf222a00000000 转化为大端格式数据 0x000000002a22cfee1f2c846adbd12b3e183d4f97683f85dad08a79780a84bd55。

其次 32B 是 Merkle Tree 的根节点的哈希值（merkleRoot）：ff104ccb05421ab93e63f8c3ce5

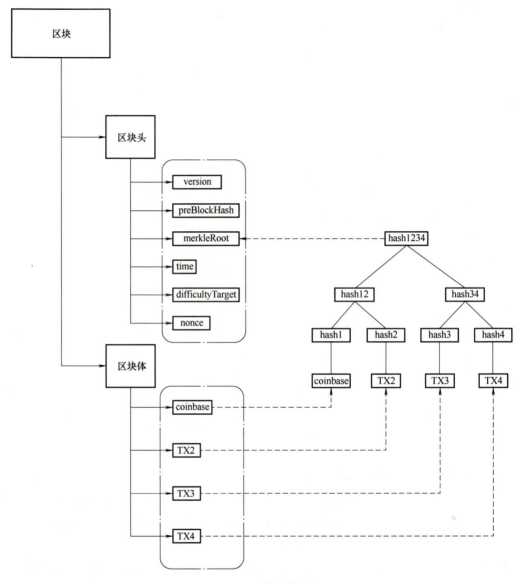

图 1-20 区块整体结构

c2c2e9dbb37de2764b3a3175c8166562cac7d,同理,将小端十六进制值转化为大端格式的 Merkle Tree,需要将 32B 逆序转换。

接着 4B 是时间戳(time):51b96a49。将小端十六进制数据 0x51b96a49 转化为大端格式数据 0x496ab951,转化成十进制数值为 1231731025,表示的是自 1970 年 1 月 1 日 0 时 0 分 0 秒以来的秒数,转化为格林尼治时间为 2009-01-12 03:30:25,这说明矿工挖出该区块的时间在此附近。

接着 4B 是难度目标(difficultyTarget):ffff001d。将小端十六进制数据 0xffff001d 转化为大端格式数据 0x1d00ffff,转化成十进制数值为 486604799。

最后 4B 是随机数(nonce):283e9e70。将小端十六进制数据 0x283e9e70 转化为大端格式数据 0x709e3e28，转化成十进制数值为 1889418792。

1.2.5 全节点和轻节点

1. 节点

节点是网络节点的简称，在比特币系统中，负责记账的是计算器，因此可以把参与记账的每一台计算机称为一个节点。

节点分为"全节点"和"轻节点"，全节点就是拥有全网所有交易数据的节点，轻节点就是只拥有和自己相关的交易数据节点。

在比特币网络中的每一个全节点，就相当于存储所有区块链数据的每一台计算器或服务器，新区块的生产、交易的验证与记账以及将其广播给全网同步，都由全节点来完成。

由于每一个全节点都保留着全网数据，这意味着其中一个节点出现问题，整个区块链网络依旧能够安全运行，这也是去中心化的魅力所在。

2. 全节点的特点

1）每个节点都有一个完整的账本副本，因此所有交易数据公开透明，系统中的人都可以看到。

2）每个节点的权利是一样的，任意节点被摧毁，都不会影响到整个系统的安全，也不会造成数据丢失。

3）每个节点的账本数据是完全一样的，也就意味着单个节点的数据篡改是没有任何意义的。

3. 全节点和轻节点的区别

由于硬件限制，比特币系统中分为轻节点和全节点，全节点和轻节点的区别见表1-3。

表1-3 全节点和轻节点的区别

类别	全节点	轻节点
在线时间	一直在线	不是一直在线
存储方式	在本地硬盘上维护完整区块链信息	不保存整个区块链，只需要保存每个区块头
存储内容	在内存中维护UTXO（未花费的交易输出）集合，以便快速检验交易合法性	不保存全部交易，只保存和自己有关的交易
验证合法性	监听比特币网络中交易内容，验证每个交易的合法性	无法验证大多数交易的合法性，只能验证和自己相关的交易的合法性
	决定哪些交易会打包到区块中	无法检验网上发布的区块正确性
	监听其他矿工挖出的区块，验证其合法性	可以验证挖矿难度
挖矿	决定沿着哪条链挖下去，当出现等长分叉时，可选择分叉	只能检测哪个是最长链，不知道哪个是最长合法链

1.3 比特币交易

1.3.1 铸币（CoinBase）交易

比特币区块链上的每个区块都会包含一个或多个交易，其中第一个交易叫作 CoinBase 交易。

1. 什么是 CoinBase 交易

简单来说 CoinBase 就是系统生成的币。"CoinBase 交易"也称为"Generation 交易"，即"生成交易"。在普通交易中使用已存在的比特币做交易，而 CoinBase 交易是从无到有生成新比特币的交易。

CoinBase 交易用来奖励矿工进行挖矿付出的努力。奖励分为两部分，一部分是系统发放给生成区块的矿工的奖励，这部分是相对固定的；另外一部分是区块中其他交易包含的交易手续费。

2. CoinBase 交易中包含的数据

交易中包含一个输入和一个输出。输入就是 CoinBase，输出指向矿工的地址，总金额等于 CoinBase 加上区块中全部交易的手续费。另外 CoinBase 中还有一个最多 100B 的数据。该数据开始几个字节保存区块高度。区块高度是当前区块跟创世区块之间间隔的区块数量。创世区块是比特币区块链上的第一个区块，区块高度是零，以此类推。

除了区块高度，该数据剩余空间可以存储任意的数据。例如在创世区块中，中本聪保存了这样一句话：The Times 03/Jan/2009 Chancellor on brink of second bailout for banks（泰晤士报 2009 年 1 月 3 日：财政大臣正站在第二轮救助银行业的边缘）。

1.3.2 UTXO 交易模型

交易模型也被称为账本技术，定义交易数据的封装格式，会对区块链技术的具体实现产生影响。经典交易模型有比特币使用的 UTXO 模型和以太坊使用的余额模型。

UTXO 交易模型是中本聪发明的交易模型，是比特币中所使用的交易模型。UTXO 交易模型将资金的转移表现为交易输入和交易输出，未花费的交易输出作为另外一笔交易的交易输入。交易被分开成了交易输入和交易输出两个部分。交易的交易输入消耗 UTXO，表明交易的来源，而交易输出则产生新的 UTXO，表明交易的目的。一个 UTXO 不能作为多笔交易的交易输入，否则会产生双重支付，又称"双花"。UTXO 交易模型见表 1-4。

表 1-4 UTXO 交易模型

字节大小/B	名称	描述
4	Version	交易版本号
varint	Tx_in_count	交易输入数量
varies	Tx_in	交易输入
varint	Tx_out_count	交易输出数量
varies	Tx_out	交易输出
4	locktime	锁定时间

在表 1-4 中可以看到，每笔交易都含有的定长字段为交易版本号、锁定时间。交易版本号用于说明该交易所遵守的协议，锁定时间则是用于指定该笔交易在规定的时间之后才可以被广播和写入账本。交易中的交易输入数量、交易输入、交易输出数量、交易输出均是不定长度的。交易输入结构见表 1-5，交易输出结构见表 1-6。

表 1-5 交易输入结构

字节大小/B	名称	描述
32	Previous_output_hash	前置交易哈希
4	Previous_output_index	前置交易 index
varint	Script_bytes	解锁脚本长度
varies	Signature_script	解锁脚本
4	Sequence	序列号

表 1-6 交易输出结构

字节大小/B	名称	描述
8	Value	交易输出金额
1+	Pk_Script_sizes	锁定脚本长度
varies	Pk_Script	锁定脚本

在表 1-4 中，交易输入 Tx_in 和交易输出 Tx_out 均是数组，表 1-5 中所表示的是一个交易输入的结构，也就是 Tx_in 的一个元素的结构，表 1-6 中所表示的是一个交易输出的结构，也就是 Tx_out 的一个元素的结构。一个 UTXO 是一个交易输出数组 Tx_out 中的一个元素，该元素在 Tx_out 中的索引对应于是第几个交易输出。UTXO 是使用所在交易的交易 ID 和其在 Tx_out 的索引来表示的。

从表 1-5 和表 1-6 中可以看到，生成 UTXO 需要提供锁定脚本，消耗 UTXO 需要提供解锁脚本。锁定脚本由一连串的堆栈命令和公钥哈希组成，用于指明交易的目的地，也就是交易的接收者。在交易输入部分，想要使用 UTXO 作为交易输入，就必须证明自己是 UTXO 的所有者，需要提供相应的解锁脚本来证明自己对该交易输出的所有权。解锁脚本由数字签名和公钥组成，由于签名是根据私钥生成的，所以只有拥有正确的私钥的人才可以提供解锁脚本。这里需要注意，一个用户可能拥有多个地址，只要能提供 UTXO 相对应的解锁脚本就可以成功生成交易，所以一个交易的交易输入可能来源于不同的地址。

在 UTXO 模型下，要获得一个地址的余额，则需要去遍历该地址所拥有的 UTXO。去区块上遍历一个地址所拥有的 UTXO 耗时耗力，所以一个地址会维护一个 UTXO 池。

UTXO 模型的优点：每一笔交易都可以追溯到一个 CoinBase 交易，每笔交易的去向都可以追踪，交易与交易间像接水管一样流通起来；UTXO 没有状态，交易输入不同的交易之间可以实现并发；UTXO 更加安全，更能保证匿名性，因为一个用户可以拥有多个地址，UTXO 可以将这些地址作为交易的输出地址，而其他人很难把这些地址关联起来。

UTXO 模型的缺点：需要为每一个交易输入提供解锁脚本，使得交易体积大；计算余额需要遍历一个地址下所有的 UTXO，不直观；无法实现复杂的功能；手动创建交易时，要注意交易输入和输出，交易输入不是 UTXO 会导致交易创建失败，交易输出忘记找零则会给交易发起者自己造成损失。

1.4 比特币中的挖矿

1.4.1 挖矿原理

区块链技术本质上是一个点对点的分布式数据库，其中各个节点通过共识算法维护区块链系统的一致性，实现不同节点之间的信任并计算各个节点相应的权益。为了构建高效、公平、稳定的分布式系统，区块链融合了共识算法、密码学、Merkle Tree 等多个技术，所以区块链是多个成熟技术的完美融合。这个成熟技术中，共识算法是区块链中解决一致性问题的关键。常见的共识算法有 PoW 机制、权益证明（Proof of Stake，PoS）机制、股份证明（Delegated Proof of Stake，DPoS）机制和实用拜占庭容错（Practical Byzantine Fault Tolerence，PBFT）机制等。

PoW 机制作为比特币的共识算法，是区块链共识算法的先驱，有着十分庞大的市场规模和十分重要的应用地位，在当前公链共识算法中依然占有主导地位。PoW 机制是影响区块链性能和安全性的核心环节，有着十分重要的学习意义。

1. 概述

共识，简而言之就是系统中所有正确节点都同意某个决定，达成共识。比特币系统就是在全网中维护一个区块链，区块链的长度随时间的增加而增加，每个区块需要得到全网节点的共识才能添加到区块链中，所以共识机制的根本问题是某个节点如何添加一个区块到区块链中而得到全网的同意（共识）。

比特币中采用了一个非常巧妙的方案达成共识：通过算力进行投票，因为算力要做大量的工作，所以比特币中的共识机制就是 PoW。

2. 达成共识流程

通过 PoW 如何在全网达成共识呢？共识流程分解如下：

1）每产生一个新的交易向全网广播。
2）其他节点将收到的交易信息纳入一个候选区块中，并将其他很多交易打包在一起。
3）其他节点都尝试在自己的候选区块中进行具有足够难度的 PoW。
4）当某个节点完成了 PoW，向全网广播此区块的完成结果。
5）其他节点验证其完成结果。
6）其他节点若验证通过，才能将此区块添加到区块链中。
7）整个过程的重点是第 3 步，即进行工作量证明，下面将重点讲解。

3. PoW 机制

PoW 的实质是尝试大量的随机数进行哈希运算。具体是找到一个随机数加入区块头（Block Header）中，计算区块头的哈希值，使得计算的哈希结果小于或等于区块头中目标阈值（Target），公式如下：

$$H(\text{Block Header}+\text{Nonce}) \leqslant \text{Target} \tag{1-1}$$

为什么式（1-1）要做大量的工作？第1.2.1节讲解到，根据"谜题友好"这一哈希性质，计算的哈希值结果是不可预测的，比如某个输入 x，想要得到哈希值 $H(x)$ 在某个范围内，没有什么捷径可走，只能一个个去尝试这个 x。

4. 工作量证明的激励机制

工作量证明难度是非常大的，那么其他节点凭什么做这种大量的工作？这就是比特币系统中的奖励机制，由于奖励是非常诱人的，所以工作量证明的过程也被称为"挖矿"，这些挖矿的节点也被称为"矿工"。比特币系统中规定，只要工作量证明在全网达成共识并加入到区块链中后就可以获得比特币，也就是出块奖励。比特币的来源就是通过出块奖励产生，也是比特币增多的唯一来源。

1.4.2 挖矿过程的概率分析

挖矿本质上是不断尝试各种随机数，来求解谜题（Puzzle）。每次尝试随机数，可以视为一次伯努利试验。最典型的伯努利试验就是投掷硬币，正面和反面朝上概率分别为 P 和 1-P。在挖矿过程中，一次伯努利试验成功的概率极小，失败的概率极大。挖矿便是多次进行伯努利试验，且每次随机。这些伯努利试验构成了一系列独立的伯努利试验（A Sequence of Independent Bernoulli Trials）。根据概率论相关知识可知，伯努利试验本身具有无记忆性，无论之前做过多少试验，对后面继续试验都没有任何影响。

对于挖矿来说，是多次伯努利试验尝试随机数，最终找到一个符合要求的随机数。在这种情况下，可以采用泊松分布进行近似，通过概率论可以推断出，系统出块时间服从指数分布（需要注意的是，出块时间指的是整个系统出块时间，并非单个矿工的出块时间），如图1-21所示。

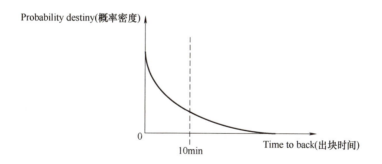

图1-21 出块时间服从指数分布

图1-21中，10min 代表出块时间。在比特币中，系统平均出块时间为 10min，该时间为系统本身设计，通过难度调整维护其平均出块时间。指数分布也是无记忆性的，因为概率分布曲线的特点是从任意地方截断，剩下曲线与原来是相同的，比如已经等待 10min 仍没有找

到合法区块，依据概率密度函数分布仍然要等 10min。将来挖多长时间，与过去挖多长时间不存在关联，这个过程称为无记忆性（Progress Free）。

如果没有无记忆性，会出现什么现象？算力强的矿工会具有极大优势。算力强的矿工能够做更多运算，在尝试大量不成功随机数之后，随机数成功概率会增大。因此无记忆性是挖矿公平性的保证。

1.4.3 比特币总量计算

比特币系统中平均每 10min 会有一个挖矿成功。最初始的挖矿奖励是 50 比特币，区块链中每产生 21 万个区块，挖矿奖励便减少一半，也就是 25 比特币，以此类推。

减半的规律是：2009 年 1 月比特币的创世区块诞生，该区块生成的比特币数量是 50 个。比特币系统规定每 4 年比特币的产量会减半，即从 2009 年开始，每 10min 产生 50 个；4 年之后，每 10min 产生 25 个；再过 4 年，每 10min 产生 12.5 个，到 2140 年比特币将会全部生产出来，总量是 2100 万，即

$$21 \times 50 \times \sum_{i=0}^{n} \frac{1}{2^i} = 2100 \tag{1-2}$$

比特币系统中已经挖出和未挖出的比特币总数便是 2100 万。挖矿的操作并非在解决数学难题，而是单纯的算力比拼。所以挖矿的过程并没有实际意义，但挖矿的过程却对比特币系统的稳定起到重要维护作用。只要大多数算力掌握在好节点手中，便能够保障比特币系统的稳定。

1.4.4 挖矿难度

之前提到，在比特币系统中，区块链的出块时间保持在平均 10min 左右。伴随着参与挖矿的人增多，系统总算力不断增强，挖矿的难度绝对不能一成不变。在比特币系统开发过程中，中本聪便考虑到了这个问题，设计了相应的难度调整算法。本小节将介绍比特币系统中的挖矿难度调整算法。

1. 挖矿规则

比特币挖矿过程，实际就是找一个随机数，随机数与区块头一起作为输入，得出的哈希值要小于等于某个指定的 Target。

比特币是一个一个区块形成的链表，每一个区块头中有很多的域，其中一个域是随机数域，挖矿的过程是不停地试随机数，使得区块头取哈希后小于或等于指定的 Target，即 H（Block Header）≤Target。

2. 调整挖矿难度的原因

由挖矿规则可知 Target 越小，挖矿的难度越大，所以调整挖矿难度就是调整目标空间在整个输出空间中所占的比例。当然，挖矿难度和 Target 成反比，计算公式如下：

$$\text{Difficulty} = \frac{\text{Difficulty\_1\_Target}}{\text{Target}} \tag{1-3}$$

式中 Difficulty_1_Target 是指挖矿难度等于 1 时对应的 Target，挖矿难度最小是 1。由式（1-3）可知 Target 越大，挖矿越容易。因此 Difficulty 和 Target 大小是成反比的。

挖矿存在三个典型的问题：

1）如果不调整挖矿难度会怎么样？系统总算力越来越强，若挖矿难度保持不变，出块时间会越来越短。

2）出块时间越来越短是好事吗？出块时间缩短，交易可以很快写入区块链，提高了系统响应时间，增加了区块链系统效率。但是，出块时间并不是越短越好。出块时间太短，会造成一定的问题。区块在网络上传播具有时延，假如出块时间为 1s，但网络传播需要 10s，会使得系统中节点经常处于不一致的状态，增加了系统不稳定性。系统经常位于分叉状态（不仅二分叉，乃至多分叉），如图 1-22 所示。

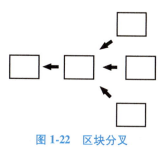

图 1-22　区块分叉

分叉过多，不利于系统达成共识，会造成算力分散，使得黑客攻击成本大大降低（不再需要整个系统 51%的算力）。

3）10min 的出块间隔是最优吗？不是最优，但系统出块时间需要维持在一个定值附近。对于一个交易系统，10min 交易时间是比较长的。但对于跨国交易，反而大大缩短了交易时间，减少了相应成本。

3. 调整挖矿难度算法

比特币协议中规定，每隔 2016 个区块需要调整一次难度，根据 10min 产生一个新区块可以得到，大概需要 14 天的时间，具体调整公式如下：

$$\text{Target} = \text{Target} \times \frac{\text{Actual Time}}{\text{Expected Time}} \tag{1-4}$$

式中 Actual Time 是指系统中产生最近的 2016 个区块实际花费的时间，Expected Time 指产生 2016 个区块使用的时间，即 2016×10min。

式（1-4）的含义：如果 Actual Time 超过了两周，平均出块时间超过了 10min。挖矿难度需要适当调低，让出块更容易，$\frac{\text{Ectual Time}}{\text{Expected Time}}$ 得到的结果是大于 1 的数，Target 会变大，难度会下降。若挖矿时间小于两周，$\frac{\text{Actual Time}}{\text{Expected Time}}$ 得到的结果是小于 1 的数，Target 会变小。

挖矿时间的上调和下调有 4 倍的限制。例如：最近 2016 个区块出块时间超过 8 个星期，计算只按照 8 个星期计算；最近 2016 个区块出块时间小于 0.5 个星期，计算只按照 0.5 个星期计算。这样可以防止网络中出现黑天鹅事件。

1）如何让所有矿工都愿意调整挖矿难度？实际上，这一调整算法在代码中已经写入，每挖 2016 个区块会自动进行调整。

2）如果有恶意节点故意不调整，会怎么样？在区块头中存在一个 Nbits 域，是对 Target

的编码存储（Target 为 256 位，Nbits 为 32 位，区块头并未直接存储 Target），因为 Target 域是 256 位，直接存 Target 需要 32B。Nbits 在 Header 里只有 4B，可以认为是 Target 的一个压缩编码。

如果遇到恶意矿工不调整挖矿难度，检查区块合法性将会不通过。每个节点要独立验证发布区块的合法性，检查内容包括 Nbits。当网络上其他节点检查 Nbits 域时，发现数值不正确是不会接收的。

1.4.5 挖矿设备及矿池的演化

1. 三代设备的演化

第一代设备：挖矿设备演化越来越趋于专业化，早先使用普通的 CPU 挖矿，比如家用计算机、笔记本计算机。但一台计算机专用于挖矿是非常不划算的，挖矿只用到很小一部分内存，计算机中大部分内存都会闲置；计算哈希值也只用到 CPU 很小一部分指令，CPU 大部分部件也会闲置。随着比特币挖矿难度的提高，通用计算机挖矿性价比逐渐降低。

第二代设备：为了解决上述问题，挖矿转入第二代设备 GPU。GPU 效率相比 CPU 提高了很多，主要用于大规模的并行计算。但 GPU 挖矿还是存在浪费现象，GPU 的设计初衷是用于通用并行计算，在挖矿过程中很多部件仍然处于闲置状态，比如浮点数计算部件。

第三代设备：为了实现更高效的挖矿，出现了第三代设备 ASIC 芯片，这种芯片专门为挖矿设计，只能用于特定币种的挖矿。但 ASIC 芯片设计、流片流程很长。若比特币价格剧烈变化，前期投入就会血本无归。所以，ASIC 芯片需要提前预订。在比特币系统中，如果某个时刻算力大量增加，一般是新的 ASIC 矿机出现。

2. 矿池的演化

挖矿的另一个趋势是大型矿池的出现。比特币系统中平均 10min 产生一个区块，是系统中所有矿工作为一个整体平均 10min 产生一个区块。具体到单个矿工，可能要挖很长时间，使用矿机也要挖一至两年。除了挖矿之外，单个矿工还要承担全节点的其他责任。为了解决这些问题，引入矿池的概念。

（1）矿池架构

矿池是将矿工组织起来，作为一个整体。矿池的架构如图 1-23 所示，由一个全节点驱动多个矿机，一个矿池有一个矿主（Pool Manager）。矿主管理多个矿工（Miner），矿工只负责计算哈希值，全节点的其他职责都由矿主来承担。

（2）利益分配

矿池的出现解决了另一个问题：单个矿工收益不稳定。获得收益后，所有矿工对收益进行分配，保证了收益的稳定性。矿池一般具有两种组织形式：

1）类似大型数据中心，集中了成千上万矿机进行哈希计算。

2）分布式。矿工独自与矿主联络，自愿加入其矿池，矿主分配任务，矿工进行计算，获得收益后矿池中所有矿工进行利益分配。

对于第一种组织形式，矿机属于一个机构，不会出现收入分配问题；而在第二种组织形

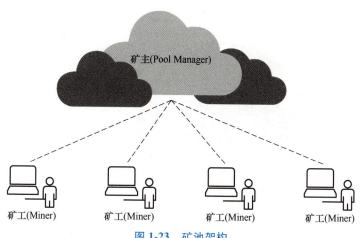

图 1-23 矿池架构

式中,矿工来源于不同机构,收益如何分配?

一种思路是平均分配。这种分配方式会导致一些矿工消极怠工,因此需要工作量证明方案,实现按劳分配;另一种思路是降低挖矿难度。比如挖矿难度要求计算 126 位的哈希值,前 70 位必须为 0,现在降低要求,需要前 60 位为 0,这样更容易挖到。但该哈希值不会被区块链承认,称此哈希值为一个 Share,或 Almost Valid Share。矿工挖到的每一个 Share 由矿主进行记录,作为矿工工作量的证明。直到某个矿工挖到符合要求的区块,再根据所有矿工提交的 Share 数量进行分配。

(3)关于矿池的统计数据

2021 年矿池在各个国家分布比例如图 1-24 所示。可见,美国所占矿池比例远远超过其他国家。

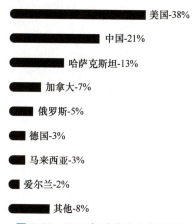

图 1-24 2021 年矿池分布比例图

2014 年单个矿池算力分布比例如图 1-25 所示。

2014 年,存在一个矿池(GHash.IO),其算力比例占全部算力的一半以上,当时引起了恐慌(因为这一个矿池就可以发动 51 攻击)。之后,该矿池主动降低矿池算力,避免动摇人们对比特币的信心。

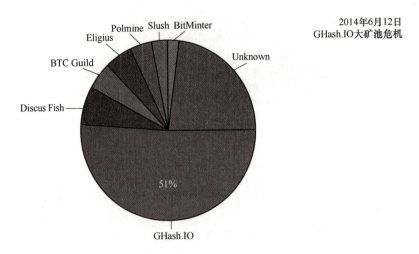

图 1-25　2014 年矿池算力分布比例图

2021 年单个矿池算力分布比例如图 1-26 所示。

表面看是安全的，实际上某个机构有超过 50%的算力，必然不会放入一个矿池中，而是将其分散隐藏，真正发动攻击时再集中起来发动 51% 攻击（注意：矿工转换矿池非常容易）。

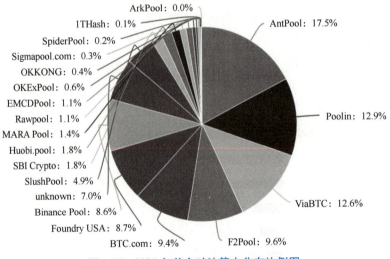

图 1-26　2021 年单个矿池算力分布比例图

由这些数据可知，矿池本身对比特币系统带来了较大威胁。如果存在恶意用户想要发动 51% 攻击，只需要成为矿主，有足够多的矿工加入矿池，便可以用较低成本实现 51% 攻击。

1.5　身份认证

身份认证，就是被认证的对象通过展示身份密钥来证明自己身份的过程。例如，通过指纹来识别验证人的身份信息。同时，身份认证还有一个重要特征，那就是要绑定到一个"可信"的存储媒介上，"可信"指的是可以被实施认证行为的人信任。

1.5.1 传统认证方式

按身份认证的认证形式来分，目前有用户名/密码认证、智能卡认证、动态口令认证、USB Key 认证、生物识别技术等。

用户名/密码是最简单，也是最常用的身份认证方法，是基于"what you know"的验证手段。每个用户的密码是由用户自己设定，只要能够正确输入密码，计算机就认为操作者是合法用户。实际上，许多用户为了防止忘记密码，经常采用诸如生日、电话号码等容易被猜测的字符串作为密码，或者把密码抄写在纸上放在一个自认为安全的地方，这样很容易造成密码泄漏。即使能保证用户密码不被泄漏，但由于密码是静态的数据，在验证过程中需要在计算机内存中和网络中传输，并且每次使用的验证信息都是相同的，很容易被驻留在计算机内存中的木马程序或网络中的监听设备截获。因此，它是一种单因素的认证，安全性依赖于密码。从安全性上讲，用户名/密码认证方式是一种极不安全的身份认证方式。

智能卡是一种内置集成电路的芯片，芯片中存有与用户身份相关的数据。智能卡由专门的厂商通过专门的设备生产，是不可复制的硬件。智能卡由合法用户随身携带，登录时必须将智能卡插入专用的读卡器读取其中的信息，以验证用户的身份。智能卡认证是基于"what you have"的手段，通过智能卡硬件的不可复制性来保证用户身份不会被仿冒。基于智能卡的认证方式是一种双因素的认证方式（PIN+智能卡），即使 PIN 或智能卡被单一窃取，用户仍不会被冒充。然而由于每次从智能卡中读取的数据是静态的，通过内存扫描或网络监听等技术还是很容易截取到用户的身份验证信息，因此还是存在一定的安全隐患。

动态口令技术是一种让用户密码按照时间或使用次数不断变化、并且每一次密码只能使用一次的技术。它采用一种叫作动态令牌的专用硬件，由内置电源、密码生成芯片和显示屏组成。密码生成芯片运行专门的密码算法，根据当前时间或使用次数生成当前密码并显示在显示屏上。认证服务器采用相同的算法计算当前的有效密码，用户使用时只需要将动态令牌上显示的当前密码输入客户端计算机，即可实现身份认证。由于每次使用的密码必须由动态令牌来产生，同时只有合法用户才持有该硬件，所以只要通过密码验证就可以认为该用户的身份是可靠的。关键在于用户每次使用的密码都不相同，即使黑客截获了一次密码，也无法利用这个密码来仿冒合法用户的身份。

动态口令技术采用一次一密的方法，有效保证了用户身份的安全性。但是如果客户端与服务器端的时间或次数不能保持良好的同步，就可能出现合法用户无法登录的问题。并且用户每次登录时需要通过键盘输入一长串无规律的密码，一旦输错就要重新操作，使用起来非常不方便。

基于 USB Key 的身份认证方式是近几年发展起来的一种方便、安全的身份认证技术。它采用软硬件相结合、一次一密的强双因子认证模式，很好地解决了安全性与易用性之间的矛盾。USB Key 是一种 USB 接口的硬件设备，它内置单片机或智能卡芯片，可以存储用户的密钥或数字证书，利用 USB Key 内置的密码算法实现对用户身份的认证。基于 USB Key 身份认证系统主要有两种应用模式：一是基于冲击/响应的认证模式，二是基于 PKI 体系的认证模式。

生物识别技术主要是指通过可测量的身体或行为等生物特征进行身份认证的一种技术。生物特征是指唯一的，可以测量或可自动识别和验证的生理特征或行为方式。生物特征分为身体特征和行为特征两类。身体特征包括：指纹、掌型、视网膜、虹膜、人体气味、脸型、手的血管和 DNA 等；行为特征包括：签名、语音、行走步态等。目前部分学者将视网膜识别、虹膜识别和指纹识别等归为高级生物识别技术；将掌型识别、脸型识别、语音识别和签名识别等归为次级生物识别技术；将血管纹理识别、人体气味识别、DNA 识别等归为"深奥的"生物识别技术。基于生物特征的认证方式是以人体唯一的、可靠的、稳定的生物特征（如指纹、虹膜、脸型、掌纹等）为依据，采用计算机的强大功能和网络技术进行图像处理和模式识别，使得该技术具有很好的安全性、可靠性和有效性。与传统的身份认证技术相比，无疑产生了质的飞跃。

与传统身份认证技术相比，生物识别技术具有以下特点：

1）随身性：生物特征是人体固有的特征，与人体是唯一绑定的，具有随身性。
2）安全性：人体特征本身就是个人身份的最好证明，满足更高的安全需求。
3）唯一性：每个人拥有的生物特征各不相同。
4）稳定性：生物特征如指纹、虹膜等不会随时间等条件的变化而变化。
5）广泛性：每个人都具有这种生物特征。
6）方便性：生物识别技术不需要记忆密码与携带使用特殊工具，不会遗失。
7）可采集性：选择的生物特征易于测量。
8）可接受性：使用者对所选择的个人生物特征及其应用愿意接受。

基于以上特点，生物识别技术具有传统的身份认证技术无法比拟的优点。

就目前趋势来看，将生物识别技术在内的几种安全机制整合应用正在成为新的潮流。其中，较为引人注目的是将生物识别技术、智能卡、公匙基础设施（PKI）技术相结合的应用。比如指纹 KEY 产品，PKI 从理论上提供了一个完美的安全框架，其安全的核心是对私钥的保护；智能卡内置 CPU 和安全存储单元，涉及私钥的安全运算在卡内完成，可以保证私钥永远不被导出卡外，从而保证了私钥的绝对安全；生物识别技术不再需要记忆和设置密码，个体的绝对差异化使生物识别树立了有史以来的最高权威。这三种技术的有机整合，正可谓是一关三卡、相得益彰，真正使人们享受了便捷的安全。

1.5.2　电子签名

在日常工作与生活中，合同订立、网上缴费、电子发票、项目审批、文件发布、发送安全电子邮件、访问安全站点、网上签约等电子事务处理与交易活动往往都会用到电子签名技术。作为保障电子商务安全的重要手段，电子签名在区块链中发挥着重要作用。

1. 电子签名的定义

在 2019 年最新修订出台的《中华人民共和国电子签名法》（以下简称为《电子签名法》）中，电子签名被定义为"数据电文中以电子形式所含、所附用于识别签名人身份并表明签名人认可其中内容的数据",定义中的"数据电文"是指"以电子、光学、磁或者类似手段生成、发送、接收或者储存的信息"。

根据《电子签名法》第十三条和第十四条的规定,电子签名同时符合下列条件,才可视为可靠的电子签名,并且与手写签名或者盖章具有同等的法律效力:

1) 电子签名制作数据用于电子签名时,属于电子签名人专有。
2) 签署时电子签名制作数据仅由电子签名人控制。
3) 签署后对电子签名的任何改动能够被发现。
4) 签署后对数据电文内容和形式的任何改动能够被发现。

条件1)和2)用于确认签名人的真实身份,条件3)和4)则保证数据电文的安全性、真实性以及不可抵赖性。

目前,数字签名是为各国电子商务或者电子签名立法所广泛确认的可靠电子签名形式。所谓数字签名,是指通过使用公钥加密算法对数据电文进行加密、解密变换的一种签名手段。基于科学化方法和规范性程序,数字签名不仅可以确认签名人身份及其是否对数据电文内容表示认可,还能够验证出自身以及数据电文在传输过程中有无改动,以实现真正的"可靠"。

2. 电子签名的特点

电子签名因其方便快捷,在电子商务中的使用越来越广泛,而且响应无纸化办公,大大减少了纸张的使用,对环境保护有着重要的意义。电子签名在书写过程中会形成关于其自身的电子数据,可以更有效地检验电子签名的完整性和真实性。电子签名技术的弱点在于电子签名密钥的存储。从密码算法的角度了解到,密钥可以确定用户的合法性。确保密钥的机密性是十分重要的,如果密钥掌握在攻击者的手里,攻击者就可以为合法用户签发由密钥加密的虚假文件。

3. 电子签名的表现形式

对于电子签名的定义虽然有不同的说法,但具体表现的状态是相同的,对于电子签名的形成条件来说,都是通过密码算法对电子文档中的电子形式的签名进行加工转化,并记录在储存器中。电子签名的表现形式有两种:一是书写人直接在给定传感器上书写,经过电子屏幕的压力感应和电子感应将电子信号传输到计算机中,再通过计算机处理,将其与要签署的文件结合起来形成数据形式的签名。二是对已经形成的签名或印章进行扫描,转换成数据信息后储存在数据库中,当需要进行与签名或印章核实的时候,可将其从数据库中调出进行比对,从而完成鉴定工作。

在第三方中心化系统中,账户开通依赖于第三方。但在去中心化的比特币系统中,很明显不能进行"申请账户"。在比特币系统中,申请账户是用户自己来处理的,即自己创建一个公钥——私钥对。

公钥和私钥的应用保证了"签名"的应用。当在比特币网络中进行转账时,通过"签名"可以明确是由哪个账户转出的,从而防止不法分子盗取其他账户中的比特币。

在发布交易时,通过自己私钥签名,其他人可以根据公钥进行验证,从而保证该交易由自己发起。也就是说，只有拥有私钥，才能将该账户中的比特币转走（注意：比特币系统中，很难通过生成大量公私钥对来获取他人私钥）。

因此，区块链与生俱来的属性与数字签名技术天然契合。区块链主要使用基于椭圆曲线数学的公钥密码学算法，签名人可以使用绑定身份信息的私钥对数据电文进行签名，之后将签名与原始数据发送给整个网络，网络中的所有节点可以使用公钥对其有效性进行验证。目前，区块链在金融领域实践应用时主要实现的是匿名交易，但经过算法调整变换后同样可以实现实名，以适应电子签名要求。在大数据人工智能时代，电子签名将成为固定电子数据的最有力手段之一。当审查电子签名作为证据的真实性时，强调从"生成、储存或者传递数据电文方法的可靠性；保持内容完整性方法的可靠性；用以鉴别发件人方法的可靠性"（《电子签名法》第八条）等因素进行考虑。基于区块链技术实现的电子签名，充分考虑了数据电文审查要素要求，保证了数据电文的真实性，进而构建网络行为主体间的信任关系。并且，区块链网络结构并不严格限制节点出入，节点可以随时离开或重新加入网络，当事人在使用区块链技术进行数据签名时自主程度大，满足了法律法规的要求。

数字签名及非对称加密实例：

1）如图 1-27 所示，鲍勃有两把钥匙，一把是公钥，另一把是私钥。

图 1-27　鲍勃的公钥和私钥

2）如图 1-28 所示，鲍勃把公钥送给他的朋友们，帕蒂、道格、苏珊每人一把。

图 1-28　鲍勃送给朋友们每人一把公钥

3）如图 1-29 所示，苏珊要给鲍勃写一封保密的信，她写完后用鲍勃的公钥加密，就可以达到保密的效果。

4）如图 1-30 所示，鲍勃收到信后，用私钥解密，就看到了信件内容。这里要强调的

图 1-29　公钥加密

是，只要鲍勃的私钥不泄露，这封信就是安全的，即使落在别人手里，也无法解密。

图 1-30　私钥解密

5）如图 1-31 所示，鲍勃给苏珊回信，决定采用"数字签名"。他写完后先用哈希函数，生成信件的摘要（Digest）。

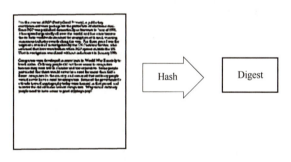

图 1-31　生成摘要

6）如图 1-32 所示，鲍勃使用私钥，对这个摘要加密，生成"数字签名"（Signature）。

图 1-32　私钥加密

7）如图 1-33 所示，鲍勃将这个签名，附在信件下面，一起发给苏珊。

8）如图 1-34 所示，苏珊收到信后，取下数字签名，用鲍勃的公钥解密，得到信件的摘要。由此证明，这封信确实是鲍勃发出的。

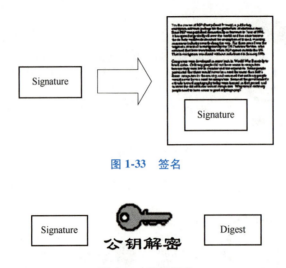

图 1-33 签名

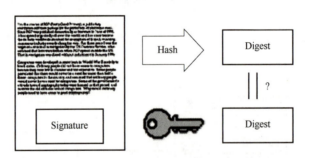

图 1-34 公钥解密

9）如图 1-35 所示，苏珊再对信件本身使用哈希函数，将得到的结果，与上一步得到的摘要进行对比。如果两者一致，就证明这封信未被修改过。

图 1-35 摘要对比

10）如图 1-36 所示，复杂的情况出现了。道格想欺骗苏珊，他偷偷使用了苏珊的计算机，用自己的公钥换走了鲍勃的公钥。此时，苏珊实际拥有的是道格的公钥，但是还以为这是鲍勃的公钥。因此，道格就可以冒充鲍勃，用自己的私钥做成"数字签名"，写信给苏珊，让苏珊用假的鲍勃公钥进行解密。

图 1-36 假的公钥

11）如图 1-37 所示，苏珊感觉不对劲，发现自己无法确定公钥是否真的属于鲍勃。她想到了一个办法,要求鲍勃去找"证书中心"(Certificate Authority,CA),为公钥做认证。证书中心用自己的私钥,对鲍勃的公钥和一些相关信息一起加密,生成"数字证书"(Digital Certificate)。

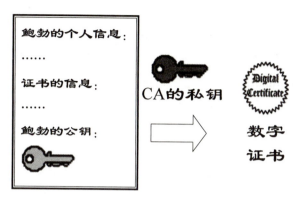

图 1-37　数字证书

12)如图 1-38 所示,鲍勃拿到"数字证书"以后,就可以放心了。以后再给苏珊写信,只要在签名的同时,再附上数字证书就行了。

13)如图 1-39 所示,苏珊收到信后,用 CA 的公钥解开"数字证书",就可以拿到鲍勃真实的公钥了,然后就能证明"数字签名"是否真的是鲍勃签的。

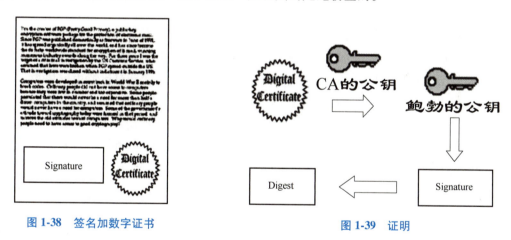

图 1-38　签名加数字证书　　　　　　　　图 1-39　证明

1.6　挖矿攻击

随着比特币价格的提升、用户数的增加,比特币的安全性越来越引起人们的重视,比如双重支付问题、交易延展性问题和隐私保护问题。同时针对比特币系统的不同方面出现了许多的攻击:针对网络的日蚀攻击、路由攻击,针对共识机制的挖矿攻击等,特别是矿池出现后,出现了一些新的针对矿池的攻击行为。本节主要介绍针对比特币挖矿的各种攻击,如

51攻击、区块截留攻击和扣块后分叉（Fork After Withholding，FAW）攻击，分析攻击的基本思想、基本策略和现实危害，并介绍一些应对攻击的方案。

1.6.1 背景

在比特币系统挖矿过程中，存在着一种挖矿攻击（Mining Attack），即通过非正常挖矿的方式，让自己获得比正常挖矿更高的收益。比如通过正常挖矿，每天能挖到1个比特币，而通过某种挖矿攻击（Mining Attack）方式，可以让收益高于每天1个比特币。本节将简单介绍比特币系统（更通俗地说，就是基于PoW的数字货币）中的挖矿攻击。

1.6.2 分叉

比特币软件需要定期更新和修改。由于用户版本更新时间不同，新旧版本可能出现不兼容的情况，从而导致区块链分叉。新旧版本的区块可能存在差异，它们不能被连接到同一个区块链上，因此可能出现两条链，甚至多条链，这就是分叉。分叉又分为硬分叉和软分叉。分叉形成的原因有多种，例如：挖矿时两个节点几乎同时挖出矿，都会发布区块，对比特币系统当前状态产生分歧导致分叉（State Fork）；分叉攻击（Forking Attack），同样也会导致分叉；比特币协议改变，在分布式系统中不能保证所有节点同时升级软件，假设存在少数节点未升级，将会导致分叉（Protocal Fork）。

1. 硬分叉（Hard Fork）

硬分叉指区块链发生永久性分歧，在新共识规则发布后，部分没有升级的节点无法验证已经升级的节点生产的区块。所以，在数字货币领域，硬分叉往往导致新的币种出现。例如以太坊的硬分叉就导致了ETH的出现。硬分叉的一个典型例子就是对比特币区块大小的修改。在比特币系统中，区块大小最大为1MB，可以包含的最大交易数量为4000笔左右。而一个区块的产生大概需要10min，也就是说，整个比特币系统，平均每10min最多只能处理4000笔交易（即平均每秒7笔交易），相比目前银行等金融机构每秒数十万、数百万的交易量来说，根本不在一个数量级上，严重影响吞吐率和交易处理（即上链）时间（因为交易太多，无法写入只能等待下一个区块）。所以，可以增大区块大小，使得一个区块中可以包含的交易数量增多。假设将区块大小从1MB增大至4MB。系统中大多数节点更新了软件，少数节点仍然遵从1MB限制的协议（注意，这里大多数和少数是按照算力来区分的，和账户数量无关），即新节点认为区块大小最大为4MB，旧节点认为区块大小最大为1MB，且新节点占据大多数。

如图1-40所示，假设区块1为当前区块，此时软件更新，有一个新节点挖出了一个区块，如区块2。但对于旧节点来说，该区块为一个非法区块，旧节点不会对其认可。因此，旧节点仍然从其前一个区块开始挖矿，如区块3。需要注意的是，旧节点挖出的区块，新节点是认可的（并未超过4MB限制），所以对旧节点来说，下面的链才是合法链，而对新节点来说，这两条链都是合法的链。对于新节点来说，上面的为最长合法链，新节点便都会沿着上面的链继续挖；对于旧节点来说，上面的链无论多么长，都是一条非法链，不会认可该链，所以旧节点就会沿着下面的链继续挖矿。因为新节点算力强，所以上面这条链为最长链的可能性要大得多。

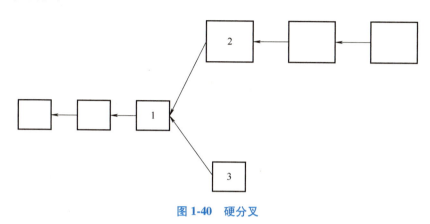

图 1-40 硬分叉

此时，就出现了新节点永远沿着上面的链挖矿，旧节点永远沿着下面的链挖矿，由于新节点算力足够强，所以形成两条永远都在延伸且平行的链。当然，上面的链，也有可能会挖出大小在 1MB 内的小区块，但对旧节点来说，该链上存在非法区块，不会认可该链。由此可见，这种分叉是持久性的，只要这部分旧节点永远不更新软件，下面的链便永远不会消失。出现硬分叉后，便变成了两条平行的链，也就造成了社区分裂。

值得注意的是：

1）比特币社区中有些人很保守，不愿意加大区块大小。

2）区块大小并非越大越好，比特币网络传输为"尽力而为"，区块加大会造成传输变慢等问题。

3）单纯增加区块大小，对交易数量的增加远不能达到数量级的提升。

2. 软分叉（Soft Fork）

软分叉也称临时性分叉，是指当新共识规则发布后，未升级的节点由于不知道新共识规则，从而生产不合法的区块，这种分叉会随着节点的升级而逐渐修复。假设将区块大小从 1MB 减小至 0.5MB（实际中，1MB 已经足够小，不会调小了），系统中大多数节点更新了软件，少数节点仍然遵从 1MB 限制的协议（注意，这里大多数和少数是按照算力来区分的，和账户数量无关），即新节点认为区块大小最大为 0.5MB，旧节点认为区块大小最大为 1MB，且新节点占据大多数。

如图 1-41 所示，假设区块 1 为当前区块，此时软件更新，有一个新节点挖出了一个区块 2。对于旧节点来说，该区块符合 1MB 大小限制，旧节点会沿着新的小区块开始挖矿，如区块 3。但是对于新节点来说，该区块超过 0.5MB 限制，因此被视为非法区块，从其前一个小区块开始挖矿，如区块 4 所示。旧节点认可新区块，仍会在最长合法链后挖，旧节点挖出的区块一直被抛弃，无法得到出块奖励（不在最长合法链上）。这就迫使旧节点升级软件，最终会实现区块链上的所有矿工共同认可新协议，实现软件协议的升级。

需要注意的是，旧节点如果不升级软件，挖出的区块均为无效区块（大于 0.5MB），但

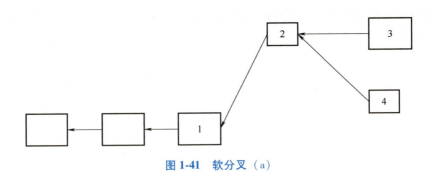

图 1-41 软分叉（a）

对于系统来说，不会存在永久性分叉，因为算力差距，最长合法链最终会如图 1-42 所示的箭头所示方向发展。

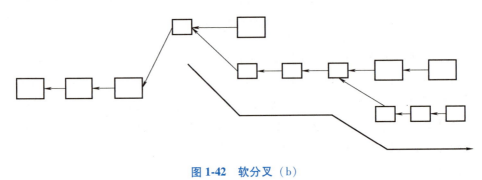

图 1-42 软分叉（b）

系统中可能出现软分叉的情况及实例如下。

给某些目前协议中未规定的域赋予新的含义或规则。最经典的就是，铸币交易中的 CoinBase 域。在 CoinBase 域中写入任何内容都可以，没有任何规定。前面在介绍挖矿时，提到挖矿本质是调整区块头中的随机数，但其本身只有 4B，搜索空间太小。所以实际使用中，将 CoinBase 域前 8B 作为另一个 Extra 随机数，此时搜索空间从 2^{32} 增长到 2^{96}，对于目前挖矿难度来说已经足够。但 CoinBase 域中并不是只有 8B，还剩下很多空间。有人便提出将其作为 UTXO（当前还没花掉的交易结合）集合的根哈希值。目前 UTXO 是全节点在本地为了方便查询自行维护的，但 UTXO 内容并未写入区块链（Merkle Proof 用于验证某个交易是否在区块中，Merkle Proof 的交易信息是写入区块链的）。由于 UTXO 存在本地，如果查询某账户余额，轻节点便需要询问全节点，全节点根据 UTXO 中的信息可以计算得到账户余额，但如何确保全节点给的数据可信？由于直接修改块头会造成硬分叉，有人便提出了以上的方案（该域刚好无人用）。

可以看到，旧节点认可新节点的区块，但新节点对于旧节点 CoinBase 域检查时，发现并没有这个 UTXO 的根哈希值，不会认可其发布的区块，所以这是软分叉。

1.6.3 攻击方式

1. 51 攻击

比特币白皮书中这样写道：The system is secure as long as honest nodes collectively control more CPU power than any cooperating group of attacker nodes.（只要诚实的计算节点在总体上比任何一个攻击群控制更多的计算能力，那么系统就是安全的。）51 攻击是比特币系统面临的最早的攻击行为，是指掌握了比特币全网 51%算力的节点通过重新计算已经确认过的区块或控制新区块的产生，成功伪造和篡改区块链交易数据的行为。比特币网络所有节点共同维护同一个账本，如果想要篡改账本中的数据必须能够控制全网大部分节点，即掌握 51%的算力。

51 攻击需要满足两个条件：一是攻击者掌握了比特币全网 51%的算力；二是攻击者手里持有大量比特币。

（1）攻击者

攻击者可以分为两种类型：理性攻击者，攻击的目的是最大化自身的利益，获取更多的金钱；暴力攻击者，攻击的目的纯粹是破坏，满足自身的心理需要，不计较个人得失，是不理智、不理性的。

（2）攻击步骤

攻击者运用手中的算力，从自己对外付款交易之前的区块开始，生成新的交易将自己之前花费的比特币转移到自己的新地址，然后重新构造新的区块（包含新交易），并利用自己的算力优势与全网其余算力竞争，当攻击者挖到的区块长度超过原主链区块，成为新的主链，则攻击完成。

（3）攻击结果

包含攻击者付款交易的区块链分支没有成为主链，这就意味着付款交易不会被比特币网络认可，相当于回收了攻击者交易掉的比特币，实现了双花。

（4）攻击防范

尽管 51 攻击只存在理论意义上，但是在现实中仍然要保持警惕并可以采取多种方法防范这种攻击，如监管矿池发出的大额交易、遇有大额交易时多等几个确认区块、监管矿池的出块情况（长时间不出块）等。

（5）攻击分析

51 攻击只是一个概率问题，并非达到 51%算力就能发动攻击，不能达到就无法发动攻击。此外，矿池本身的算力也是在不断变化的。分叉现象的产生使得攻击者可能不需要51%算力也可以进行攻击。如图 1-43 所示，恶意节点从左面第二个区块开始自私挖矿，如果该恶意节点拥有 51%以上的算力，便可以产生与主链等长甚至更长的区块链。

（6）举例

1）封锁交易（Boycott）：假如攻击者不喜欢某个账户 A，不想让 A 的交易提交到区块链上，在监听到有其他人将 A 的交易发布到区块链上时，立刻发动分叉攻击，使 A 所在链无法成为"最长合法链"。这样，便实现了对 A 账户的封锁。

2）分叉攻击：对已经经过 6 次确认的交易分叉，利用 51%算力将交易记录回滚。

思考一：大多数算力掌握在好的用户手中，能否保障不良交易记录不会被写入区块链？

需要注意的是，算力低的用户并非完全不能获得记账权，仅仅是概率较低的问题。但实

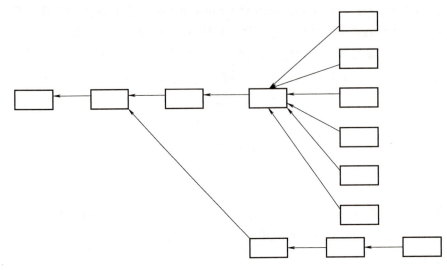

图 1-43 51 攻击

际上,即使拥有少量算力的恶意节点,也有一定概率获得某个区块的记账权。

如果恶意节点获得了记账权,很可能造成比特币的双花。

双花问题:对用户来说,可以将同一货币花费两次。如图 1-43 所示,若 M 已经将钱转给 B,现在想再转给自己,假设其获得记账权,若按照图 1-43a 所示方式,M 转给自己的交易在主链的区块内,很明显为一个非法区块,不会被其他节点承认。

所以,M 只能选择图 1-44b 所示方式,将 M 转账给 B 的记录回滚掉,这样就有了两条等长合法链(如果上面交易产生不可逆的外部效果,下面交易回滚,便可实现不当获益)。

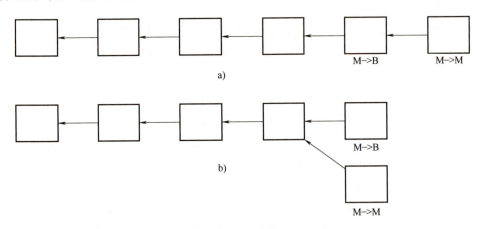

图 1-44 双花问题

思考二:如何防范这种攻击?

如果在 M—>B 这个交易之后还延续有几个区块,如图 1-45 所示,则大多数诚实节点不会承认下面的链。所以,便变成了恶意节点挖下面的链,其他节点挖上面的链的算力比拼。由于区块链中大多数节点为善意节点,则最终上面链会胜出,而恶意节点的链不会被认可,从而浪费投入成本。所以，一种简单的防范便是多等几个确认区块。比特币协议中，默认需要等6个确认区块，此时才认为该记录是不可篡改的。

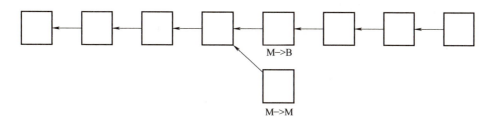

图 1-45 双花问题的防范

2. 区块截留攻击

区块截留攻击是指矿工找到满足比特币网络难度目标要求的区块时，扣在自己手里的攻击行为。区块截留攻击主要有两种：一是芬妮攻击；二是矿池区块截留攻击。

（1）芬妮攻击

芬妮攻击是一种利用比特币中未确认交易来欺诈接收比特币支付的商家的一种攻击行为。服务提供者或商品销售者信任未确认交易，在收到未确认交易后便立即提供服务或者商品。

芬妮攻击的具体过程：攻击者挖到一个区块不立即公布（这个区块中包含一个交易Tx1：A 向 B 转账 10 比特币，其中 A 和 B 都是属于攻击者自己的地址），而是向愿意接受未确认交易的商家购买商品或服务，并生成交易 Tx2：A 向 C（商家）转账 10 比特币。商家提供商品或服务后，矿工立即公布刚刚挖到的区块，比特币网络接受交易 Tx1，并使交易 Tx2 无效，实现双花。

攻击分析：攻击者生成区块和完成交易 Tx2 之间存在时间间隙，在此期间网络上的其他矿工也可以生成有效块并广播它，从而使攻击者生成的有效块变无效。因此攻击的前提条件是，从生成交易到完成这个交易的时间间隔足够小，只能选择攻击购买软件产品的密钥或在线服务等完成时间短的交易。

（2）矿池区块截留攻击

矿池形成后，矿工加入矿池，接收矿池管理者分配的任务后开始挖矿，管理者为了估计每个矿工的贡献值来分配收益，设置一个小于比特币网络的难度目标值，保证小矿工也能够以很快的频率找到满足此目标的哈希值（份额），并提交给矿池管理者，这被称为部分工作量证明（Partial Proof of Work，PPoW），与之相对应的是完整工作量证明（Full Proof of Work，FPoW），只有 FPoW 生成的区块才会被比特币网络认可，并获得比特币奖励。矿工在努力发现完整工作量证明的过程中，很自然会发现部分工作量证明。矿池区块截留攻击的基本思想是攻击者伪装为诚实矿工加入矿池挖矿，只提交 PPoW，当发现 FPoW 时立即抛弃，攻击者享受矿池的收益但不实际贡献算力，从而降低矿池的收益。

工作量证明只能被任务的创建者即矿池管理者使用，攻击者不能将发起攻击的算力再用于其他用途，这是因为矿工发现的 FPoW 不能自己提交给比特币网络，即使能够提交，生成新比特币的 CoinBase 交易的输出地址是矿池管理者而不是攻击者。另外，攻击者仍然需要按照管理者要求，利用自己的算力寻找满足目标值的随机数，否则他们不能提交 PPoW，也就不能获得与自己算力相匹配的收益。

区块截留攻击违反了比特币协议的要求，对任何开放矿池具有很大的破坏性，侵害了诚实矿工的利益，减弱了挖矿的积极性，同时越来越多的矿工截留区块，会使得比特币系统的安全性面临更大威胁。2014 年 6 月，Eligius 矿池遭受区块截留攻击，损失 300 比特币。那么如何应对这种攻击行为呢？对矿工进行审核登记，严格矿工准入审查等措施虽然有效但是不利于矿工的流动，与比特币系统去中心化、去信任化的要求相违背。Rosenfeld 提出了一种蜜罐技术，管理者生成一个已知挖矿难题解答的挖矿任务交给所有矿工完成，诱使恶意矿工进入陷阱，恶意矿工因不提交解答而被管理者识别。

3. 自私挖矿

自私挖矿基本思想：攻击者挖到区块后不立即向比特币网络广播，继续在此区块后秘密挖矿，然后有选择性地公布区块，有时甚至牺牲自身利益，向网络连续公布区块，在同其他矿工的竞争中获得胜利，减少其他人收益，吸引更多的矿工跟随自己挖矿，从而获得额外收益。

比特币的设计者隐含地假设了挖矿协议的公平性：超过一半的矿工遵循协议，矿工获得下一个块奖励的概率与该矿工的算力比例成正比，但是自私挖矿打破了这一假设。矿工采取自私挖矿能够增加自己的收益，且收益增加速度与挖矿算力是超线性关系，特别是具有更快的区块传播速度的矿工，即使算力再小也可发动自私挖矿来获得更多收益，理性的矿工倾向于进行自私挖矿，这破坏了比特币去中心化的结构。另外结合自私挖矿，双花攻击不必满足 51% 算力就能够发起，比特币的信任体系面临更大威胁。现在针对自私挖矿的防御方案主要分为两种：

1) 对区块有效性规则进行改变。Bahack 提出了一种分叉惩罚规则，竞争区块没有区块奖励，包含分叉区块证明的第一个矿工获得惩罚奖励的一半，但是这种方案会导致诚实矿工受到损害。Shult 为有效区块附加一定量的签名来证明这个区块被网络认可，并且网络中不存在竞争区块。Solat 和 Potop Butucar 提出利用零块来应对自私挖矿，其基本思想是在一定时间内，诚实节点接收别人的区块或者生成并广播自己的区块，如果以上情况都没有发生，该节点生成一个包含预期时间索引和前一区块哈希值的虚拟区块（零块）。当某个时刻自私节点公布了私藏的区块，因为不包含零块的哈希值而被诚实节点拒绝。Zhang 和 Preneel 从分叉时节点如何选择这一方面着手，提出一种新的分叉解决策略（FRP）：用权重 FRP 来替换当前使用的长度 FRP。在此方案中，改变了挖矿算法，并定义了区块链权重的概念，矿工在面对分叉时比较链的权重而不是长度，选择在权重大的链上挖矿，当权重相同时随机选择，对于自私矿工来说，无论是否公布区块，公链和私链的权重同时增加或减少。

2) 当公链与私链长度相等时，增加诚实矿工在公链挖矿的概率，从而提高攻击者发动攻击获利的算力阈值。Eyal 和 Sirer 提出，当一个矿工发现两个相同长度的分支正在竞争时，矿工应该随机选择一个分支进行挖矿，此时的阈值大于 25%，最优自私挖矿策略下采用此方案的阈值为 23.21%。Heilman 提出 "Freshness Preferred"（FP）方案，利用不可伪造的时间戳惩罚隐藏区块的矿工来减少自私挖矿的收益，从而提高阈值（此时的阈值大于 32%）。

4. FAW 攻击

当外部矿工（既不属于攻击者又不属于目标矿池）找到区块时，若攻击者手上握有有效区块应当立即公布产生分叉，攻击者分支有一定的概率成为主链，能够获取收益。FAW 攻击相比于区块截留攻击，额外获得了分叉后成为主链的那部分收益，所以 FAW 攻击总会获得额外收益，且收益不小于区块截留攻击。在实际的矿池攻击行为中，每个矿池使用 FAW 攻击的次数几乎是 BWH 攻击的 4 倍。BWH（block withholding）是在矿池中可能出现的一种攻击方式，它表示恶意的矿工在找到 FPoW（Full Proof of Work）后选择隐藏，而只提交 PPoW（Partial Proof of Work），始终提交 PPoW 的行为使得矿工并没有实际为矿池贡献算力，却可以分到矿池的收益。

以攻击单个目标矿池为例进行分析 FAW 攻击的步骤。攻击者分配自己的算力进行诚实挖矿和攻击目标矿池。如果通过诚实挖矿找到一个区块，它立即广播获得收益。如果它在目标矿池中找到一个区块，不立即广播，可以采取以下三种行为：

1）当攻击者诚实挖矿挖到另一个区块，它抛弃在目标矿池中找到的区块。

2）当目标矿池的诚实矿工找到区块，攻击者抛弃找到的区块。

3）当外部的矿工找到一个区块，攻击者立即向目标矿池管理者提交区块，比特币网络同时存在两个区块，产生分叉。以下为攻击一个矿池出现的四种情况，如图 1-46 所示。

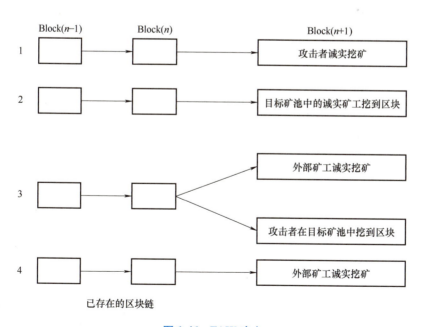

图 1-46　FAW 攻击

1.7 本章小结

本章通过从比特币的发展背景和意义、数据结构、交易过程、挖矿过程、认证方式及挖矿攻击六个方面,详细地介绍了比特币及底层的区块链结构。随着近几年来比特币和区块链的持续火热。应该注意比特币不同于以往的货币,它完全依托于互联网来进行创造和交易;比特币的独特技术属性衍生出其超越现在货币的经济属性和文化属性。比特币相较于现在流通的纸币,其最大的特征是去中心化和在网络世界的全球流通,其次是高安全性和高保密性。这些技术属性进一步引申出在经济方面的不会通胀、不被冻结、供给不被人为操作的属性;在文化方面比特币更是被无政府主义者和自由主义者热捧。比特币的优点被人为夸大,其防通胀与抗通胀的功能经不起推敲。尽管比特币带来了一些潜在的好处,但在推进比特币的应用和发展时,需要谨慎考虑其波动性、监管和环境影响等问题,并采取相应的措施来平衡利益,确保比特币的合理和可持续发展。

1.8 参考文献

[1] LAMPORT L. Time, Clocks, and the Ordering of Events in a Distributed System [J]. Communications of the Acm, 1978, 21 (7): 558-565.

[2] PEASE M, SHOSTAK R, LAMPORT L. Reaching Agreement in the Presence of Faults [J]. Journal of the ACM, 1980, 27 (2): 228-234.

[3] FISCHER M J, LYNCH N A, PATERSON M S. Impossibility of Distributed Consensus with One Faulty Process [J]. Journal of the ACM, 1985, 32 (2): 374-382.

[4] LAMPORT L. The Part-Time Parliament [J]. Acm Transactions on Computer Systems, 1998, 16 (2): 133-169.

[5] CASTRO M, LISKOV B. Practical Byzantine Fault Tolerance [J]. Proceedings of the Third Symposium on Operating Systems Design and Implementation, 1999: 1-14.

[6] NAKAMOTO S, Bitcoin: A Peer-to-Peer Electronic Cash System [EB/OL]. [2022-12-25] https://bitcoin.org/bitcoin.

[7] BACK A, CORALLO M, DASHJR L, et al. Enabling Blockchain Innovations with Pegged Sidechains [J]. Computer Science, 2014: 1-25.

[8] POON J, DRYJA T. The Bitcoin Lightning Network: Scalable Off-Chain Instant Payments [Z]. 2016.

[9] GENTRY C, HALEVI S. Advances in Cryptology-EUROCRYPT 2011. Implementing Gentry's Fully-Homomorphic Encryption Scheme [C]. Berlin: Springer, 2011.

[10] VAN DIJK M, GENTRY C, HALEVI S. Advances in Cryptology-EUROCRYPT 2010. Fully Homomorphic Encryption over the Integers [C]. Berlin, Springer, 2010.

[11] LÓPEZ-ALT A, TROMER E, VAIKUNTANATHANV. On-the-Fly Multiparty Computation on the Cloud via Multikey Fully Homomorphic Encryption [C]//STOC'12: Proceedings of the forty-fourth annual ACM symposium on Theory of computing. New York: Association for Computing Machine, 2012: 1219-1234.

[12] MIERS I, CARMAN C, GREEN M, et al. Zerocoin: Anonymous Distributed E-Cash from Bitcoin [C]. 2013 IEEE Symposium on Security and Privacy. Berkeley: IEEE, 2013: 397-411.

[13] REID F, HARRIGAN M. An Analysis of Anonymity in the Bitcoin System [J]. Security and Privacy in Social Networks, 2013: 197-223.

[14] BHARGAVAN K, DELIGNAT-LAVAUD A, FOURNET C, et al. Formal Verification of Smart Contracts [J]. ACM, 2016: 91-96.

[15] SOMPOLINSKY Y, ZOHAR A. Secure High-Rate Transaction Processing in Bitcoin [C]. Lect. Notes Comput. Sci. (including Subser. Lect. Notes Artif. Intell. Lect. Notes Bioinformatics), 2015: 507-527.

[16] LI C, LI P, ZHOU D, et al. Scaling Nakamoto Consensus to Thousands of Transactions per Second [EB/OL]. [2022-12-25]. https://arxiv.org/abs/1805.03870.

[17] 韩健, 邹静, 蒋瀚, 等. 比特币挖矿攻击研究 [J]. 密码学报, 2018, 5 (5): 470-483.

[18] O'LEARY D E. Evolving Blockchain Applications: Multiple Semantic Models and Distributed Databases for Blockchain Data Reuse [J]. World Scientific Book Chapters, 2020: 545-577.

[19] RYLANDS L, SEBERRY J, YI X, et al. Collusion-resistant protocols for private processing of aggregated queries in distributed databases [J]. Distributed and Parallel Databases, 2021 (39): 97-127.

[20] ZHANG X, KHALILI M M, LIU M. Recycled ADMM: Improving the Privacy and Accuracy of Distributed Algorithms [J]. IEEE Transactions on Information Forensics and Security, 2020 (15): 1723-1734.

第 2 章 以太坊（Ethereum）

2.1 Ethereum 概述

Ethereum[1,2]是一个全新开放的区块链平台，允许任何人在平台中建立和使用，并通过区块链技术运行去中心化的应用。类似 BTC，Ethereum 不受任何人控制，也不归任何人所有——是一个开源代码项目，由全球范围内的参与者共同创建。和 BTC 不同的是，Ethereum 的设计十分灵活，极具适应性。在 Ethereum 平台上创立新的应用十分简便，随着 Ethereum 家园版本（该版本是 Ethereum 平台的第二个主要版本，也是第一个产品级的发布，它包含了很多协议和网络上的变动以支持未来的网络升级）的发布，任何人都可以安全地使用该平台上的应用。

拓展知识：Ethereum 的第一个版本为前沿版本，本质上是一个测试版本，是供开发者学习和体验并开始初步构建去中心化的应用的工具。

Ethereum 的整体架构为三层：底层服务、核心层、顶层应用，如图 2-1 所示。

Ethereum 就是一个"世界计算机"，也可以说 Ethereum 是一种开源的、全球分布的计算机基础设施。在 Ethereum 中执行着称为智能合约（Smart Contract）的程序，使用区块链来同步和存储系统状态以及名为以太币（Ethereum 的一种数字代币）的加密货币，计量和约束着执行资源成本。Ethereum 的本质就是一个基于交易的状态机（Transaction-based State Machine）。

2.1.1 Ethereum 与去中心化思想

在没有 Ethereum 之前，写区块链应用时，要先复制一份 BTC 代码，然后去改底层代码，如加密算法、共识机制、网络协议等。

Ethereum 平台对底层区块链技术进行了封装，让区块链应用开发者可以直接基于 Ethereum 平台进行开发，开发者只需专注于应用本身的开发，大大降低了编程难度。

传统货币价值建立于中心化机构的公信力基础之上，而传统货币体系的维护与正常运行则依靠司法手段的维护。虽然这种传统体系带给了人们许多便利，但也存在着一些问题，如跨国众筹比较困难。为了解决存在的问题，Ethereum 引入了"智能合约"。

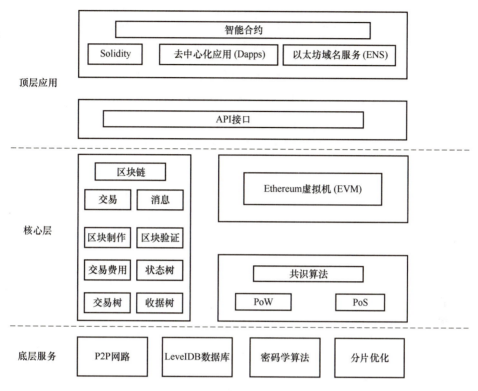

图 2-1 Ethereum 的整体架构

中心化存在的问题：货币本身由中心化机构发行，由中心化机构的公信力为其背书。现实生活中，人们经常提到"契约"或"合约"。合约的有效性是需要中心化机构进行维护的，如果产生纠纷需要中心化机构力量针对合法性对合同进行判决。而 Ethereum 的设计目的就是通过技术手段来实现取代中心化机构对于合约的职能。

去中心化的合约的好处：合同签署方并非来自某个地区，且没有统一的司法部门或者调度协调部门。去中心化的合约可以通过编写无法修改的合约程序，使得所有参与者只能按照相关规定参与执行，无法违约。

2.1.2 Ethereum 与 BTC

BTC 的发明人为中本聪，Ethereum 是 Vitalik Buterin 受到 BTC 启发发明出来的"下一代加密货币与去中心化应用平台"。为了表彰他的贡献，Ethereum 中货币最小单位为"Wei"，$1\text{ ETH} = 10^{18}\text{ Wei}$，其中 ETH 是以太坊的最大单位。

虽然 BTC 和 Ethereum 这两个术语经常成对出现，但是它们之间实际上有着天壤之别。Ethereum 和 BTC 之间的唯一共同之处在于，它们都是在区块链上运行的加密资产。不同之处在于 Ethereum 不只是一种加密货币，还存在其他特征，这使 Ethereum 成为一个巨大的分布式计算机。

作为世界上最主要的两种加密货币，BTC 称为区块链 1.0，Ethereum 称为区块链 2.0。

上一章中提出了 BTC 设计中存在的某些不足，Ethereum 对其进行了改进：

1）出块时间。BTC 的出块时间平均为 10min，而 Ethereum 出块时间约为 15s。BTC 是 2016 个区块调整出块难度，而 Ethereum 每个区块都调整出块难度。Ethereum 采用幽灵（Greedy Heaviest Observed Subtree，GHOST）协议[3,4]，减少分叉，鼓励分支合并。

2）挖矿难度[5,6]。BTC 是以寻找哈希碰撞作为挖矿难度，而 Ethereum 的挖矿难度具备内存困难性，要耗费较大内存。内存困难性可以防止出现 ASIC 矿机，使普通用户也能参与到 Ethereum 挖矿。目前，Ethereum 的大部分算力是由图形处理器（Graphic Processing Unit，GPU）提供的。

3）采用权益证明实现共识机制。BTC 采用工作量证明需要消耗大量的计算资源，这些资源除了实现挖矿没有其他意义。采用权益证明，先用掌握的以太币作为挖矿抵押，根据抵押币多少，确定计算难度，这样可以减少挖矿耗费的大量能源。但是权益证明方案还在开发阶段，目前 Ethereum 还在工作量证明阶段。

4）智能合约（Smart Contract）[7,8]。Ethereum 支持智能合约。BTC 实现了去中心化货币。Ethereum 实现了以代码自动执行的去中心化合约。

5）Ethereum 平台使开发人员能够构建具有内置经济功能的强大去中心化应用程序，在持续自我正常运行的同时，还减少了审查、第三方界面和交易对手风险。

2.1.3　Ethereum 的创新——"智能合约"

在 BTC 取得成功之后，很多人就开始思考：除了货币可以去中心化，还有什么可以去中心化？Ethereum 的一个特性就是增加了对去中心化的合约的支持。

前文中多次提到"智能合约"，那么究竟什么是"智能合约"？智能合约是 Ethereum 中最重要的概念，指以计算机程序的方式来缔结和运行各种合约，或者说，智能合约就是根据事先任意制订的规则来自动转移数字资产的系统。例如，一个人可能有一个存储合约，形式为"A 可以每天最多提现 X 个币，B 每天最多提现 Y 个币，A 和 B 一起可以随意提取，A 可以停掉 B 的提现权"，智能合约流程展示如图 2-2 所示，用户可以调用发布在以太坊上的智能合约。

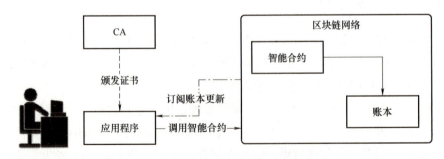

图 2-2　智能合约流程展示

合约符合逻辑的扩展就是去中心化自治组织——智能合约包含一个组织的资产并把组织的规则编码化。Ethereum 的目标就是提供一个带有内置成熟的图灵完备语言的区块链，用这种语言创建合约来编码任意状态的转换功能，用户只要简单地用几行代码来实现逻辑，就能够创建满足上述系统的自治系统。

如果说 BTC 系统本身是一个货币应用，Ethereum 则由于智能合约，升级成为一个平台，用户可以依据该平台自行开发业务应用。

Ethereum 支持通过图灵完备的高级语言（如 Solidity、Viper）来开发智能合约。智能合约作为运行在 Ethereum 虚拟机（Ethereum Virtual Machine，EVM）[9,10]中的应用，可以接收外部的交易请求和事件，进而触发提前编写好的合约代码。合约可以生成新的交易和事件，进一步调用其他智能合约。智能合约中包括若干条指令，EVM 会逐条读取指令并解释执行。执行结果可能对账本状态进行修改。这些修改经过 Ethereum 网络的共识确认后无法被伪造和篡改。调用其他智能合约包括 call、callcode、delegatecall、staticcall 等方式。如果要修改被调用者状态，可以采用 call 方式；反之推荐使用 delegatecall 方式。

2.1.4 关于 Ethereum

Ethereum 不只是一种用于交易的加密货币，其真正的价值在于其目的。Ethereum 的目的是让拥有以太币的人能使用有几千个节点提供动力的分布式世界计算机。

当然，因为每个微小的语句都必须由网络中的每个节点执行，去中心化的分布式计算机比起由中心控制的服务器运行缓慢且成本高昂。

为了享受使用中心化计算机的低成本，参与者赋予中心化计算机控制参与人员的力量。如果中心化计算机（服务器）出故障，就会连累与其连接的所有用户。然而对于一个去中心化的计算机（服务器），只有当每个节点都出故障时，去中心化计算机才会出故障，因此这台计算机能够一直工作下去，可以说有网络之处就有 Ethereum。

2.2 Ethereum 的账户

2.2.1 Ethereum 账户（Ethereum Accounts）

BTC 在设计中并未使用账户，而是采用了 UTXO 模型[11,12]记录交易历史，并通过交易历史来推算用户余额信息。Ethereum 采用了不同的做法，直接用账户来记录系统当前状态、账户内存储余额信息、智能合约代码和内部数据等。Ethereum 支持在不同的账户之间转移数据，可以实现更为复杂的逻辑。

下面通过对 Ethereum 的钱包体系涉及的名词解释来介绍什么是 Ethereum 账户。

1）账户：本质上对应着一个唯一私钥，由这个私钥可以算出公钥（也就是公开的地址）。私钥代表着账号的总控制权。

2）账户地址：相当于用私钥算出来的公钥。

3）钱包：管理着账号地址以及一个密码对应着的签名文件。钱包的作用就是提供方便，让用户只需要记住账户地址和密码即可。

4）签名文件：一个账户的签名文件与一个密码对应，由密码和签名文件可以算出私钥，从而拿到账户的控制权。在钱包中对一个账户密码进行修改之后，生成的签名文件也会改变。

在 Ethereum 中，拥有一个私钥就相当于控制 Ethereum 账户空间中的一个账户，无论是私链、公链或者是联盟链，这个私钥对应的账户不变，这也是 Ethereum 可以离线申请账户的原因。或者说 Ethereum 体系下的所有链共享一个账户地址空间，并由个人控制一个 Ethereum 账户，而这个账户无论在公链还是私链中都由私人控制。

BTC 是基于交易的账户，其好处是隐私保护较好，但每次交易都会换一个账户。但当引入 Ethereum 这个概念后，因为 Ethereum 是基于智能合约的账户，它要求参与者有比较稳定的身份，即同一个用户的账户身份稳定。如果签订合约的时候使用 A 身份，签完之后身份变为 B，这会给合同的执行带来极大麻烦。

2.2.2 公钥与私钥

每个账户都由一对私钥[13]和公钥[14]组成。

每个账户都有一个地址，这个地址就是交易时用的地址。A 给 B 转 1 以太币，其实就是给 B 的地址转 1 以太币。这个地址，类似于银行卡号，可以公开展示给其他参与者。

私钥、公钥和地址的关系如图 2-3 所示：

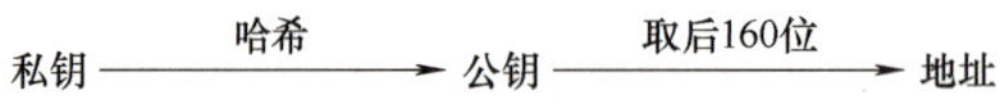

私钥 ——哈希——→ 公钥 ——取后160位——→ 地址

图 2-3 私钥、公钥和地址的关系

私钥经过一种哈希算法，如椭圆曲线数字签名算法（Elliptic Curve Digital Signature Algorithm，ECDSA-secp256k1），计算生成公钥，然后取公钥的最后 160 位二进制位（通常表现为 40 位的 16 进制字符串）形成地址。

其中，公钥和地址都是可以公布的，而私钥只能由参与者保存，不可丢失。一旦出现失窃问题，参与者的账户中的资产也会跟着丢失，所以私钥的保存非常重要。

在 BTC 中，私钥的保存方式是把一串很长的私钥用尽可能安全可靠的办法保存起来。对于私钥的保存，甚至催生出一条产业链和一批创业公司，比方说电子硬件钱包（专门协助将私钥保存到一个便携的设备中）。

在 Ethereum 中，私钥的表现形式和保存方式与 BTC 不同：它由一个密码和一个密钥文件组成。这个密码就类似于在互联网上注册账户时用的密码。注册账户时通常会将密码设置得尽量复杂一些，防止恶意破解。而 Ethereum 密码设置的逻辑与注册账户相似。密钥文件则是一个明文的 JSON 格式文件，里面保存的是私钥的加密信息。Ethereum 的客户端，可以通过密码和密钥文件，解密出私钥。

2.2.3 BTC 转账机制（UTXO）和 Ethereum 转账机制（Accounts）

BTC 只有基于交易的账本而没有账户，在 Ethereum 中，只有遍布全网区块链的 UTXO，也就是说 BTC 的区块链账本里记录的是一笔又一笔的交易。

Ethereum 则和传统银行账户一样，是"基于账户"的账本，它的账户模型跟银行的个人账户模型比较相似，即像银行账户一样显式地记录每个账户中一共有多少个以太币，每个用户都可以开设账户，用账户来记录系统状态、存储余额信息，支持在不同的账户之间转移数据等。

1. BTC 转账机制——UTXO

对于 BTC 的每笔交易都有一笔或若干笔交易输入，也就是资金来源，也都有一笔或若干笔交易输出，也就是资金去向。一般来说，每一笔交易都要花费一笔输入，扣除要花费的部分，产生一笔输出，而其所产生的输出，就是"未花费过的交易输出"，也就是 UTXO。对于一笔基本的转账，其未花费输出为输入减去矿工手续费。

这种模式，和传统银行账户最大的区别在于，没有办法显式地看出每个地址下一共有多少 BTC，但都可以通过交易历史找出那些未花费的 UTXO，从而推算出用户的余额信息，也就相当于找出口袋里所有的零钱，进行计算得到。

2. Ethereum 的转账机制——Accounts

Ethereum 的转账机制是在存储系统中所有账户的列表，其中每一个账户都包括了余额、交易次数和 Ethereum 特殊定义的数据（代码和内部存储）。Ethereum 的账户类型和银行使用的账户类型是一致的，一笔交易的产生，需要先扣除交易发起方的账户余额，如果交易方账户余额足够，则交易生效，然后，交易接收方的账户会记入这笔交易。

如果接收方的账户存在相关代码（智能合约），则代码会自动运行，并且账户的内部存储也可能被改变，比如代码还可能通过设定向其他账户发起新的交易信息，但这会造成进一步的借贷资金关系。

3. UTXO 与 Accounts

（1）UTXO 的特点

1）高度的隐私性。因为每一笔交易使用的不是相同的地址，因此很难将其与现实用户连接起来，保护了用户的隐私性，这样也就限制了 BTC 只能适用于货币，提升空间很小，比如面对现在的分布式应用（Decentralized Applications，Dapps），Dapps 通常设计到跟踪和用户绑定的复杂状态，很难像货币一样对于用户状态简单的划分。

2）潜在的可扩展性。UTXO 在理论上更符合可扩展性的要求，因为只需要依赖 UTXO 的参与者去维护基于默克尔树（Merkle Tree）的所有权证明。如果一笔交易的数据丢失，只有所有者会受到对应的 UTXO 的损失，但是不会影响接下来的交易。如果是账户模式，只有每个参与者都丢失了与账户相对应的 Merkle Tree 的部分，才会使得与该账户相关的信息完全无法处理。

（2）Accounts 的特点

1）节省空间。不和 UTXO 一样分开存储，而是合并到特定的用户，每个交易只需要一个输入，一个签名、并且产生一个输出。

2）更好的替代性。货币的本质都是同质化、可以替代的，而 UTXO 的设计使得货币分为可花费和不可花费两类，比较难与现实模型对应。

3）更加简单。容易编码和理解，特别是设计复杂脚本的时候，而 UTXO 在脚本逻辑复杂时候不容易被理解。

4）更容易维护持久性节点。只需要沿着特定方向扫描状态树，双亲节点可以很容易地随时访问账户相关的所有数据。而 UTXO 的每一个交易都会使得状态发生改变，对于双亲节点来说长时间运行 Dapps 会造成很大的压力。

（3）Bitcoin 与 Ethereum 简单对比，见表 2-1。

表 2-1　Bitcoin 与 Ethereum 简单对比

	Bitcoin	Ethereum
设计定位	现金系统	去中心化应用平台
数据组成	交易列表（账本）	交易和账户状态
交易对象	UTXO	Accounts
代码控制	脚本	智能合约

2.3　Ethereum 中的数据结构

2.3.1　默克尔帕特里夏树（MPT）

Ethereum 中采用的是基于账户的模式，也就是说系统中显示并记录着每个账户的当前状态信息。每个账户都是由一个 160 位的地址组成，对应的账户中的状态包含余额（balance）、交易次数（nonce）及合约账户中的代码（code）、存储（stroge）。

Ethereum 中采用默克尔帕特里夏树（Merkle Patricia Tree，MPT）[15,16]的数据结构来管理所有账户地址对应的状态。MPT 是 Ethereum 用来存储数据的一种数据结构，融合了字典树、压缩前缀树、MPT 这 3 种数据结构的优点，可实现快速查找并节省存储空间。

下面将依次介绍字典树、压缩前缀树和 MPT。

1. 字典树

字典树是一种有序树，用于保存关联数组，其中的键通常是字符串。与二叉查找树不同，键不是直接保存在节点中，而是由节点在树中的位置决定。一个节点的所有子孙都有相同的前缀，也就是这个节点对应的字符串，而根节点对应空字符串。一般情况下，不是所有的节点都有对应的值，只有叶子节点和部分内部节点所对应的键才有相关的值。

如图 2-4 所示，键标注在节点中，值标注在节点下方。每一个完整的英文单词对应一个特定的整数。键不需要被显式地保存在节点中。图示中标注出完整的单词，只是为了演示字典树的原理。字典树中的键通常是字符串，但也可以是其他结构。

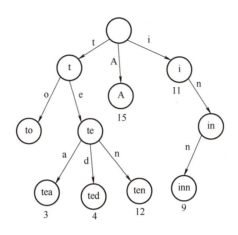

图2-4 字典树展示

字典树的特点如下：

1）根节点不包含字符，除根节点以外每个节点只包含一个字符。

2）从根节点到某一个节点，自上而下，把路径上经过的字符连接起来就可以得到目的节点对应的字符串。

3）每个节点的分支数目取决于键值的元素的取值范围，比如图2-4中每个节点会产生26个英文字母的分叉。

4）字典树的查找效率取决于键的长度，键的长度越长当然也就越耗时。

因此字典树最大的优点在于，针对字符串的搜索有很好的性能，在查找过程中最大限度地减少了无关字符的比较。

字典树缺点：从图2-4可以看到，非根节点存储的是一个字符，这样会导致树的层级比较高，因此导致字典树会消耗大量的内存。

图2-4是一个简略视图，实际上字典树每个节点是一个确定长度的数组，数组中每个节点的值是一个指向子节点的指针，最后有个标志域，标识这个位置为止是否是一个完整的字符串，并且有几个这样的字符串。

常见的用于存储英文单词的字典树中，每个节点是一个长度为27的指针数组，序号0~25代表a~z字符，26为标志域。字典树数据结构演示如图2-5所示。

2. 压缩前缀树

显然，字典树需要耗费较大的存储空间，因为每个节点都必须存储26个指针指向下一级。

实际上并没有那么多的单词组合，有一些节点可能只有一个有效孩子节点，可以把这些只有一个孩子节点的节点合并成一个节点，这就是压缩前缀树。

压缩前缀树，是一种更节省空间的字典树。对于压缩前缀树的每个节点，如果该节点是唯一的孩子节点，就和父节点合并。压缩前缀树的示例如图2-6所示。

3. MPT

在Ethereum中，使用了一种特殊的十六进制前缀（Hex-Prefix，HP）编码，所以在字母

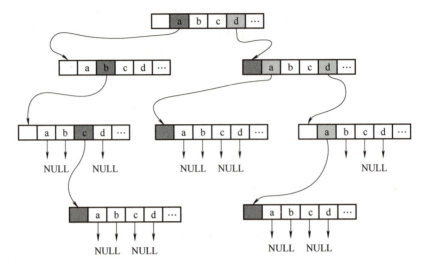

图 2-5　字典树数据结构演示

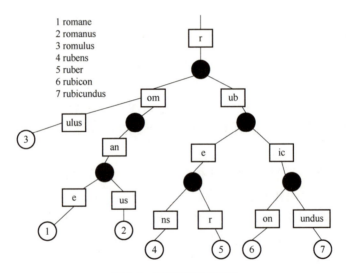

图 2-6　压缩前缀树示例

表中就有 16 个字符。

MPT 中的节点包括空节点、叶子节点、扩展节点和分支节点：

1）空节点简单地表示空，在代码中是一个空串。

2）叶子节点表示为［key，value］的一个键值对，其中 key 是 key 的一种特殊十六进制编码，value 是 value 的 RLP 编码。

3）扩展节点也是［key，value］的一个键值对，但是这里的 value 是其他节点的哈希值，这个哈希值可以被用来查询数据库中的节点，也就是说可以通过哈希值链接到其他节点。

4）分支节点因为 MPT 中的 key 被编码成一种特殊的十六进制的表示，再加上最后的

value，所以分支节点是一个长度为17的列表，前16个元素对应着key中的16个可能的十六进制字符，如果有一个［key,value］在这个分支节点终止，最后一个元素代表一个value，即分支节点既可以搜索路径的终止，也可以是路径上的中间节点。

MPT中另外一个重要的概念是一个特殊的十六进制前缀编码，用来对key进行编码。因为字母表是十六进制的，所以每个节点可能有16个孩子节点。因为有两种［key，value］节点（叶节点和扩展节点），引进一种特殊的终止符来标识key所对应的value是否是真实的value，还是其他节点的哈希值。如果终止符标记被打开，那么key对应的是叶节点，对应的value是真实的value。如果终止符标记被关闭，那么value就是用于在数据块中查询对应的节点的哈希值。无论key是奇数长度还是偶数长度，HP都可以对其进行编码。最后注意到一个单独的hex字符或者4bit二进制数字，即一个nibble。

HP编码很简单。一个nibble被加到key前（图2-7中的prefix），对终止符的状态和奇偶性进行编码。最低位表示奇偶性，第二低位编码终止符状态。如果key是偶数长度，那么加上另外一个nibble，value为0来保持整体的偶特性。

MPT的数据结构如图2-7所示，总共有2个扩展节点，2个分支节点，4个叶子节点。

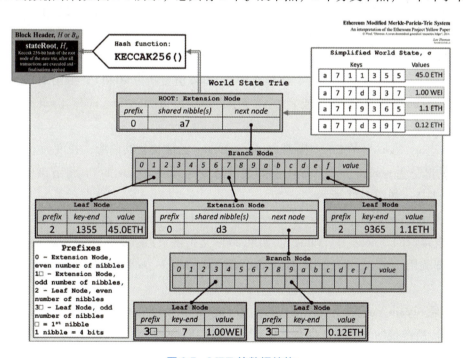

图2-7　MPT的数据结构

其中叶子节点的键值对如图2-8所示。

4. MPT的操作

下面从MPT的更新、删除和查找过程来说明MPT的操作。

（1）更新

更新的函数名：函数_update_and_delete_storage（self，node，key，value）。

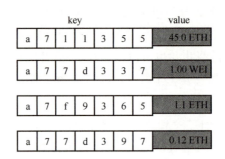

图 2-8 叶子节点的键值对

1）如果 node 是空节点，直接返回［pack_nibbles（with_terminator(key)），value］，即对 key 加上终止符，然后进行 HP 编码，如图 2-9 所示。

2）如果 node 是分支节点，当 key 为空时，则说明更新的是分支节点的 value，直接将 node［-1］设置成 value 即可。当 key 不为空时，则递归更新以 key［0］位置为根的子树，即沿着 key 往下找，调用_update_and_delete_storage(self._decode_to_node

图 2-9 更新操作（1）

(node[key[0]])，key[1:]，value)，将节点中的 value 值更新为 'Hello'，如图 2-10 所示。

3）如果 node 是叶子节点或者扩展节点，调用_update_kv_node（self，node，key，value），见步骤 4）。

4）cur_key 是 node 的 key，找到 cur_key 和 key 的最长公共前缀，长度为 prefix_length。Key 剩余的部分为 remain_key，cur_key 剩余的部分为 remain_cur_key，将节点中的 value 值更新为 'Hello'，如图 2-11 所示。

① 如果 remain_key == [] == remain_cur_key，即 key 和 cur_key 相等，那么如果 node 是叶子节点，直接返回［node[0]，value］。如果 node 是扩展节点，那么递归更新 node 所链接的子节点，即调用_update_and_delete_storage(self._decode_to_node(node[1])，remain_key，value)。

② 如果 remain_cur_key == []，即 cur_key 是 key 的一部分。如果 node 是扩展节点，递归更新 node 所链接的子节点，即调用_update_and_delete_storage(self._decode_to_node(node[1])，remain_key，value)；如果 node 是叶子节点，那么创建一个分支节点，分支节点的 value 是当前 node 的 value，分支节点的 remain_key［0］位置指向一个叶子节点，这个叶子节点是［pack_nibbles(with_terminator(remain_key[1:]))，value］。

③ 否则，创建一个分支节点。如果 cur_key 只剩下了一个字符，并且 node 是扩展节点，那么这个分支节点的 remain_cur_key［0］的分支是 node［1］，即存储 node 的 value。否则，这个分支节点的 remain_cur_key［0］的分支指向一个新的节点，这个新的节点的 key 是 remain_cur_key［1:］的 HP 编码，value 是 node［1］。如果 remain_key 为空，那么新的分支节

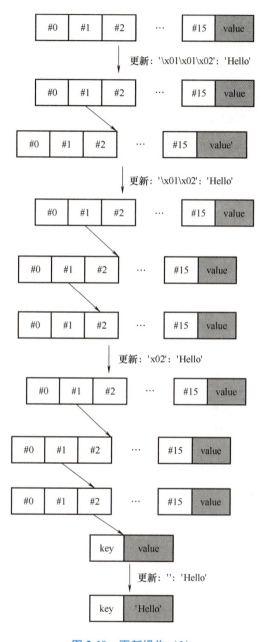

图 2-10 更新操作（2）

点的 value 是要参数中的 value，否则，新的分支节点的 remain_key［0］的分支指向一个新的节点，这个新的节点是［pack_nibbles(with_terminator(remain_key[1:]))，value］。

④ 如果 key 和 cur_key 有公共部分，为公共部分创建一个扩展节点，此扩展节点的 value 链接到上面步骤创建的新节点，返回这个扩展节点；否则直接返回上面步骤创建的新节点，如图 2-12 所示。

5）删除老的 node，返回新的 node。

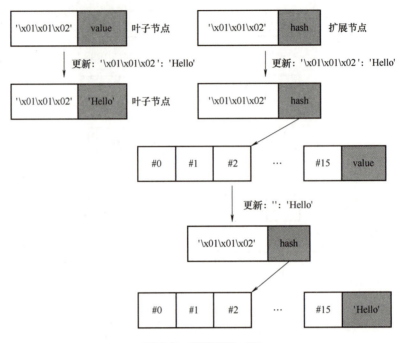

图 2-11　更新操作（3）

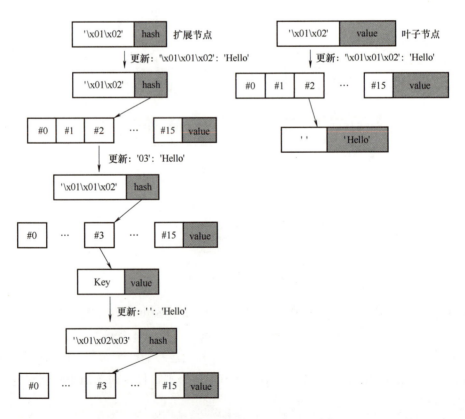

图 2-12　更新操作（4）

（2）删除

删除的过程和更新的过程类似，用到的函数为_delete_and_delete_storage（self，key），如图2-13所示。

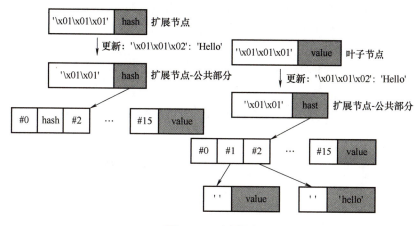

图2-13 删除操作

1）如果node为空节点，直接返回空节点。

2）如果node为分支节点。当key为空时，表示删除分支节点的值，直接令node[-1]=''，返回node的正规化的结果。当key不为空时，递归查找node的子节点，然后删除对应的value，即调用self._delete_and_delete_storage（self._decode_to_node（node[key[0]]），key[1:]）。返回新节点。

3）如果node为叶子节点或扩展节点，cur_key是当前node的key。

① 如果key不是以cur_key开头，说明key不在node为根的子树内，直接返回node。

② 否则，如果node是叶子节点，返回BLANK_NODE if key==cur_key else node。

③ 如果node是扩展节点，递归删除node的子节点，即调用_delete_and_delete_storage（self._decode_to_node（node[1]），key[len（cur_key）:]）。如果新的子节点和node[-1]相等直接返回node。否则，如果新的子节点是叶子节点或扩展节点，将cur_key与新子节点的可以串联当作key，新子节点的value当作value，返回。如果新子节点是分支节点，node的value指向这个新子节点，返回。

（3）查找

查找操作是一个递归查找的过程，用到的函数为_get（self，node，key）。

1）如果node是空节点，返回空节点。

2）如果node是分支节点，如果key为空，返回分支节点的value；否则递归查找node的子节点，即调用_get（self._decode_to_node（node[key[0]]），key[1:]）。

3）如果node是叶子节点，返回node[1]if key==cur_key else''。

4）如果node是扩展节点，如果key以cur_key开头，递归查找node的子节点，即调用_get（self._decode_to_node（node[1]），key[len（cur_key）:]）；否则，说明key不在以node为

根的子树里，返回空。

2.3.2 状态树

通过第 2.2 节可以知道 Ethereum 是基于账户的账本，状态树用于记录所有账户地址对应的状态，因此需要进行账户地址和账户状态的映射，如图 2-14 所示。

图 2-14 账户地址和账户状态的映射关系

尝试寻找一种合适的数据结构来完成这个需求：

① 如果以哈希表的形式保存状态数据，可以非常有效率地查找、更新账户状态数据，但是由于状态数据只保存在区块体中，轻节点难以进行默克尔证明，接下来考虑构建 Merkle Tree。

② 如果将账户数据简单组织成 Merkle Tree，不进行排序，就需要发布所有账户到区块中，保证根哈希一致，但是数量级太大，不可行；如果只发布状态变化的账户，就会导致所有节点的根哈希不一致，无法共识。

③ 如果使用排序的 Merkle Tree，各个节点的根哈希就会相同，但是增加账户时，需要重构默克尔树，代价太大。另外 Merkle Tree 不能够快速查找、更新状态数据。Ethereum 中使用的是一种新的数据结构——MPT。

（1）字典树

字典树示例如图 2-15 所示，其中字典树由 General、Genesis、Go、God、Good 这几个单词组成。

1）每个节点的分支取决于元素范围，上面例子中为 26 个英文字母和结束标志，最多 27 个分叉。在 Ethereum 中使用十六进制（0~F）表示账户，加上结束标志，最多 17 个分支。

2）查找效率取决于键值长度，键值越长，查找访问次数越多。Ethereum 中账户为 40 位十六进制数，因此查找长度固定是 40。

3）不会出现碰撞，哈希表则有碰撞的问题。

4）给定一组输入，构成的字典树一致。

5）更新数据非常容易，只需访问局部分支。

（2）压缩前缀树

压缩前缀树节省存储空间的同时，还可以降低查找访问次数，提高查找效率。将图 2-15 中的字典树改进为压缩前缀树，如图 2-16 所示。

压缩前缀树适合键值分布比较稀疏的数据，压缩效果比较明显，如图 2-17 所示。

（3）MPT

在第 2.3.1 节中已经对 MPT 做了详细介绍，MPT 的重点在于将压缩前缀树的指针全部换成哈希指针，构建成了 MPT，可以计算出根哈希值，保存在区块头中，以下为简要概念：

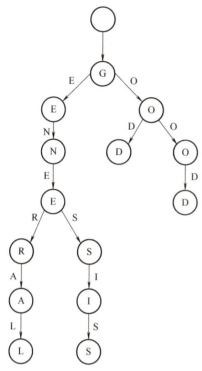

图 2-15　字典树示例

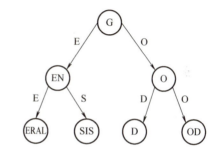

图 2-16　压缩前缀树示例

1）通过根哈希保证树不被篡改，每个账户的状态都是不可篡改的。
2）通过默克尔证明，可以用来证明任意一个账户的状态，比如账户余额。
3）通过默克尔证明，可以证明某个账户不存在。

Ethereum 使用的是修改版的 MPT，与 MPT 没有本质区别。例如，图 2-18 中有 4 个 7 位的地址，保存账户余额信息，树中有 3 种节点，每个节点存储关联节点的哈希值：

1）扩展节点：保存路径压缩，压缩后的数据为十六进制数据。
2）分支节点：无法压缩。
3）叶子节点：保存账户状态数据。

新发布一个区块的时候，某些账户的状态会发生变化，新区块中会为变化的账户重新建立分支，大部分不变的数据则指向历史区块中的分支，因此区块间会共享大部分不变的状态分支。如图 2-18 所示，账户变化后，状态树会随着改变。

保留历史状态的好处：未胜出的临时性分叉需要回滚才能继续出块，由于智能合约的执行不易反推执行，保留起始与结束的记录，回滚才比较方便。

账户树中保存全部账户信息的原因：查找某个账户更快速，如果区块内只保存该区块内交易的相关账户信息，查询某个很久没有交易的账户就要花费很长时间，最坏的情况是如果转账给一个从未进行交易的账户，就必须追溯到创世区块，最后有可能发现区块内没有该账户的信息。

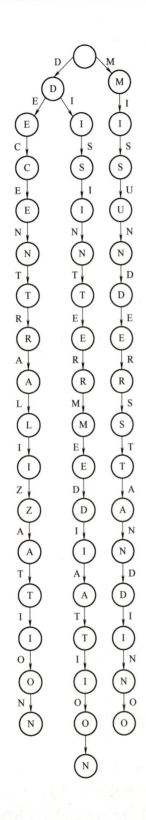

图 2-17 压缩展示

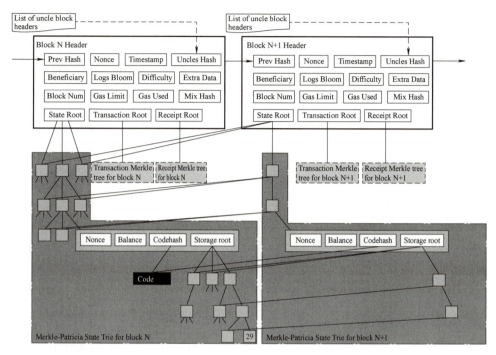

图 2-18 账户变化展示

2.3.3 交易树与收据树

每次发布的区块中，交易会组织成一棵交易树，也是一棵 Merkle Tree，和 BTC 中情况类似；每个交易执行完之后会形成一棵收据树，记录交易的相关信息。

交易树和收据树上的节点是一一对应的，增加收据树是考虑到 Ethereum 的智能合约执行过程比较复杂，增加收据树有利于快速查询执行结果。

从数据结构上看，交易树和收据树都是 MPT，和 BTC 有所区别，BTC 的交易树就是普通的 Merkle Tree，MPT 也是一种 Merkle Tree，但是和 BTC 中用的不是完全一样。对于状态树来说，查找账户状态所用的 key 是地址，对于交易树和收据树来说，查找的键值就是交易在区块中的序号，交易的排列顺序由发布区块的节点决定。

这三棵树（状态树、交易树和收据树）有一个重要的区别，就是交易树和收据树都是只把当前发布的区块中的交易组织起来，而状态树是把系统中所有账户的状态都组织起来，不管账户和当前区块中的交易有没有关系。

从数据结构上来说，多个区块的状态树是共享节点的，每次新发布区块时，只有区块中的交易改变了账户状态的那些节点需要新建分支，其他节点都沿用原来状态树上的节点。相比之下不同区块的交易树和收据树都是独立的。

（1）交易树

如图 2-19 所示，记录了每笔交易，以及包含在哪个区块中。MPT 是以交易在区块中的索引的 RLP 编码作为 key，存储交易数据的 RLP 编码。事实上交易在 LevelDB 中并不是单独存储的，而是存储在区块体中。在往 LevelDB 中存储不同类型的键值对时，会在关键字中添加不同的前缀予以区分。

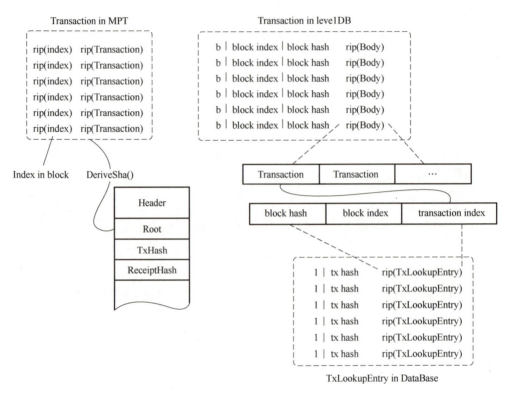

图 2-19 交易树

因此，以区块号和区块哈希作为关键字就可以唯一确定某个区块体所在的位置。另外，为了能够快速查询某笔交易的数据，在数据库中还存储了每笔交易的索引信息，称为 TxLookupEntry。TxLookupEntry 中包含了 block index 和 block hash，用于定位区块体，同时还包含了该笔交易在区块体中的索引位置。

（2）收据树

收据树交易回执的存储和交易类似，区别是交易回执是单独存储到 LevelDB 中，以 r 为前缀。另外，由于交易回执和交易是一一对应的，因此也可以通过 TxLookupEntry 快速定位交易回执所在的位置，加速交易回执的查找，如图 2-20 所示。

2.3.4 户存储树

Ethereum 中有两种账户类型：外部所有账户（Externally Owned Accounts，EOA）以及合约账户。用来互相收发以太币、部署智能合约的账户就是 EOA，而部署智能合约时自动生成的账户则是合约账户。每一个智能合约都有其独一无二的 Ethereum 账户。

账户状态反映了一个 Ethereum 账户的各项信息，例如，它存储了当前账户以太币的余额信息、当前账户发送过的交易数量。每一个账户都有账户状态，账户状态中包含的内容如下：

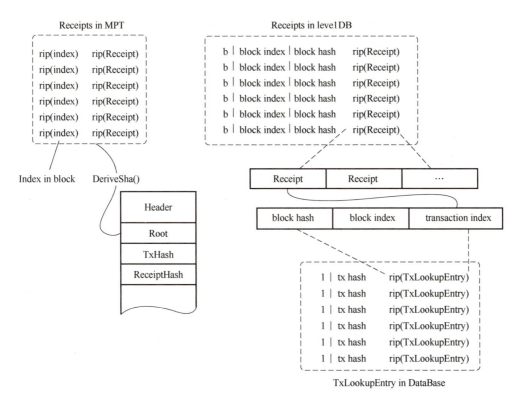

图 2-20 收据树

1）nonce，从此地址发送出去的交易数量或者此账号产生的合约创建操作。

2）balance，此账号所拥有的以太币数量。

3）storageRoot，账户存储树的根节点哈希值。

4）codeHash，对于合约账户，指此账户存储 EVM 代码的哈希值。对于 EOA，此处为空。

账户状态中不容忽视的一个细节是，上述所有对象都可变（除了 codeHash）。当一个账户向其他账户发送以太币时，除了 nonce 会增加，账户的余额也会相应改变。

而 codeHash 的不可变性使得如果部署了有漏洞的智能合约，也无法修复更新此合约。对应的，只能部署一个新合约（而有漏洞的版本会一直存在于区块链上）。这也是为什么使用 Truffle（Truffle 是一个以太坊智能合约集成开发测试环境）进行智能合约的开发和部署十分必要，并且用 Solidity 编程时要遵循最佳实践的要求。

账户存储树是保存与账户相关联数据的结构。该项只有合约账户才有，而在 EOA 中，storageRoot 留空、codeHash 则是一串空字符串的哈希值。所有智能合约的数据都以 32B 映射的形式保存在账户存储树中。此处不再赘述账户状态树如何维持合约数据。账户状态中的 storageRoot 区域负责维持账户存储树根节点哈希值，如图 2-21 所示。

存储树、账户状态和世界状态之间的关系如下。

根据 Ethereum 黄皮书，账户若是一个智能合约账户，则必定包含了存储树（storageRoot）

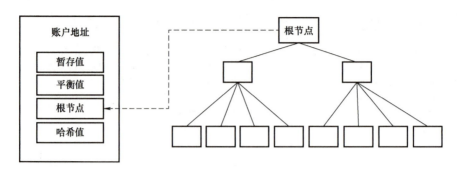

图 2-21 账户存储树

和代码存储（codeHash）。

若继续放大观察存储树，即为图 2-21 最左边的树。存储树保存了智能合约的变量数据，它维持着 256 位的变量数据索引与 RLP 算法编码过的 256 位数据本身。

为保证数据完整性，这些数据也被组织成一棵 MPT 的形式。该 MPT 的根节点哈希值称为存储树。

存储树是账户状态的一个域，该值随着合约的存储区的增加、删除、改动而不断变更。

代码存储是只读的，它是合约账户所执行的代码，在合约第一次创建完毕后就不可以再变更。账户状态如图 2-22 所示。

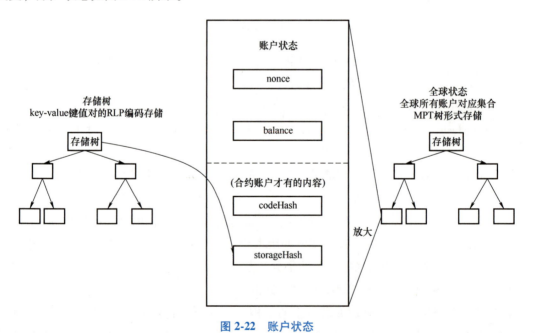

图 2-22 账户状态

2.3.5 Ethereum 数据结构小结

Ethereum 有 4 种前缀树：

1）状态树包括了从地址到账户状态之间的映射。状态树的根节点哈希值由区块保存

（在 stateRoot 字段），它标识了区块创建时的当前状态。整个网络中只有一个状态树。状态标识了 Ethereum 这台分布式计算机的硬盘。

2）交易树包含了一个区块中的所有交易信息。由区块头（在 transactionRoot 区域）保存交易树的根节点哈希值。每个区块都有一棵交易树。交易标识了系统中的状态转移。它可以是资金的转移、消息调用或是合约的部署。

3）交易收据树包含了一个区块中所有交易的收据信息。同样由区块头（receiptsRoot 区域）保存交易收据树的根节点哈希值；每个区块都有对应的交易收据树。

4）账户存储树保存了与某一智能合约相关的数据信息。由账户状态保存账户存储树的根节点哈希值（在 storageRoot 字段）。每个账户都有一个账户存储树。账户状态保存着每个 Ethereum 账户的状态信息。账户状态同样保存着账户状态树的 storageRoot，后者包含了该账户的存储数据。

用一张图总结，如图 2-23 所示。

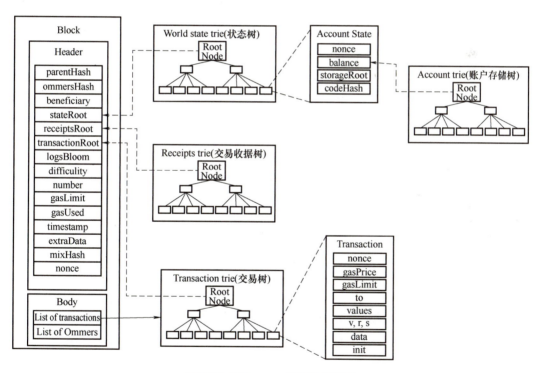

图 2-23　Ethereum 数据结构总结

2.3.6　Bloom Filter

Bloom Filter[17,18]是一种空间效率很高的随机数据结构，它利用位数组很简洁地表示一个集合，并能判断一个元素是否属于这个集合。Bloom Filter 的高效性是有一定代价的：在判断一个元素是否属于某个集合时，有可能会把不属于这个集合的元素误认为属于这个集合（false positive）。因此，Bloom Filter 不适合那些"零错误"的应用场合。而在能容忍低错误率的应用场合下，Bloom Filter 用极少的错误换取了存储空间的极大节省。

1. 集合表示和元素查询

下面具体来看 Bloom Filter 是如何用位数组表示集合的。如图 2-24 所示，初始状态时，Bloom Filter 是一个包含 m 位的位数组，每一位都置为 0。

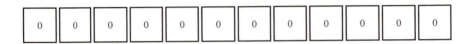

图 2-24 初始状态

为了表达 $S=\{x_1,x_2,\cdots,x_n\}$ 这样一个含有 n 个元素的集合，Bloom Filter 使用 k 个相互独立的哈希函数，它们分别将集合 S 中的每个元素映射到 $\{1,2,\cdots,m\}$ 的范围中。对任意一个元素 x，第 i 个哈希函数映射的位置 $h_i(x)$ 就会被置为 $1(1\leq i\leq k)$。注意，如果一个位置多次被置为 1，那么只有第一次会起作用，后面几次将没有任何效果。如图 2-25 所示，$k=3$，且有两个哈希函数选中同一个位置（从左边数第五位）。

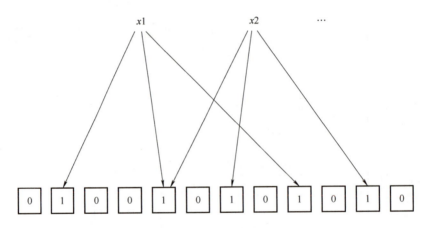

图 2-25 映射后的状态

在判断 y 是否属于这个集合时，对 y 应用 k 次哈希函数，如果所有 $h_i(y)$ 的位置都是 1（$1\leq i\leq k$），那么就认为 y 是集合中的元素，否则就认为 y 不是集合中的元素。

2. 错误率估计

前面已经提到，Bloom Filter 在判断一个元素是否属于它表示的集合时会有一定的错误率（false positive rate），下面就来估计错误率的大小。在估计之前为了简化模型，假设 $kn<m$ 且各个哈希函数是完全随机的。当集合 $S=\{x_1,x_2,\cdots,x_n\}$ 的所有元素都被 k 个哈希函数映射到 m 位的位数组中时，这个位数组中某一位还是 0 的概率见式（2-1）：

$$p'=\left(1-\frac{1}{m}\right)^{kn}\approx e^{-kn/m} \qquad (2-1)$$

式中，$1/m$ 表示任意一个哈希函数选中这一位的概率（前提是哈希函数是完全随机的），$(1-1/m)$ 表示哈希一次没有选中这一位的概率。要把 S 完全映射到位数组中，需要做 kn 次哈希。某一位还是 0 意味着 kn 次哈希都没有选中它，因此这个概率就是 $(1-1/m)$ 的 kn 次方。这里用到了计算 e 时常用的极限公式如下：

$$\lim_{x\to\infty}\left(1-\frac{1}{x}\right)^{-x}=\mathrm{e} \tag{2-2}$$

令 ρ 为位数组中 0 的比例，则 ρ 的数学期望 $E(\rho)=p'$。在 ρ 已知的情况下，要求的错误率（false positive rate）为式（2-3），如下所示：

$$(1-\ell)^k \approx (1-p')^k \approx (1-p)^k \tag{2-3}$$

式中，ℓ 是正确率，$(1-p)$ 为位数组中 1 的比例，$(1-p)^k$ 表示 k 次哈希都刚好选中 1 的区域，即 false positive rate。式（2-3）中第二步近似在前面已经提到了，现在来看第一步近似。p' 只是 p 的数学期望，在实际中 p 的值有可能偏离它的数学期望值。M. Mitzenmacher 已经证明，位数组中 0 的比例非常集中地分布在它的数学期望值的附近，见式（2-4）。因此，式（2-3）中的第一步近似成立。令 $p=\mathrm{e}^{-kn/m}$，分别将 p 和 p' 代入式（2-4）中可得出式（2-5），相比 p' 和 f'，使用 p 和 f 通常在分析中更为方便。

$$f'=\left(1-\left(1-\frac{1}{m}\right)^{kn}\right)^k=(1-p')^k \tag{2-4}$$

$$f=(1-\mathrm{e}^{-kn/m})^k=(1-p)^k \tag{2-5}$$

3. 最优的哈希函数个数

既然 Bloom Filter 要用多个哈希函数将集合映射到位数组中，那么应该选择几个哈希函数才能使元素查询时的错误率降到最低呢？这里有两个互斥的理由：如果哈希函数的个数多，那么在对一个不属于集合的元素进行查询时得到 0 的概率就大；但另一方面，如果哈希函数的个数少，那么位数组中的 0 就多。为了得到最优的哈希函数个数，需要根据错误率公式进行计算。

先用 p 和 f 进行计算。注意到 $f=\exp(k\ln(1-\mathrm{e}^{-kn/m}))$，令 $g=k\ln(1-\mathrm{e}^{-kn/m})$，只要让 g 取到最小，f 自然也取到最小。由于 $p=\mathrm{e}^{-kn/m}$，可以将 g 写成如下形式：

$$g=-\frac{m}{n}\ln(p)\ln(1-p) \tag{2-6}$$

根据对称性法则可以很容易看出当 $p=1/2$，也就是 $k=\ln2(m/n)$ 时，g 取得最小值。在这种情况下，最小错误率 $f=(1/2)^k \approx (0.6185)^{m/n}$。另外，注意到 p 是位数组中某一位仍是 0 的概率，所以 $p=1/2$ 对应着位数组中 0 和 1 各一半。

需要强调的一点是，$p=1/2$ 时错误率最小这个结果并不依赖于近似值 p 和 f。同样对于 $f'=\exp(k\ln(1-(1-1/m)^{kn}))$，$g'=k\ln(1-(1-1/m)^{kn})$，$p'=(1-1/m)^{kn}$，可以将 g' 写成如下形式：

$$g'=\frac{1}{n\ln(1-1/m)}\ln(p')\ln(1-p') \tag{2-7}$$

同样根据对称性法则可以得到当 $p'=1/2$ 时，g' 取得最小值。

2.4 Ghost 协议

2.4.1 概述

在 Ethereum 系统中平均出块时间为 15s，相比 BTC 系统的出块时间 10min，这个时间大大降低，虽然提高了系统的反应效率和吞吐量，但是同时带来了一个问题，那就是区块的共识问题。在 15s 的时间内，一个新发布的区块有很大可能没有扩散到整个区块链网络。在这种情况下，如何达到 BTC 中的共识协议，如何能更好地遵守"链长为王"——即最长的链被认为主链？考虑以下情况。

Ethereum 极大提升了出块时间，这引起了一个明显的问题，即频繁的区块链分叉问题，在 15s 内有很大可能有多个节点同时挖出一个区块，例如，当矿工 Zarten1 挖到矿后，广播到全网，由于消息在网络中传播也需要时间（可能大于 15s），可能矿工 Zarten2 在收到 Zarten1 消息前已经挖到矿，这就形成了一个分叉。由于在网络中存在大量的矿工，所以会形成大量的分叉。如果继续沿用 BTC 中的区块奖励方法，那么几乎同时有多个矿工挖出了一个区块，网络中占据较大算力的矿池，其算力消耗巨大。通常地理位置越优越，其网络节点相连越多，发布的区块能更快地在网络中传播。因此在出现区块链分叉时，其所在的分叉更有可能成为主链。

上述情况中，其他算力较低的矿池或者个体节点不能得到出块奖励。在 Ethereum 中经常发生区块链分叉的情况，但最后区块链的出块奖励大部分情况下都被大型矿池拿走，而算力小的节点通常很少拿到奖励，这种情况叫作"Centralization Bias"。如果 Ethereum 沿用 BTC 中的出块奖励方式，算力较小的矿池几乎拿不到出块奖励，那么算力小的矿工挖出区块后就不会去合并到算力强的矿工挖出的区块链中，因为合并就意味着前面的劳动全部白费。而不考虑合并，继续在自己挖出的区块上继续挖矿，则有一定概率能超过算力强的区块。很明显，这样下去不利于区块链出现分叉后快速合并，会影响到区块链的共识。如何解决上述问题？

Ethereum 中采用了 Ghost 协议来解决这一问题。

贪婪子树（Greedy Heaviest-Observed Sub-Tree，Ghost）协议属于主链选择协议范畴。

Ethereum 使用 Ghost 协议解决区块链分叉问题，因此 Ghost 协议的真实作用是用来进行主链选择的。不同于 BTC 的最长链规则，它在选择最长链的时候不以哪条链区块连续最长为标准，而是将分叉区块也考虑了进去，选择出一条包含了分叉区块在内的区块数目最多的链作为最长链。

2.4.2 Ghost 规则

在区块 A 后出现了多个分叉，假设区块 2 是最先发布的，那么区块 2 很可能成为主链，其他节点收到广播后就在区块 2 之后开始挖矿，如果后面区块 2_1 挖到矿了，此时区块 2_1

可以接纳区块 1、区块 3、区块 4，也就是给这些矿工部分奖励，则这些区块不会继续在自己后面挖矿，而是到区块 2_1 后面挖，根据这样的原理，就促使矿工都在主链上延续下去，避免出现分叉而导致的问题，如图 2-26 所示。

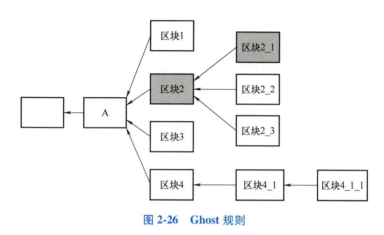

图 2-26　Ghost 规则

图 2-26 中，区块 1、区块 2、区块 3 被称为区块 2_1 的叔父块，如果叔父块被接纳，只有叔父块会得到奖励，叔父块后面挖的区块不会得到奖励。因为如果叔父块后面的区块也有奖励，那么黑客攻击的成本太低，即使黑客进行分叉攻击不成功也可以得到奖励。所以只有叔父块才有奖励。

叔父块们挖到矿后，虽然依旧会被废弃掉，但也拿到了相应的奖励，这样对矿工们的积极性起到了推动作用。同时叔父块中的交易会重新回到交易池中，待其他节点打包。

2.4.3　叔父块的定义

在 Ethereum 中，叔父不是严格意义上的叔父，Ethereum 中规定在当前区块的 7 代以内有共同祖先的都可以认为是叔父块，且每远离自己一个区块的叔父块得到的奖励就减少 1/8，这也是 Ethereum 鼓励矿工们尽快合并减少分叉的策略，如图 2-27 所示，图中标记了叔父块，并且标记了合并叔父块得到的奖励。

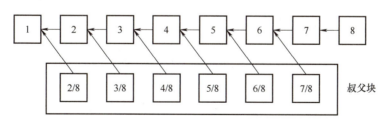

图 2-27　叔父块

2.4.4　叔父块的特点

1）某个区块最多只能接纳两个叔父块，也可以不接纳任何叔父块。

2）叔父块必须是区块的前 2 层~前 7 层的祖先的直接子块。
3）被接纳过的叔父块不能再重复被接纳。
4）已经接纳 n 个叔父块的区块，可以获得出块奖励的 n×(1/32)。
5）被引用了的叔父块，随着距离越远，得到的奖励递减 1/8，见表 2-2。

表 2-2 特点举例

间隔层数	报酬比例	间隔层数	报酬比例
1	7/8	4	4/8
2	6/8	5	3/8
3	5/8	6	2/8

2.4.5 奖励公式

1. 普通区块的奖励

普通区块的奖励＝固定出块奖励+区块 Gas 花费总和+包含叔父块奖励（固定出块奖励×n×(1/32)，其中 n 为包含的叔父块的个数）

2. 叔父块的奖励

$$叔父块的奖励 = \frac{(uncleNumber + 8 - headerNumber) \times blockReward}{8}$$

式中 uncleNumber 代表当前叔块的高度，也就是它的区块号；headerNumber 代表当前正在被打包的区块的高度；blockReward 代表矿工挖出区块时的基础奖励值。

Ghost 协议在 Ethereum 中主要起到了下面两点作用：
1）选择出最长链。
2）对最长链中的分叉块进行处理。

 ## 2.5 Ethereum 中的挖矿

2.5.1 Ethereum 挖矿与 BTC 挖矿

Ethereum 网络中，想要获得 Ether，要通过挖矿来实现。说到挖矿，就一定离不开共识机制。

BTC 的共识机制是 PoW（工作量证明机制）。简单来说，即多劳多得，付出的计算工作越高，越有可能第一个找到正确的哈希值并得到 BTC 奖励。但是，BTC 的 PoW 存在着一定的缺陷，就是它处理交易的速度太慢，矿工们需要不断地通过计算来碰撞哈希值，这是浪费资源且效率低下的。

Ethereum 相比于 BTC，提出了新的共识机制，称为 PoS（"权益证明"或"股权证明"持有的币越多股权越多，权益越高）。Ethereum 的 PoS 即持币越多，持有币的时间越久，计算难度降低，挖矿会更容易。Ethereum 的共识机制是 PoS[19]，但是，PoS 只是 Ethereum 发布之初的一个计划或者目标，目前 Ethereum 采用的共识机制仍是 PoW。在 Ethereum 最初的设定中，Ethereum 希望通过阶段性的升级，前期依旧采用 PoW 构建一个相对稳定的系统，之后逐渐采用 PoW+PoS，最后完全过渡到 PoS。

这里涉及两个信息点：

第一个信息点：Ethereum 采用的 PoW 与 BTC 的 PoW，但并不完全相同，有一定差别。

第二个信息点：在 Ethereum 最初的设定中，希望通过阶段性升级最终实现由 PoW 向 Po-S 过渡。

以下来对这两个信息点逐一说明。

1. Ethereum 目前采用的共识机制也是 PoW，它和 BTC 的 PoW 到底有什么不同？

Ethereum 挖矿难度可以调节，BTC 挖矿难度不能调节。

BTC 利用计算机算力做大量的哈希碰撞，列举出各种可能性，找到一个正确的哈希值。而 Ethereum 系统有一个特殊的公式用来计算之后的每个块的难度。如果某个区块比前一个区块验证地更快，Ethereum 协议会增加区块的难度。调整区块难度就可以调整验证区块所需的时间。

Ethereum 协议规定，难度的动态调整方式是使全网创建新区块的时间间隔为 15s，网络用 15s 时间创建区块链，这样系统的同步性就大大提升，恶意参与者很难在 15s 内发动 51%（即半数以上）的算力去修改历史数据。

2. 在 Ethereum 最初的设定中，希望通过阶段性升级来最终实现由 PoW 向 PoS 过渡。

在 2014 年，Ethereum 发布之初，以太坊团队宣布将项目的发布分为四个阶段，即 Froniter（前沿）、Homestead（家园）、Metropolis（大都会）和 Serenity（宁静）。前三个阶段的共识机制采用 PoW（工作量证明机制），第四个阶段切换到 PoS（权益证明机制）。

2015 年 7 月 30 号，Ethereum 第一个阶段 Froniter 正式发布，这个阶段只适用于开发者使用，开发人员可在 Ethereum 网络上编写智能合约和去中心化应用程序 Dapps，矿工开始进入 Ethereum 网络维护网络安全并挖矿得到以太币。Froniter 版本类似于测试版，用于证明 Ethereum 网络到底是不是可靠的。

2016 年 3 月 14 日，Ethereum 进入到第二个阶段 Homestead。这一阶段，Ethereum 提供了钱包功能，让普通用户也可以方便体验和使用 Ethereum。在其他方面没有什么明显的技术提升，只是表明 Ethereum 网络已经可以平稳运行。

2017 年 9 月，Ethereum 已经进行到第三个阶段 Metropolis。Metropolis 由拜占庭和君士坦丁堡两次升级组成，这个阶段的目标是希望能够引入 PoW 和 PoS 的混合链模式，为 PoW 向 PoS 的顺滑过渡做准备。最近比较热门的"Ethereum 君士坦丁堡升级"就是为实现由 PoW 向 PoS 过渡奠定良好的基础。

3. Ethereum 挖矿所得奖励的计算

Ethereum 挖矿会得到多少奖励？Ethereum 平均 15s 出一个区块，赢得区块创建竞争成功的矿工会得到以下几项奖励：区块奖励+叔父块奖励+叔父块引用奖励，详情如下：

1）静态奖励5ETH，每个普通区块都有；

2）区块内所花费的Gas，Gas是指在以太坊成功进行交易所需的费用；

3）作为区块组成部分，包含"叔父块"的额外奖励，每个叔父块可以得到挖矿报酬的1/32作为奖励，也就是5乘以1/32，等于0.15625个ETH。"叔父块"这个概念是Ethereum提出来的，它的奖励机制2.4.4节已经提及。

2.5.2 挖矿介绍

Ethereum的共识机制是PoW。PoW是目前最流行的解决拜占庭将军问题的共识算法，BTC、Ethereum等主流区块链数字货币的共识机制都是PoW。

区块链网络中的节点需要提供算力去竞争区块，维持区块链的运行，系统则会给竞争到区块的节点一定的奖励，这个过程被形象地称为挖矿，这些竞争者称为矿工。

Ethereum通过BTC进行众筹（ICO）实现发行。2014年7月24日起，在为期42天的众筹期间，Ethereum众筹地址共收到8,947个交易，来自8,892个不重复的地址（有两个地址是在众筹时间段之外支付的，所以这两个地址不能获得以太币）。通过此次众筹，Ethereum项目组筹得31,529.356,395,51BTC，当时价值约1800万美元，0.8945BTC被销毁，1.7898BTC用于支付BTC交易的矿工手续费。同时，Ethereum发布后，需要支付给众筹参与者共计60,108,506.26以太币。在众筹成功一年后的2015年7月30日，Ethereum正式发布。创世区块中包含了8893个交易。Ethereum中的以太币并不全是矿工挖掘出来的，有大约7200万以太币是在创世时就已经被创造出来。感兴趣的读者可以通过访问https://Etherscan.io/stat/supply查询到以太币的发行情况。

2.5.3 挖矿算力

以太坊可以使用CPU、GPU进行挖矿，使用CPU来挖矿以太币，因为效率、效益太低，在目前的阶段已经很难挖到；GPU又称显示芯片，是一种专门在个人计算机、工作站、游戏机和一些移动设备（如平板计算机、智能手机等）上进行图像处理工作的微处理器。GPU的工作大部分都是计算量大，而且要重复很多次，是非常适合挖矿的。

目前像BTC和Ethereum的PoW算法都是重复性高的计算任务，相比于CPU来说G-PU有更强的算力优势。CPU作为通用性计算单元，设计了很多诸如分支预测单元、寄存单元等模块，这些对于提升算力没有帮助。CPU不擅长于进行并行运算，一次最多只能执行十几个任务，而GPU拥有数以千计的流处理器。因此开发人员针对GPU开发出对应的挖矿算法并进行挖矿。

算力代表矿机的计算能力、计算性能，具体指每秒矿机的整体hash算法运算次数。算力的单位是Hash/s，一般也表示为KHash/s、MHash/s，换算关系如下：

$$1KHash/s = 1000Hash/s \quad 1MHash/s = 1000KHash/s$$

$$1GHash/s = 1000MHash/s \quad 1THash/s = 1000GHash/s$$

$$1PHash/s = 1000\ THash/s$$

挖矿的本质是解决一个数学计算，谁先算出谁就获得奖励（ETH），这个数学计算即一直不断地尝试碰撞结果。类似于暴力破解一个手机密码，假设尝试多次手机不会被锁，不断地尝试密码从 111111~999999 直到解锁成功，如果 1s 内能尝试一次，算力就是 1 次/s，1s 内能尝试两次的算力就是 2 次/s。1s 内尝试的次数越多，算力就越大，解锁的时间也就越短。矿机与其类似，矿机 1s 内能计算的 hash 算法次数越多，算力越大，挖的币就越多。

不同币种使用的挖矿算法是不一样，BTC 使用的是 SHA256 算法，莱特币使用的是 Scrypt 算法，Ethereum 使用的是 Ethash 算法，所以不同币种之间的算力是没有任何关系的。

2.5.4 矿池

随着区块链的流行，BTC 和 Ethereum 全网的算力在不断地呈指数级别上涨，个人挖矿几乎无法获得收益，对于个人来说只能加入矿池共享收益。

矿池是将分散在全球的矿工及矿场的算力进行联结，一起挖矿。矿池负责信息打包，接入进来的矿厂负责竞争记账权。由于集合了很多矿工的算力，所以矿池的算力占比大，挖到区块的概率更高。矿池挖矿所产生的奖励会按照每个矿工贡献算力的占比进行分配。相较个人挖矿，加入矿池可以获得更加稳定的收益。

支持 Ethereum 的矿池：

1）鱼池（F2Pool）：https://www.f2pool.com/。
2）蚁池（AntPool）：https://www.antpool.com/。

2.5.5 挖矿算法

下面来具体分析 Ethereum 的共识算法之一：实现了 PoW 的 Ethereum 共识引擎 Ethash。Ethash 算法路线如下：

1）将区块头和 nonce 的哈希值作为种子。
2）根据这个种子，可以计算一个 16MB 的伪随机缓存，轻客户端存储这个缓存。
3）从这个缓存中，生成一个 1GB 的数据集，该数据集中的每一项都取决于缓存中的一小部分。完整客户端和矿工存储了这个数据集，数据集的大小随着时间线性增长。
4）挖矿工作包含了抓取数据集的随机片以及运用哈希函数计算。校验工作能够在低内存的环境下完成，通过使用缓存再次生成所需的特性数据集的片段，所以只需要存储缓存即可。

Ethash 的前身是 Dagger Hashimoto 算法。

Dagger Hashimoto 的目的是：

1）抵制矿机（ASIC，专门用于挖矿的芯片）。
2）轻客户端验证。
3）全链数据存储。

Dagger 和 Hashimoto 并不相同。Dagger 算法由 Vitalik Buterin 发明，它利用了有向无环图（DAG），同时实现了内存计算困难但易于验证的特性（哈希算法的重要特性之一）。它的理论依据是基于每个特定场合，nonce 只需要大型数据总量树的一小部分。针对每个特定场合，nonce 的子树的再计算是被禁止挖矿的。因此，需要存储树但也支持一个独立场合 nonce 的验证价值。Dagger 算法被设计用来替代现存的仅内存计算困难的算法，是计算困难同时验证也困难的算法，当内存计算困难度增加至真正安全的水平，验证的困难度也随之变得更难。然而，由于 Dagger 算法易受共享内存硬件加速技术的攻击，所以该算法被遗弃了。

Hashimoto 算法是由 Thaddeus Dryja 创造的，旨在通过 IO 限制来抵制矿机。在挖矿过程中，增加内存的读取限制矿机，由于内存设备本身比计算设备更加便宜以及普遍，在内存升级优化方面，也都加大了投入，以使内存能够适应各种不同的用户场景，所以有了随机访问内存的概念——RAM。因此，现有的内存可能会比较接近最优的评估算法。Hashimoto 算法使用区块链作为源数据，满足了抵制矿机和全链数据存储的要求。

Memory-Hard Function 即内存困难函数，这是为了抵制矿机而诞生的一种思想。挖矿是靠计算机，但是有些硬件厂商会制造专门用于挖矿的硬件设备，它们并不是一台完整的 PC，例如 ASIC、GPU 以及 FPGAs（GPU 挖矿等），这些作为矿机的设备超越普通 PC 挖矿的存在，这并不符合区块链的去中心化精神。

在 Dagger 以及 Dagger Hashimoto 算法中，有两个问题的研究是被搁置的：

1）基于区块链的工作量证明：一个 PoW 函数包括了运行区块链上的合约。该方法被抛弃是因为这是一个长期的攻击缺陷，因为攻击者能够创建分叉，然后通过包含秘密的快速"trapdoor"井盖门的运行机制的合约在该分叉上吸引矿工。

2）随机环路：一个 PoW 函数由 Vlad Zamfir 开发，包含了每 1000 个场合 nonces 就生成一个新的程序的功能。本质上来讲，每次选择一个新的哈希函数，会比可重配置的 FPG-As（可重编程的芯片，不必重新焊接电路板就可通过软件技术重新自定义硬件功能）更快。该方法被暂时搁置，因为它的专业化收益较低。

Dagger Hashimoto 算法区别于 Hashimoto，Dagger Hashimoto 不是直接将区块链作为数据源，而是使用一个 1GB 的自定义生成的数据集 cache。

这个数据集是基于区块数据，每 N 个块就会更新该数据集是使用 Dagger 算法生成，允许一个自己的高效计算，特定于每个轻客户端校验算法的场合 nonce。

区别于 Dagger，Dagger Hashimoto 克服了 Dagger 的缺陷，它用于查询区块数据的数据集是半永久的，只有在偶然的间隔才会被更新（例如每周一次）。这意味着生成数据集将非常容易，所以 Sergio Lerner 的争议共享内存加速变得微不足道。

2.5.6 补充

1. 目前 Ethereum 的 PoW 算法是 Ethash

Ethash 算法也是找到 nonce 值的 PoW 算法。

PoW 算法的关键点是除了暴力枚举，没有任何办法可以找到这个 nonce 值，但验证输出的结果是非常简单容易的。算法的结果值分布均匀，就可以保证找到一个 nonce 值的平均所需时间取决于难度阈值，因此可以通过调整难度阈值来控制找到一个新块的时间，这就是控制出块速度的原理。

2. DAG

Ethash 的 PoW 是 memory-hard，支持矿机抵御，这意味着 PoW 计算需要选择一个固定的依赖于 nonce 值和区块头的资源的子集，这个资源（大约 1GB 大小）就是 DAG。

每 3 万个块会花几个小时的时间生成一个有向无环图（DAG）。这个 DAG 被称为 epoch。DAG 只取决于区块高度，它可以被预生成，如果没有预生成，客户端需要等待预生成流程结束以后才能继续出块操作。除非客户端提前预缓存了 DAG，否则过渡到下一个 DAG 生成的期间，网络可能会经历一个巨大的区块延迟。

2.6 本章小结

本章通过 Ethereum 的概述、Ethereum 的账户、Ethereum 中的数据结构、Ghost 协议以及挖矿简述五个方面，系统地介绍了 Ethereum 的结构以及应用。BTC 和 Ethereum 作为两种最主要的加密货币，BTC 被称为区块链 1.0，Ethereum 则被称为区块链 2.0。Ethereum 针对 BTC 在运行过程中遇到的问题进行了改进，比如说出块时间，BTC 的平均出块时间是 10min，而 Ethereum 则大幅度降低到十几秒。Ethereum 一方面涉及基于 Ghost 协议的共识机制，另一方面对于挖矿的 mining puzzle 进行了改进，从过去比拼计算哈希值的算力、挖矿设备是否专业化而导致的使用 ASIC 芯片的矿机大量应用，到现在 Ethereum 通过设计 memory-hard mining puzzle 这种对内存的要求较高的方式，从一定程度上限制了对 ASIC 芯片的使用。自 2014 以来，BTC 市场的重大创新，多次来源于 Ethereum。而 Ethereum 的两大特征，无特性、去中心化，相比 BTC 更适应目前区块链领域的创新逻辑。Ethereum 目前已经占据了区块链底层公链的半壁江山，其中的原因不仅包括 Ethereum 完善了 BTC 存在的问题和早期抢占竞争高地所带来的好处，也有着包括微软、摩根大通等知名企业组成的 Ethereum 企业联盟所带来的正面效应。

2.7 参考文献

［1］DANNEN C. Introducing Ethereum and solidity［M］. Berkeley：Apress，2017.

［2］CHEN T，LI Z，ZHU Y，et al. Understanding Ethereum via Graph Analysis［J］. ACM Transactions on Internet Technology，2020，20（2）：1-32.

［3］LIU Y，WANG K，QIAN K，et al. Tornado：Enabling Blockchain in Heterogeneous Internet of Things Through a Space-Structured Approach［J］. IEEE Internet of Things Journal，2019，7（2）：1273-1286.

［4］ZENG P，WANG X，LI H，et al. A Scheme of Intelligent Traffic Light System Based on Distributed Security Architecture of Blockchain Technology［J］. IEEE Access，2020，8：33644-33657.

［5］LIU X，WANG W，NIYATO D，et al. Evolutionary Game for Mining Pool Selection in Blockchain Networks ［J］. IEEE Wireless Communications Letters，2018，7（5）：760-763.

［6］WANG W，HOANG D T，HU P，et al. A survey on Consensus Mechanisms and Mining Strategy Management in Blockchain Networks [J]. Ieee Access, 2019, 7: 22328-22370.

[7] ZOU W, LO D, KOCHHAR P S, et al. Smart Contract Development: Challenges and Opportunities [J]. IEEE Transactions on Software Engineering, 2019, 47 (10): 2084-2106.

[8] SAYEED S, MARCO-GISBERT H, CAIRA T. Smart Contract: Attacks and Protections [J]. IEEE Access, 2020, 8: 24416-24427.

[9] NEISSE R, STERI G, NAI-FOVINO I. A Blockchain-based Approach for Data Accountability and Provenance Tracking [C]//Proceedings of the 12th International Conference on Availability, Reliability and Security. 2017: 1-10.

[10] ALAM A, RASHID S M Z U, SALAM M A, et al. Towards Blockchain-Based E-Voting System [C]//2018 International Conference on Innovations in Science, Engineering and Technology. IEEE, 2018: 351-354.

[11] DELGADO-SEGURA S, PÉREZ-SOLA C, NAVARRO-ARRIBAS G, et al. Analysis of the Bitcoin UTXO Set [C]//International Conference on Financial Cryptography and Data Security. Berlin: Springer, 2018: 78-91.

[12] NIU Y, LI H, ZHANG C, et al. Prediction-based UTXO Cache Optimization for Bitcoin Lightweight Full Nodes [C]//2021 IEEE Global Communications Conference. IEEE, 2021: 1-6.

[13] KAUSHIK A, CHOUDHARY A, EKTARE C, et al. Blockchain—Literature survey [C]//2017 2nd IEEE International Conference on Recent Trends in Electronics, Information & Communication Technology. Bangalore: IEEE, 2017: 2145-2148.

[14] LI Y, YU Y, LOU C, et al. Decentralized Public Key Infrastructures atop Blockchain [J]. IEEE Network, 2020, 34 (6): 133-139.

[15] RAJU P, PONNAPALLI S, KAMINSKY E, et al. mLSM: Making Authenticated Storage Faster in Ethereum [C]//10th USENIX Workshop on Hot Topics in Storage and File Systems. 2018.

[16] VUJIČIĆ D, JAGODIĆ D, RANĐIĆ S. Blockchain technology, bitcoin, and Ethereum: A brief overview [C]//2018 17th International Symposium INFOTEH-JAHORINA (INFOTEH). East Sarajevo: IEEE, 2018: 1-6.

[17] HAN J, SONG M, EOM H, et al. An efficient multi-signature wallet in blockchain using bloom filter [C]//Proceedings of the 36th Annual ACM Symposium on Applied Computing. NewYork: Association for Computing Machine, 2021: 273-281.

[18] GUAN Z, SI G, ZHANG X, et al. Privacy-Preserving and Efficient Aggregation Based on Blockchain for Power Grid Communications in Smart Communities [J]. IEEE Communications Magazine, 2018, 56 (7): 82-88.

[19] LIU D, ALAHMADI A, NI J, et al. Anonymous Reputation System for IIoT-Enabled Retail Marketing Atop PoS Blockchain [J]. IEEE Transactions on Industrial Informatics, 2019, 15 (6): 3527-3537.

第 3 章 区块链安全的保障——密码学

3.1 密码学概述

密码最初的目的是用于对信息加密，就是把公开的信息通过一种变换手段，将其变为除通信双方以外其他人不能读懂的编码，这种独特的信息编码就是密码。随着人们对信息保密性要求的提高，简单的加密方式已经不能满足时代进步的需求，密码学（Cryptography）由此应运而生。

从 20 世纪 70、80 年代开始，密码学发生了根本性的变化。密码学开始作为一门科学和数学学科被研究。牛津英语词典曾将密码学定义为"编写或解决代码的艺术"。

如今密码学包含的内容已远不止秘密通信，它涉及确保完整性的机制、交换密钥的技术、认证用户的协议、电子拍卖和选举、数字现金等，广泛应用于生活之中。个人通过输入密码来验证身份，通过信用卡在互联网上购物，或者下载操作系统的验证更新，都使用了加密技术。因此，现代密码学是包括研究保护数字信息、系统和对抗攻击的分布式计算的数学技术。由此可以看出，密码学已经从一套用于确保秘密通信的启发式工具发展成为一门让更多普通人受益的科学，同时这也意味着密码学成为计算机科学中一个更加重要的话题。

3.1.1 密码学的概念及分类

密码学是研究编制密码和破译密码的技术科学，涉及数学和计算机这两个学科。密码学有两个分支：密码编码学，主要研究对信息进行变换，以保护信息在信道传输的过程中不被对方窃取、解读和利用的方法；密码分析学，主要研究如何分析、破译密码，以获取通信情报的方法。按照不同的标准有不同的分类。

按时间划分：古典密码，古典密码以字符为基本加密单元；现代密码，以信息块为基本加密单元。

按密钥划分：受限制的算法，其保密性基于保持算法的秘密；基于密钥的算法，其保密性基于密钥保密，是现代密码学的主要特征。

按密码体制划分：对称密码体制，其加密与解密密钥相同；非对称密码体制，加密密钥和解密密钥不同，密钥分为公钥与私钥，公钥对外公开，私钥对外保密。

按明文的处理方法划分：分组密码，用同一密钥算法对每一块加密，输出的也是固定长度的密文，多用于网络加密；流密码，又称序列密码，加密时每次加密一位或一个字节的明文，一般在手机系统中使用，比较著名的流密码有 RC4。

3.1.2 密码学的发展历程

密码的历史几乎和文字的历史一样长，从人类开始进行交流起，密码逐渐被使用与发展。密码学的发展大致可以分为三个阶段：1949 年之前的古典密码学阶段；1949 年至 1975 年的近代密码学阶段；1976 年以后，密码学产生新方向——公钥密码学，这一方向的产生拉开了现代密码学阶段的帷幕。近年来，出现了量子密码学这一新的加密方法，受到了领域专家的广泛关注。

1. 古典密码学

古典密码学拉开了密码研究的序幕，这阶段的密码学更像是一门艺术，其核心手段为代替和置换。代替就是将明文每个字符替换成另外一种字符产生密文，接收者根据对应的字符替换密文就得到明文了。置换就是将明文的字符顺序按照某种规则打乱。

古典密码的出现可以追溯到公元前 400 年，斯巴达人发明了"塞塔式密码"，把长条纸螺旋斜绕在一个多棱棒上，将文字沿棒的水平方向从左到右书写，直到写完。解下来后，纸条上的文字消息杂乱无章、无法理解，这就是密文，但将它绕在另一个同等尺寸的棒子上后，就能看到原始的消息，这是最早的密码技术。

我国古代也有以藏头诗、藏尾诗、漏格诗及绘画等形式，将要表达的真正意思或"密语"隐藏在诗文或画卷中特定位置的记载。为人所熟知的一些古典密码还有：

1）掩格密码，事先设计好方格的开孔，将所要传递的信息和一些其他无关的符号组合成无效的信息，使截获者难以分析出有效信息。

2）凯撒密码，在罗马帝国时期，凯撒大帝曾经设计过一种简单的移位密码，用于战时通信。如图 3-1 所示，这种加密方法就是将明文的字母按照字母顺序，往后依次递推相同的字母，就可以得到加密的密文，而解密的过程正好和加密的过程相反。

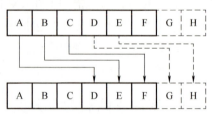

图 3-1　凯撒密码

2. 近代密码学

近代密码的发展始于 20 世纪 40 年代，这是受计算机科学蓬勃发展刺激和推动的结果。近代密码学的真正开始源于香农发表的一系列论文，特别是 1949 年的《保密系统通信理论》，把已有数千年历史的密码学推向了基于信息论的科学轨道。

近代密码发展中的一个重要突破是"数据加密标准"（Data Encryption Standard，DES）的出现。DES 密码的意义在于，首先，它的出现使密码学从政府走向民间，其设计主要由 IBM 公司完成，国家安全局等政府部门参与，最终经美国国家标准局公开征集遴选后，确定为联邦信息处理标准。其次，DES 密码设计中的很多思想（如 Feistel 结构、S 盒等），被后来大多数分组密码所采用。再次，DES 出现之后，不仅在美国联邦部门中使用，而且风行世界，并在金融等商业领域广泛使用。

3. 现代密码学

1976 年，美国密码学家提出"公钥密码"概念，现代密码学也由此展开。此类密码中，加密和解密使用不同的密钥，其中，用于加密的叫作公钥，用于解密的为私钥。1977 年，美国麻省理工学院提出第一个公钥加密算法 RSA 算法，之后 ElGamal、椭圆曲线、双线性对等公钥密码相继被提出，密码学真正进入了一个新的发展时期。

一般来说，公钥密码的安全性由相应数学问题在计算机上的难解性来保证，以被广泛使用的 RSA 算法为例，它的安全性是建立在大整数素因子分解在计算机上的困难性，例如，对于整数 22，易于发现它可以分解为 2 和 11 这两个数相乘，但对于一个 500 位的整数，即使采用相应算法，也要很长时间才能完成分解。但随着计算能力的不断增强和因子分解算法的不断改进，特别是量子计算机的发展，公钥密码安全性也渐渐受到威胁。目前，研究者们开始关注量子密码、格密码等抗量子算法的密码，后量子密码等前沿密码技术逐步成为研究热点。

在密码应用方面，各种有实用价值的密码体制的快速实现受到高度重视，许多密码标准、应用软件和产品被开发和应用，许多国家已经颁布了数字签名法，使数字签名在电子商务和电子政务等领域得到了法律的认可，推动了密码学研究和应用的发展。

4. 量子密码学

量子密码术是一种新的重要加密方法，目前还在发展初期并逐步成为研究热点。它利用单光子的量子性质，借助量子密钥分配协议可实现数据传输的可证性安全。量子密码具有无条件安全的特性（即不存在被拥有足够时间和计算能力的窃听者攻击的危险），而在实际通信发生之前，不需要交换私钥。

3.2 区块链中的密码算法

区块链作为新兴技术受到越来越广泛的关注，它的应用已延伸至多个领域，尤其在金融行业的应用受到诸多关注。金融行业是我国网络安全重点行业之一，系统及数据安全至关重要，因此区块链技术在安全层面所面临的挑战是一个值得深入研究的课题。

区块链能够解决人与人之间的信任问题，是因为它的不可篡改性，而这种特性本质上又是基于密码学算法来实现的。因此密码学在区块链中的地位很关键，如果说区块链是信任的基石，那么密码学则是区块链的基石。在区块链技术中，密码学机制主要被用于确保交易信息的完整性、真实性和隐私性。

信息加密是区块链的关键环节，主要是哈希函数和非对称加密两部分的算法。其中，非对称加密部分使用私钥证明节点所有权，通过数字签名实现；使用哈希函数，把任意长度的输入变换成固定长度的由字母和数字组成的输出，具有不可逆性，实现不可篡改。比特币、区块链其实就是哈希链的一个变种。

3.2.1 哈希函数

区块链之所以能称之为"链",就是通过密码学中的哈希函数构成指针的链表,如图3-2所示,这个链表链接一系列的区块,每个区块包含数据以及指向前一个区块的指针。前一个区块的指针使用的是其哈希值,这个哈希值会存储在后一个区块中以方便查找其位置。同时,这个哈希值也能进行验证这个区块所包含的数据是否发生变化。在区块链底层数组结构存储中,也用到了密码学中的哈希函数来进行存储以方便查找。

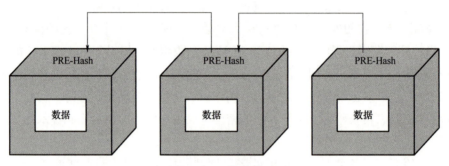

图3-2 区块链模型

哈希函数是一个密码学工具,可以在有限合理的时间内,将任意长度的消息压缩为固定长度的输出值,并且是不可逆的,其输出值称为哈希值,也称为散列值。哈希函数可以用在数字签名中,还可以用于证明密码安全体制,作为安全组件设计多种密码体制和安全通信协议。作为比特币和区块链的核心技术,简单来说,哈希函数就是把输入值映射为一个固定长度的数字摘要。它的输入值可以是任意的,即可以被数字化的东西,输出值则是一个固定长度的二进制数字。输出的哈希值可以看作是输入消息的指纹,是世上独一无二的表示。哈希函数具有以下5个特点:

1)输入可以是任意长度,输出是固定长度。哈希函数不用知道输入信息代表的是什么意思,也不在意信息的长度有多长,只要输入哈希函数,输出的都是固定长度的值。比如非常有名的SHA256哈希函数,输入任何值对应的输出都是256位的二进制数字,输入一本《三国演义》或者仅仅输入一个字母a,输出的也都是256位的数据。

2)计算哈希值的速度比较快。因为单向哈希的计算很快,才能确保区块链使用加密或者验证的速度。

3)防碰撞特性。即不存在$x \neq y$,而$H(x) = H(y)$的情况,其中H为哈希函数。输入空间远远大于输出空间,比如256位的哈希值指的就是输出空间是2^{256}。但是,目前没有有效方法可以根据$H(x)$的值找到对应的x值。遍历所有输入的可能能去找到这个值,叫作暴力破解(brute-force),也就是现在矿机所谓的"哈希碰撞"这个词的来源。

4)隐藏性(单向性)。哈希函数的计算过程是单向不可逆的。由x可以推出$H(x)$,但是反推没有办法(单向性),哈希值没有泄露输入的x的信息,也就是说x的信息被隐藏了起来，这就是隐藏性。输入空间要足够大，取值是均匀的，这样就很难被暴力破解。

5）谜题友好。无法从输入数据，判断输出是什么数据。即知道输入的信息，无法得出来输出的哈希值是什么，谜题友好性就是指无法通过控制输入值 x 来获得想要的输出值 $H(x)$。

利用第 3 和第 4 个特性可以设计很有趣的应用场景。有影响力的股评师，预测明天的股价是否增长。如果他公开表明币价，可能会影响币价。可以让他把股评信息写到纸上，或者存到计算机里，但是要求是第二天开盘后，不能偷偷修改内容，这样就不会影响股价了。现在需要做的只有一件事：保证他没有篡改自己已经写好的内容。此时可用哈希算法，预测的结果（信息）是 x，对 x 使用哈希函数，公布得到的哈希值，第二天收盘再公布 x，如果修改了昨天的数据，哈希值就变了。所有人都可以用哈希函数计算这个 x，并和昨天公布的哈希值进行对比。

利用隐藏性和谜题友好性两个特点，知道输入信息也不知道哈希值是什么，即使可以很快算出来，但是无法预先判断；知道哈希值也不能知道输入值是什么，反向计算是非常困难的，只能暴力破解。

所以如果需要输出的值落在某一个范围里，比如小于某个数值，计算机只能一个一个去试，通过暴力破解算出输出值正好是落在此范围内。

哈希函数并不是一个具体的函数，它包含了一类算法：当前流行的哈希函数有 MD5、SHA1、SHA2、SHA3。比特币使用的是 SHA256，大多区块链系统使用的都是 SHA256 算法。所以这里主要介绍 SHA256。

1. SHA256 概述

对于任意长度的消息，SHA256 都会产生一个 256 位的哈希值，称作消息摘要。这个摘要相当于是一个长度为 32B 的数组，通常有一个长度为 64B 的十六进制字符串来表示，其中 1B＝8bit，一个十六进制的字符的长度为 4 位。

来看一个具体的例子：

```
BlockChain
```

这句话经过哈希函数 SHA256 计算后得到的哈希值为：

```
3a6fed5fc11392b3ee9f81caf017b48640d7458766a8eb0382899a605b41f2b9
```

总体上，SHA256 与 MD4、MD5 以及 SHA-1 等哈希函数的操作流程类似，待计算的消息在继续使用哈希函数计算之前，首先要进行以下两个步骤：

1）对消息进行补位处理，使得最终的长度是 512 位的倍数。

2）以 512 位为单位，对消息进行分块为 $M^{(1)}, M^{(2)}, \cdots, M^{(N)}$，将消息区块进行逐个处理：从一个固定的初始哈希值 $H^{(0)}$ 开始，进行如下序列的计算：

$$H^{(i)} = H^{(i-1)} + C_{M^{(i)}}(H^{(i-1)}) \tag{3-1}$$

式中，C 是 SHA256 的压缩函数，+是 mod 2^{32} 加法，表示将两个数字相加后对 2^{32} 取余，$H^{(N)}$

是消息区块的哈希值。

2. SHA256算法详解

SHA256的压缩函数主要对512位的消息区块和256位的中间哈希值进行操作,本质上,它是一个通过把消息区块作为密钥,对中间哈希值进行加密的256位加密算法。因此,为了解释SHA256算法,先介绍以下两个组件:

1)SHA256压缩函数。

2)SHA256消息处理流程。

以下描述中所使用的标记见表3-1。

表 3-1 算法使用标记

使用标记	含义
$\oplus$	按位异或
$\wedge$	按位与
$\vee$	按位或
$\neg$	补位
$+$	相加以后对 2^{32} 求余
R^n	右移 n 位
S^n	循环右移 n 位

注:以上所有的操作都是针对32位。

为了更好地理解SHA256的原理,接下来首先将算法中可以单独抽出的模块,包括常量的初始化、信息预处理、使用到的逻辑运算分别进行介绍,然后介绍摘要计算主循环模块,最后附上算法伪代码、Python实现以及运行结果。

(1)常量初始化

初始哈希值 $H^{(0)}$ 取自自然数中前面8个素数(2,3,5,7,11,13,17,19)的二次方根的小数部分,并且取前面的32位。举个例子:$\sqrt{2}$ 的小数部分约为0.414213562373095048,而其中

$$0.414213562373095048 \approx 6 \times 16^{-1} + a \times 16^{-2} + 0 \times 16^{-3} + \cdots$$

于是,质数2的二次方根的小数部分取前32位就对应0x6a09e667。

以此类推,初始哈希值 $H^{(0)}$ 由以下8个32位的哈希初值构成:

$$H_1^{(0)} = 6a09e667$$

$$H_2^{(0)} = bb67ae85$$

$$H_3^{(0)} = 3c6ef372$$

$$H_4^{(0)} = a54ff53a$$

$$H_5^{(0)} = 510e527f$$

$$H_6^{(0)} = 9b05688c$$

$$H_7^{(0)} = 1f83d9ab$$

$$H_8^{(0)} = 5be0cd19$$

SHA256 算法当中还使用到 64 个常数，取自自然数中前面 64 个素数的三次方根的小数部分的前 32 位，如果用十六进制表示，则相应的常数序列如下：

```
428a2f98 71374491 b5c0fbcf e9b5dba5
3956c25b 59f111f1 923f82a4 ab1c5ed5
d807aa98 12835b01 243185be 550c7dc3
72be5d74 80deb1fe 9bdc06a7 c19bf174
e49b69c1 efbe4786 0fc19dc6 240ca1cc
2de92c6f 4a7484aa 5cb0a9dc 76f988da
983e5152 a831c66d b00327c8 bf597fc7
c6e00bf3 d5a79147 06ca6351 14292967
27b70a85 2e1b2138 4d2c6dfc 53380d13
650a7354 766a0abb 81c2c92e 92722c85
a2bfe8a1 a81a664b c24b8b70 c76c51a3
d192e819 d6990624 f40e3585 106aa070
19a4c116 1e376c08 2748774c 34b0bcb5
391c0cb3 4ed8aa4a 5b9cca4f 682e6ff3
748f82ee 78a5636f 84c87814 8cc70208
90befffa a4506ceb bef9a3f7 c67178f2
```

（2）消息预处理

在计算消息的哈希摘要之前需要对消息进行预处理，即对消息进行补码处理：假设消息 M 的二进制编码长度为 l 位。首先在消息末尾补上一位"1"，然后再补上 k 个"0"，其中 k 为满足下列方程的最小非负整数：

$$l+1+k \equiv 448 \bmod 512$$

下面以消息"abc"为例显示补位的过程。

a、b、c 对应的 ASCII 码和二进制编码分别如下：

原始字符	ASCII 码	二进制编码
a	97	01100001
b	98	01100010
c	99	01100011

因此，原始信息"abc"的二进制编码为：01100001 01100010 01100011，第一步补位，

首先在消息末尾补上一位"1",结果为:01100001 01100010 011000111;然后进行第二步的补位,因为 $l=24$,可以得到 $k=423$,在第一步补位后的消息后面再补 423 个"0",结果如下:01100001 01100010 01100011100…0。

最后还需要在上述字节串后面继续进行补码,这个时候补的是原消息"abc"的二进制长度 $l=24$ 的 64 位二进制表示形式,补完以后的结果如下:

$$01100001\ 01100010\ 01100011\ 100\cdots000\cdots011000$$

最终补完以后的消息的二进制位数长度是 512 的倍数。

这里需要注意的两点:不管原来的消息长度是多少,即使长度已经满足对 512 取模后余数是 448,也必须进行补位,这时要填充 512 位;另外,考虑到最后要将消息长度 l 转换为 64 位二进制编码,因此,长度必须小于 2^{64},绝大多数情况,这个数值就足够大了。

将补码处理后的消息 M 以 512 位为单位,分块为 $M^{(1)},M^{(2)},\cdots,M^{(N)}$,如图 3-3 所示,其中第 i 个消息块的前 32 位表示为 $M_0^{(i)}$,后面 32 位为 $M_1^{(i)}$,以此类推,最后 32 位的消息块可表示为:$M_{15}^{(i)}$。采用 Big endian 约定对数据进行编码,即认为第一个字节是最高位字节,因此,对于每一个 32 位字节,最左边的比特是最大的比特位。

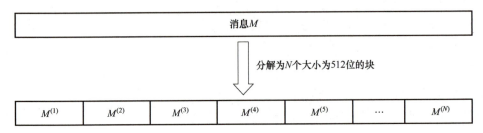

图 3-3 SHA256 消息分块

(3)摘要计算主循环

哈希计算算法如下:

$$\text{For } i=1\to N\ (N=\text{补码后消息块个数})$$

用第 $i-1$ 个中间哈希值来对 a,b,c,d,e,f,g,h 进行初始化,当 $i=1$ 时,就使用初始化哈希,即:

$$a\leftarrow H_1^{(i-1)}$$
$$b\leftarrow H_2^{(i-1)}$$
$$\vdots$$
$$h\leftarrow H_8^{(i-1)}$$

应用 SHA256 压缩函数来更新 $a,b,\cdots,h$,如图 3-4 所示。

$$\text{For } j=0\to 63$$

计算 $\text{Ch}(e,f,g),\text{M}_{aj}(a,b,c),\Sigma_0(a),\Sigma_1(e),W_j$(具体定义如下)

$$T_1\leftarrow h+\Sigma_0(a)+\text{Ch}(e,f,g)+K_j+W_j$$
$$T_2\leftarrow \Sigma_0(a)+\text{M}_{aj}(a,b,c)$$

$$h \leftarrow g$$
$$g \leftarrow f$$
$$f \leftarrow e$$
$$e \leftarrow d + T_1$$
$$d \leftarrow c$$
$$c \leftarrow b$$
$$b \leftarrow a$$
$$a \leftarrow T_1 + T_2$$

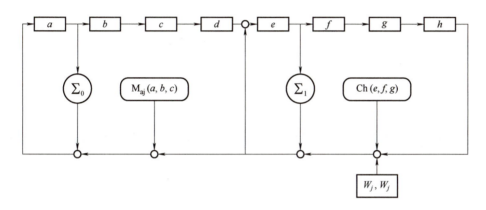

图 3-4 SHA256 压缩函数图

计算第 i 个中间哈希值 $H^{(i)}$

$$H_1^{(i)} \leftarrow a + H_1^{(i-1)}$$
$$H_2^{(i)} \leftarrow b + H_2^{(i-1)}$$
$$\vdots$$
$$H_8^{(i)} \leftarrow h + H_8^{(i-1)}$$

则 $H^{(N)} = (H_1^{(N)}, H_2^{(N)}, \cdots, H_8^{(N)})$ 为最终需要的哈希。

（4）逻辑函数定义

SHA256 算法当中所使用到的 6 个逻辑函数，每个函数都以 32 位字节为输入，并输出 32 位字节，具体函数定义如下：

$$\mathrm{Ch}(x, y, z) = (x \wedge y) \oplus (\neg x \wedge z)$$
$$\mathrm{M_{aj}}(x, y, z) = (x \wedge y) \oplus (x \wedge z) \oplus (y \wedge z)$$
$$\Sigma_0(x) = S^2(x) \oplus S^{13}(x) \oplus S^{22}(x)$$
$$\Sigma_1(x) = S^6(x) \oplus S^{11}(x) \oplus S^{25}(x)$$
$$\sigma_0(x) = S^7(x) \oplus S^{18}(x) \oplus R^3(x)$$
$$\sigma_1(x) = S^{17}(x) \oplus S^{19}(x) \oplus R^{10}(x)$$

通过以下方式计算扩展消息块 $W_0, W_1, \cdots, W_{63}$：

$$W_j = M_j^{(i)} \text{ for } j = 0, 1, \cdots, 15$$
$$\text{For } j = 16 \to 63$$
$$W_j \leftarrow \sigma_1(W_{j-2}) + W_{j-7} + \sigma_0(W_{j-15}) + W_{j-16}$$

(5) SHA256 伪代码

```
Note 1:All variables are 32 bit unsigned integers and addition is cal-
culated modulo 232
Note 2:For each round,there is one round constant k[i] and one entry
in the message schedule array w[i],0≤i≤63
Note 3:The compression function uses 8 working variables,a through h
Note 4:Big-endian convention is used when expressing the constants in
this pseudocode,
    and when parsing message block data from bytes to words,for exam-
ple,
    the first word of the input message "abc" after padding is 0x61626380

Initialize hash values:
(first 32 bits of the fractional parts of the square roots of the
first 8 primes 2..19):
    h0:=0x6a09e667
    h1:=0xbb67ae85
    h2:=0x3c6ef372
    h3:=0xa54ff53a
    h4:=0x510e527f
    h5:=0x9b05688c
    h6:=0x1f83d9ab
    h7:=0x5be0cd19

Initialize array of round constants:
(first 32 bits of the fractional parts of the cube roots of the first
64 primes 2..311):
    k[0..63]:=
        0x428a2f98, 0x71374491, 0xb5c0fbcf, 0xe9b5dba5, 0x3956c25b,
0x59f111f1,0x923f82a4,0xab1c5ed5,
        0xd807aa98, 0x12835b01, 0x243185be, 0x550c7dc3, 0x72be5d74,
0x80deb1fe,0x9bdc06a7,0xc19bf174,
```

0xe49b69c1, 0xefbe4786, 0x0fc19dc6, 0x240ca1cc, 0x2de92c6f, 0x4a7484aa, 0x5cb0a9dc, 0x76f988da,

0x983e5152, 0xa831c66d, 0xb00327c8, 0xbf597fc7, 0xc6e00bf3, 0xd5a79147, 0x06ca6351, 0x14292967,

0x27b70a85, 0x2e1b2138, 0x4d2c6dfc, 0x53380d13, 0x650a7354, 0x766a0abb, 0x81c2c92e, 0x92722c85,

0xa2bfe8a1, 0xa81a664b, 0xc24b8b70, 0xc76c51a3, 0xd192e819, 0xd6990624, 0xf40e3585, 0x106aa070,

0x19a4c116, 0x1e376c08, 0x2748774c, 0x34b0bcb5, 0x391c0cb3, 0x4ed8aa4a, 0x5b9cca4f, 0x682e6ff3,

0x748f82ee, 0x78a5636f, 0x84c87814, 0x8cc70208, 0x90befffa, 0xa4506ceb, 0xbef9a3f7, 0xc67178f2

```
Pre-processing (Padding):
begin with the original message of length L bits
append a single '1' bit
append K '0' bits, where K is the minimum number>=0 such that L+1+K+64 is a multiple of 512
append L as a 64-bit big-endian integer, making the total post-processed length a multiple of 512 bits


Process the message in successive 512-bit chunks:
break message into 512-bit chunks
for each chunk
    create a 64-entry message schedule array w[0..63] of 32-bit words
    (The initial values in w[0..63] don't matter, so many implementations zero them here)
    copy chunk into first 16 words w[0..15] of the message schedule array

    Extend the first 16 words into the remaining 48 words w[16..63] of the message schedule array:
    for i from 16 to 63
        s0 := (w[i-15] rightrotate  7) xor (w[i-15] rightrotate 18) xor (w[i-15] rightshift  3)
```

```
        s1 := (w[i-2] rightrotate 17) xor (w[i-2] rightrotate 19) xor
(w[i-2] rightshift 10)
        w[i] := w[i-16]+s0+w[i-7]+s1

    Initialize working variables to current hash value:
    a := h0
    b := h1
    c := h2
    d := h3
    e := h4
    f := h5
    g := h6
    h := h7

    Compression function main loop:
    for i from 0 to 63
        S1 := (e rightrotate 6) xor (e rightrotate 11) xor (e rightrotate 25)
        ch := (e and f) xor ((not e) and g)
        temp1 := h+S1+ch+k[i]+w[i]
        S0 := (a rightrotate 2) xor (a rightrotate 13) xor (a rightrotate 22)
        maj := (a and b) xor (a and c) xor (b and c)
        temp2 := S0+maj

        h := g
        g := f
        f := e
        e := d+temp1
        d := c
        c := b
        b := a
        a := temp1+temp2

    Add the compressed chunk to the current hash value:
```

h0:=h0+a

h1:=h1+b

h2:=h2+c

h3:=h3+d

h4:=h4+e

h5:=h5+f

h6:=h6+g

h7:=h7+h

Produce the final hash value (Big-endian):

digest :=hash :=h0 append h1 append h2 append h3 append h4 append h5 append h6 append h7

（6）SHA256 的 Python 实现

```
class SHA256:
    def __init__(self):# 常量初始化
        # 64 个常量
        self.constants=(
            0x428a2f98,0x71374491,0xb5c0fbcf,0xe9b5dba5,
            0x3956c25b,0x59f111f1,0x923f82a4,0xab1c5ed5,
            0xd807aa98,0x12835b01,0x243185be,0x550c7dc3,
            0x72be5d74,0x80deb1fe,0x9bdc06a7,0xc19bf174,
            0xe49b69c1,0xefbe4786,0x0fc19dc6,0x240ca1cc,
            0x2de92c6f,0x4a7484aa,0x5cb0a9dc,0x76f988da,
            0x983e5152,0xa831c66d,0xb00327c8,0xbf597fc7,
            0xc6e00bf3,0xd5a79147,0x06ca6351,0x14292967,
            0x27b70a85,0x2e1b2138,0x4d2c6dfc,0x53380d13,
            0x650a7354,0x766a0abb,0x81c2c92e,0x92722c85,
            0xa2bfe8a1,0xa81a664b,0xc24b8b70,0xc76c51a3,
            0xd192e819,0xd6990624,0xf40e3585,0x106aa070,
            0x19a4c116,0x1e376c08,0x2748774c,0x34b0bcb5,
            0x391c0cb3,0x4ed8aa4a,0x5b9cca4f,0x682e6ff3,
            0x748f82ee,0x78a5636f,0x84c87814,0x8cc70208,
            0x90befffa,0xa4506ceb,0xbef9a3f7,0xc67178f2)
        # 迭代初始值,H0,H1,…,H7
```

```python
        self.h=(
            0x6a09e667,0xbb67ae85,0x3c6ef372,0xa54ff53a,
            0x510e527f,0x9b05688c,0x1f83d9ab,0x5be0cd19)

    # x 循环右移 b 个 bit 即为上文中的 S(n)
    def rightrotate(self,x,b):
        return ((x>>b)|(x<<(32-b))) & ((2**32)-1)

    # 信息预处理。附加填充和附加长度值
    def Pad(self,W):
        return bytes(W,"ascii")+b"\x80"+(b"\x00" * ((55 if (len(W) % 64)<56 else 119)-(len(W) % 64)))+((len(W)<<3).to_bytes(8,"big"))

    # 压缩函数
    def Compress(self,Wt,Kt,A,B,C,D,E,F,G,H):
        return ((H+(self.rightrotate(E,6)^self.rightrotate(E,11)^self.rightrotate(E,25))+((E & F)^(~E & G))+Wt+Kt)+(self.rightrotate(A,2)^self.rightrotate(A,13)^self.rightrotate(A,22))+((A & B)^(A & C)^(B & C))) & ((2**32)-1), A, B, C, (D+(H+(self.rightrotate(E,6)^self.rightrotate(E,11)^self.rightrotate(E,25))+((E & F)^(~E & G))+Wt+Kt)) & ((2**32)-1),E,F,G

    def hash(self,message):
        message=self.Pad(message)
        digest=list(self.h)

        for i in range(0,len(message),64):
            S=message[i:i+64] # 数据分块,每 64 位分为一块
            W=[int.from_bytes(S[e:e+4],"big") for e in range(0,64,4)]+([0]*48)
            # 原 bit 为 f1ff,big 代表正常顺序,即 f1ff。little 反之,代表反序 fff1

            # 将块中的元素每四个合并为一个 int 数据,共 16 个,最后补上 48 个零
```

```python
            # 拓展消息块,构造64个word
    for j in range(16,64):
            W[j] = (W[j-16] + (self.rightrotate(W[j-15],7) ^ self.rightrotate(W[j-15],18)^(W[j-15]>>3)) +W[j-7] + (self.rightrotate(W[j-2],17)  ^ self.rightrotate(W[j-2],19)^( W[j-2]>>10))) & ((2**32)-1)
            A,B,C,D,E,F,G,H=digest
            # 使用压缩函数循环更新A,B,…,H
            for j in range(64):
                A,B,C,D,E,F,G,H=self.Compress(W[j],self.constants[j],A,B,C,D,E,F,G,H)
        # 合并A,B,C,D,E,F,G,H
        return"".join(format(h,"02x") for h in b"".join(
            d.to_bytes(4,"big") for d in [ (x+y) & ((2**32)-1) for x,y in zip(digest,(A,B,C,D,E,F,G,H))]))

def main():
    encoder=SHA256()
    while True:
        message=input("Enter string:")
        if (message=='exit'):
            break
        print(f"Output:{encoder.hash(message)}\n")
if __name__=="__main__":
    main()
```

(7) 运行结果

```
Enter string:hello world
Output:b94d27b9934d3e08a52e52d7da7dabfac484efe37a5380ee9088f7ace2efcde9


Enter string:hello world!
Output:7509e5bda0c762d2bac7f90d758b5b2263fa01ccbc542ab5e3df163be08e6ca9
// 增加一个符号,结果完全不同
```

```
    Enter string:When students graduate from college and their parents
start to worry about their future. The parents always want their kids to
marry soon,so that they can be the grandparents. Nowadays,some students
choose to marry and be the young parents.
    Output:fc35488ac7bcb0d15a2160858aeed1d4d343d8aefefdb80ed4e408449
cd37adf
    // 消息变长,结果长度不变

    Enter string:exit
```

3.2.2　基于哈希加密的默克尔树（Merkle Tree）

区块链是实现无中心分布式总账的一种技术。总账技术的基本单元是"交易",整个账本是由一条一条的交易构成。"块"类似于账本中的页,每页都记录了若干条交易,把账页按照时间顺序装订起来,就形成了一个完整的账本——"区块链"。"块"是交易的容器,"块"通过哈希指针相连接,形成了按照时间序列的"链"。

1. 哈希指针（Hash Pointer）

哈希指针是应用在区块链技术中的一种数据结构,如图3-5所示,普通的指针储存了一段数据的内存位置,而哈希指针除了储存数据位置之外,还储存了这段数据的哈希值。普通的指针只能检索到数据,哈希指针还可以确认数据是否被更改。

一个哈希指针包含了一段数据的位置和这段数据原始的哈希值。可以使用哈希指针取代普通指针去创建各种类型的数据结构,如链表、二叉树等。

如图3-6所示,在区块链中,用哈希指针建立一个链表。普通链表的一个区块储存了数据及指向前一个区块的指针。而区块链用哈希指针取代了传统指针,除了能表示前一个区块的位置,还能保留前个区块的所有内容。哈希指针很重要的一个作用就是防止日志被篡改。比如用哈希指针建立了一个数据结构日志去储存大量数据,日志的尾部可以添加新的数据,但是如果有人篡改了之前区块的数据就会被察觉到。

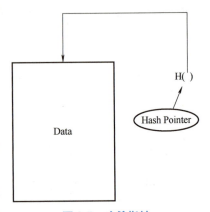

图3-5　哈希指针

如果攻击者想篡改其中区块内的数据,那么这个区块就和其哈希指针表示的哈希值无法对应。由于哈希函数的无碰撞属性,可以判断出这个区块出现错误。所以,攻击者必须再次篡改前一个区块内的哈希指针使两者保持一致。但是对前一个区块的更改又会使之和前前区块的哈希指针不一致。

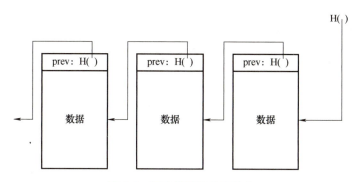

图 3-6 用哈希指针建立链表

所以，如果攻击者想篡改数据的话，需要依次更改整条链表中所有区块的数据直到第一个区块。只要记住表头第一个区块的哈希指针，攻击者就无法完成数据篡改，因为整条区块链的数据将无法对应。

这种组织账本的好处是由密码学算法保证了无法篡改链上的单独交易，除非整体性的篡改。这种数据组织方式最大的好处就是数据易于保持完整，并且从密码学角度看，安全性较高。然而，这个好处是有代价的——数据量一直不停地增长。

对于比特币系统来说，这个问题并不大，截至目前为止，比特币仍然是平均每 10min 增加一个区块，每个区块大小为 1MB，即便到了 100 年后，总的数据量也不会大到单机无法处理。但是对于某些企业级应用的区块链系统来说，情况就完全不一样了。每个区块可能会非常大，生成区块的速度也会非常快。这种情况下，区块链的数据量增长是飞快的。

在传统的数据系统中，也存在数据量不断增长导致的数据量过大的问题。以传统的交易系统为例，由于系统中的核心设计理念是保存账户的最终状态，只需要把历史的交易过程数据移到其他专门的存储设备上，主机数据库保存账户的最新状态和最近一段时间的交易记录即可。

但是在区块链系统中，保存的都是交易的过程。如果一个账户一直没有交易，它则不会出现在最新的区块中。那么按照传统数据库删除历史数据的方式，只要一个区块中有一个交易一直没有后续交易，系统就会将它转移或删除。但在区块链系统中，为了维护整个系统的密码学完整性和安全性，这个区块就必须保留，同时这个区块之后的所有区块也必须保留。

解决这个问题的最佳方案就是中本聪在设计比特币系统时所预留的：Merkle Tree 算法。

2. Merkle Tree

在比特币区块链系统中，区块的哈希值构成如图 3-7 所示：

每个区块中的 Hash 就是本区块中所有交易的总体哈希值。在不使用 Merkle Tree 的区块中，总体哈希值是把所有交易的哈希值连成一个长字符串后计算哈希值。下载数据时，首先从不可信数据源下载到哈希列表，而后从可信的数据源得到正确的根哈希，然后用它来校验哈希列表，用通过校验后的哈希列表校验数据块。

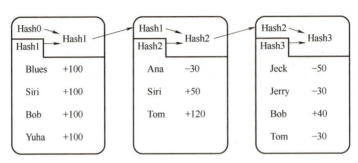

图 3-7 区块链 Hash 模型

（1）Merkle 证明

为了保证区块链系统的安全性和完整性，Merkle Tree 还提供了一种轻量级的数据验证方式——Merkle 证明，用于证明交易存在于区块链的某个区块中，是实现轻客户端的关键技术。

假设两个用户甲和乙要在两条不同区块链上完成资产交换，那么必须有一种机制来保证两个用户都真实拥有所宣称的资产，否则任何一方的用户都可以使用伪造的链上资产去兑换对方有效的链上资产。

在需要获取区块的交易信息时，先从可信源获得文件的 Merkle Root。一旦获得了 Merkle Root，就可以从其他不可信的源获取 Merkle Tree。通过可信的 Merkle Root 来检查接收到的 Merkle Tree。如果 Merkle Tree 是损坏的或者虚假的，就从其他源获得另一个 Merkle Tree，直到获得一个与可信树根匹配的 Merkle Tree。

数据互信机制就是要解决这种跨链场景下的数据可信问题，它基于 Merkle 证明机制来实现，使得一方在不需要获取另一方区块链全量数据的情况下，仍然能够快速证明另一方区块链上特定数据的真实存在性，如图 3-8 所示。

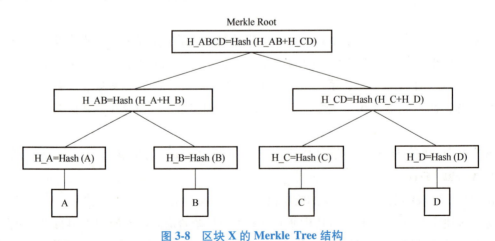

图 3-8 区块 X 的 Merkle Tree 结构

假设图 3-11 是区块 X 的 Merkle Tree 结构，如果要验证交易 D 是否在区块 X 中，无须获取整个区块 X，只需要获取交易 D、H_AB、H_C，以及 Merkle 路径则可。具体过程如图 3-9 所示：

根据交易 D 计算哈希，得到 H_D。

根据 H_C 和 H_D 计算哈希，得到 H_CD。

根据 H_AB 和 H_CD 计算哈希，得到 H_ABCD。

对比 H_ABCD 和 Merkle Root，如果相同，则证明区块 X 存在交易 D，否则说明不存在。

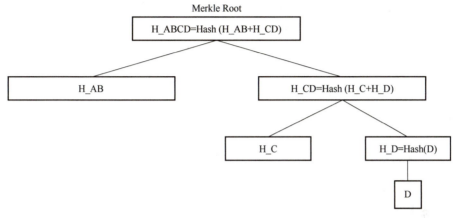

图 3-9　验证交易 D

这样，对整个区块来说，并没有改变它的密码学安全性和完整性，但是数据量可以大大减小（Hash 值只有 32B，而一笔交易一般要 400 多个字节）。因此在区块链系统中，使用 Merkle Tree 结构，通常就无须担心数据量一直增长导致数据过大的问题了。

（2）Merkle Tree 的优点

1）提供了一种验证文件的方法：轻量级验证节点，可以只存储区块头，不用存储交易，只要有附近的节点能够提供一个 Merkle 路径，叶子节点包含这笔交易，根节点和记录的 Merkle Root 一致，那么这笔交易就验证成功。

2）快速定位修改：Merkle Tree 需要的存储空间小，验证快，对于大小为 n 的文件，其算法时间复杂度 $O(\log n)$，空间复杂度 $O(\log n)$。如果交易 B 被篡改，重新构建了 Merkle Tree。只需要从根节点往下比对两棵树，很快就找到：H_ABCD 不一致→H_AB 不一致→H_B 不一致→交易 B 被篡改。

3）需要的网络传输流量小：在进行安全性和完整性的验证过程中，只需要传输 Merkle 路径中的信息即可完成验证。

4）零知识证明：已知 Merkle Root H_ABCD 是来源于交易 A、B、C、D 的。要证明交易 B 在这个区块里，但是不能透露区块里 ACD 的信息，只需要提供 B-H_B-H_AB-H_ABCD 即可。

（3）Merkle Tree 的 Python 实现

```
import hashlib,json
from collections import import OrderedDict
```

```python
# 声明类树
class Jae_MerkTree:

    # 初始化类对象
    def __init__(self, listoftransaction=None):
        self.listoftransaction = listoftransaction
        self.past_transaction = OrderedDict()

    # 创建 Merkle Tree
    def create_tree(self):

        # 继续声明
        listoftransaction = self.listoftransaction
        past_transaction = self.past_transaction
        temp_transaction = []

        # 循环至列表结束
        for index in range(0, len(listoftransaction), 2):

            # 获取最左边的元素
            current = listoftransaction[index]

            # 如果仍然存在剩余索引,则获取最左边元素的右边
            if index+1 != len(listoftransaction):
                current_right = listoftransaction[index+1]

            # 如果达到列表的限制,则创建一个空字符串
            else:
                current_right = ''

            # 对当前值应用 SHA256 函数
            current_hash = hashlib.sha256(current.encode("utf8"))

            # 右 Hash 不为空
            if current_right != '':
```

```
                current_right_hash=hashlib.sha256(current_right.encode
("utf8"))

            # 将 Transaction 添加到字典中
             past_transaction[listoftransaction[index]]=current_
hash.hexdigest()

            # 右 Hash 不为空
            if current_right!='':
                past_transaction[listoftransaction[index+1]]=cur-
rent_right_hash.hexdigest()

            # 创建新的事务列表
            if current_right!='':
                temp_transaction.append(current_hash.hexdigest()+
current_right_hash.hexdigest())

            # 如果最左边是空字符串,则只添加当前值
            else:
                temp_transaction.append(current_hash.hexdigest())

        # 更新变量并再次运行函数
        if len(listoftransaction)!=1:
            self.listoftransaction=temp_transaction
            self.past_transaction=past_transaction

            # 反复调用该函数,直到得到根函数为止
            self.create_tree()

    # 返回过去的事务
    def Get_past_transacion(self):
        return self.past_transaction

    # 获取事务的根
    def Get_Root_leaf(self):
```

```python
            last_key=list(self.past_transaction.keys())[-1]
            return self.past_transaction[last_key]

    # 声明要运行函数的主要部分
    if __name__=="__main__":

        # a) 类实例
        Jae_Tree=Jae_MerkTree()

        # b) 添加数据
        transaction=['a','b','c','d']
        Jae_Tree.listoftransaction=transaction

        # c) 开始创建Merkle Tree
        Jae_Tree.create_tree()

        # d) 检索事务
        past_transaction=Jae_Tree.Get_past_transacion()

        # e) 获取最后的事务并打印
        print('First Example-Even number of transaction Merkel Tree')
        print('Final root of the tree:',Jae_Tree.Get_Root_leaf())
        print(json.dumps(past_transaction,indent=4))
```

（4）运行结果

First Example-Even number of transaction Merkel Tree Final root of the tree:58c89d709329eb37285837b042ab6ff72c7c8f74de0446b091b6a0131c102cfd {"a":"ca978112ca1bbdcafac231b39a23dc4da786eff8147c4e72b9807785afee48bb", "b":"3e23e8160039594a33894f6564e1b1348bbd7a0088d42c4acb73eeaed59c009d", "c":"2e7d2c03a9507ae265ecf5b5356885a53393a2029d241394997265a1a25aefc6", "d":"18ac3e7343f016890c510e93f935261169d9e3f565436429830faf0934f4f8e4", "ca978112ca1bbdcafac231b39a23dc4da786eff8147c4e72b9807785afee48bb3e 23e8160039594a33894f6564e1b1348bbd7a0088d42c4acb73eeaed59c009d": "62af5c3cb8da3e4f25061e829ebeea5c7513c54949115b1acc225930a90154da", "2e7d2c03a9507ae265ecf5b5356885a53393a2029d241394997265a1a25aefc618

```
ac3e7343f016890c510e93f935261169d9e3f565436429830faf0934f4f8e4":
"d3a0f1c792ccf7f1708d5422696263e35755a86917ea76ef9242bd4a8cf4891a",
"62af5c3cb8da3e4f25061e829ebeea5c7513c54949115b1acc225930a90154dad3
a0f1c792ccf7f1708d5422696263e35755a86917ea76ef9242bd4a8cf4891a":
"58c89d709329eb37285837b042ab6ff72c7c8f74de0446b091b6a0131c102cfd" }
```

3.3 密码算法

公钥加密的引入标志着密码学的一场革命，在此之前，密码学家完全依靠共享的密钥来实现私人通信。公钥密码算法中的密钥分为公钥和私钥，用户或系统产生一对密钥，将其中的一个公开，就是公钥，另一个自己保留，就是私钥。相比之下，公钥技术使双方无须事先商定任何秘密信息而实现私下通信。一般情况下，通信时，发送方利用公钥对信息进行加密，接收方利用私钥对信息进行解密，从而完成通信。当然，也可用私钥加密，公钥解密。因为加密与解密用的是两个不同的密钥，所以这种算法也叫作非对称加密算法。有代表性的公钥密码算法有 RSA 算法、椭圆曲线密码算法和 Diffie-Hellman 密钥交换算法等。

公钥密码体制的两个重要原则如下：

第一，要求在加密算法和公钥都公开的前提下，其加密的密文必须是安全的。

第二，要求对所有加密的人和掌握私人密钥的解密人，他们的计算或处理都应比较简单，但对其他不掌握秘密密钥的人，破译应是极其困难的。

3.3.1 RSA 算法概述

经典的公钥密码算法，1978 年由 Ron Rivest、Adi Shamir、Leonard Adleman 共同提出，三人于 2002 年因此获得图灵奖。算法利用了大数质因子分解困难的特性，换言之，对一个极大整数做因数分解越困难，RSA 算法越可靠。假如有人找到一种快速因数分解的算法，那么用 RSA 加密信息的可靠性就会极度下降。但找到这样的算法的可能性是非常小的。到目前为止，只有短的 RSA 钥匙才可能被强力方式解破，而世界上还没有任何可靠的攻击 RSA 算法的方式。

3.3.2 RSA 算法密钥生成过程

1) 随机选择两个比较大的、不相同的质数 p 和 q，且满足 p 不等于 q。在实际应用中，两个质数选的越大就越难破解。

2) 计算 $n=pq$，n 的二进制位数就是密钥的长度。实际应用中，RSA 密钥一般是 1024 位，重要场合则为 2048 位。

3) 计算 n 的欧拉函数 $\varphi(n)$，欧拉函数 $\varphi(n)$ 是指对于正整数 n，小于或等于 n 的正整数与 n 互质的数的个数。于是，$\varphi(n)=\varphi(pq)=(p-1)(q-1)$。

4)随机选择一个小于1,并与 $\varphi(n)$ 互质的整数 e,计算 e 关于 $\varphi(n)$ 的模反元素 $d(ed=1 \bmod \varphi(n))$ 模反元素存在,当且仅当 e 与 $\varphi(n)$ 互质),e 通常取 65537。

如果两个正整数 a 和 n 互质,那么一定可以找到整数 b,使得 $ab-1$ 被 n 整除,或者说 ab 被 n 除的余数是 1。

5)销毁 p 和 q,将 n 和 e 封装成公钥,n 和 d 封装成私钥。此时得到的 (n,e) 便是公钥,(n,d) 为私钥,公钥 (n,e) 用于公开传送,而 (n,d) 则需要藏起来,一对公钥和私钥就产生了。

回顾整个密钥生成步骤,一共出现了六个数字:

p,q:随机挑选的两个大质数。

n:是由两个大质数 p 和 q 相乘得到的,$n=pq$。

$\varphi(n)$:由欧拉函数得到的 n 的值,$\varphi(n)=\varphi(p)\varphi(q)=(p-1)(q-1)$。

e:随机选择的和 $\varphi(n)$ 互质的数字,实际中通常选择 65537。

d:d 是以欧拉定理为基础求得的 e 关于 $\varphi(n)$ 的模反元素,$ed=1(\bmod \varphi(n))$。

这六个数字之中,公钥用到了两个(n 和 e),其余四个数字都是不公开的。其中最关键的是 d,因为 n 和 d 组成了私钥,一旦 d 泄漏,就表示私钥泄漏。

在实际应用中,RSA 这种非对称加密算法很安全,那么到底为何说它安全呢?

n 和 e 都会公开使用,最为重要的就是私钥中的 d,d 一旦泄露,加密也就失去了意义。得到 d 的过程如下:

1)已知知道 e 和 $\varphi(n)$,而 d 是 e 关于 $\varphi(n)$ 的模反元素。

2)而 $\varphi(n)=(p-1)(q-1)$,所以知道 p 和 q 就能得到 d。

3)$n=pq$,从公开的数据中只知道 n 和 e,所以问题的关键就是通过对 n 做因式分解能不能得出 p 和 q。

通过上文的介绍更加深入理解了非对称加密的原理:将 a 和 b 相乘得出乘积 c 很容易,但想要通过乘积 c 推导出 a 和 b 极难,尤其对一个大数进行因式分解更难。

事实上,目前被破解的最长 RSA 密钥就是 768 位,而实际使用一般是 1024 位或是 2048 位,所以在理论上是安全的。

3.3.3 RSA 算法的加密和解密

有了公钥和密钥,就能进行加密和解密了。

1. RSA 加密

加密要用公钥 (n,e),将要发送的字符串分割为长度为 $m<n$ 的分组,然后对分组执行加密运算,得到密文。实际上,RSA 的加密过程可以使用一个通式来表达:

$$密文 = (明文^e) \bmod n \tag{3-2}$$

也就是说 RSA 加密是对明文的 e 次方除以 n 后求余数的过程。

2. RSA 解密

收到密文后,接收者使用自己的私钥执行解密运算,得到明文。RSA 的解密同样可以使用一个通式来表达：

$$明文 = (密文^d) \bmod n \tag{3-3}$$

也就是说对密文进行 d 次方后除以 n 的余数就是明文。

3.3.4 RSA 算法的设计流程

1. 大素数的产生和测试

Miller-Rabin 算法是一种基于概率的素数测试方法，在密码学的素数产生中，由于该算法速度快、原理简单、易于实现，成为进行素数检测的最佳选择。Miller-Rabin 算法是对费马算法改进，它的操作步骤如下：

1) 计算 m，满足 $n = 2^{\varphi(n)} \times m + 1$。
2) 选择随机数 $a \in [1, n]$。
3) 若 $(a \times m) \bmod n = 1$，或满足 $(a \times m) \bmod n = n-1$，则 n 通过随机数 a 的测试。
4) 再取不同的 a 对 n 进行 $t = 5$ 次测试，如果每次测试结果为 n 是素数，则以高概率判定 n 是素数。假设 n 通过 t 次测试，则判定结果错误的概率是 $1/4t$；若只通过一次测试，素数判定的错误概率是 25%。

流程图如图 3-10 所示：

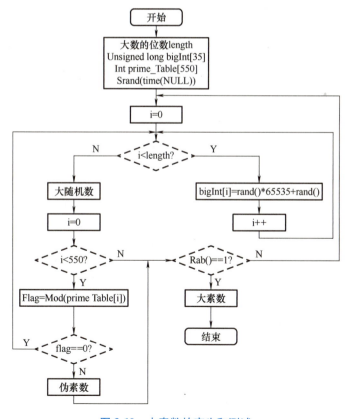

图 3-10　大素数的产生和测试

2. 密钥 e 生成模块

通过上面的 e 的大素数生成模块，可以得到大素数 p 和大素数 q，根据欧拉函数 $\varphi(n) = (p-1)(q-1)$，同时密钥 e 与 $\varphi(n)$ 互质，根据中国剩余定理可以计算密钥 e，流程图如 3-11 所示。

3. 密钥 d 生成模块

通过大素数生成模块得到大素数 p 和 q，密钥 e 生成模块，根据 $1 = ed \bmod (p-1)(q-1)$。利用中国剩余定理计算 e 的乘法逆元 d。

快速指数算法得到 e 后，就可以通过公钥 (e,n) 进行加密得到密文 C。在 RSA 加密过程中，为了计算 $ci \equiv (mi)^e \bmod n$，采用快速指数算法。将快速指数算法描述为三元组 (M,E,Y)，其初始值为 (M,E,Y) = (mi,e,1)。重复执行以下操作：

1）若 E 是奇数，则 $Y = MY \bmod n$，$E = E-1$。
2）若 E 是偶数，则 $X = XX \bmod n$，$E = E/2$。
3）当 E = 0 时，$Y = X^E \bmod n$。

RSA 加密和解密算法流程如图 3-12 所示：

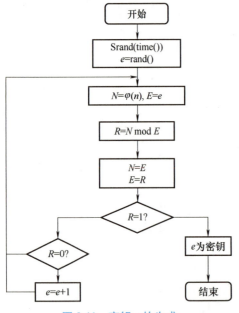

图 3-11　密钥 e 的生成

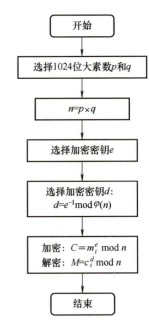

图 3-12　RSA 加密和解密算法流程图

4. RSA 算法的 Python 实现

```
def range_prime(start,end):
    l=list()
    for i in range(start,end+1):
        flag=True
```

```python
        for j in range(2,i):
            if i%j==0:
                flag=False
                break
        if flag:
            l.append(i)
    return l
def generate_keys(p,q):
    #numbers=(11,13,17,19,23,29,31,37,41,43,47)
    numbers=range_prime(10,100)
    N=p*q
    C=(p-1)*(q-1)
    e=0
    for n in numbers:
        if n<C and C%n>0:
            e=n
            break
    if e==0:
        raise StandardError("e not found") #Python3 中改为 BaseException
    d=0
    for n in range(2,C):
        if(e*n)%C==1:
            d=n
            break
    if d==0:
        raise StandardError("d not found")
    return ((N,e),(N,d))
def encrypt(m,key):
    C,x=key
    return (m**x)%C
decrypt=encrypt
if __name__=='__main__':
    pub,pri=generate_keys(47,79)
    L=range(20,30)
    C=map(lambda x:encrypt(x,pub),L)
    D=map(lambda x:decrypt(x,pri),C)
```

5. 对算法进行单元测试：

```
print 'keys:',pub,pri
print 'message:',L
print 'encrypt:',C
print 'decrypt:',D
```

6. 测试结果如下：

```
keys:(3713,11) (3713,1631)
message:[20,21,22,23,24,25,26,27,28,29]
encrypt:[ 406L, 3622L, 3168L, 134L, 3532L, 263L, 1313L, 2743L, 2603L,
1025L]
decrypt:[20L,21L,22L,23L,24L,25L,26L,27L,28L,29L]
```

3.3.5 椭圆曲线密码算法

椭圆曲线密码算法（Elliptic Curves Cryptography，ECC）是基于椭圆曲线数学的一种非对称密码算法，是建立在基于椭圆曲线的离散对数问题上的密码体制。随着分解大整数方法的进步以及各方面的完善，RSA 算法渐渐不能满足现状，ECC 算法的需求性逐渐增大。ECC 算法以其明显的"短密钥"优势得到了广泛应用，并逐渐被确定为许多编码方式的数字签名标准。当然，ECC 还有许多未解决的问题，不过这种引用了丰富数学理论的算法，也印证了将数学中更多的有较大可行性理论应用到密码学这一领域中。

首先从数学角度阐释算法加密原理。ECC 数学基础是有限域上椭圆曲线离散对数问题（ECDLP）的计算困难性，椭圆曲线是指由韦尔斯特拉方程，其椭圆曲线方程如下：

$$y_2 + a_1 xy + a_2 y = x^3 + a_3 x_2 + a_4 x + a_5 \tag{3-4}$$

椭圆曲线坐标表示如图 3-13 所示：

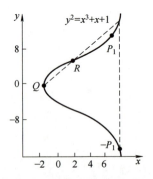

图 3-13　椭圆曲线坐标表示

其中，系数 a_i 定义在某个域上（密码算法中需要把连续曲线变为有限域上的点，故 a_i

也定义在有限域中）。曲线上所有点和一个无穷远的点构成一个集合，连同定义上的加法（例如 $a+b\equiv c(\bmod p)$）公式构成阿贝尔群。由于曲线上每一点都是非奇异点，故可在椭圆曲线上找到两点 P、Q，且存在如下关系式：

$$mP=P+P+\cdots+P=Q \tag{3-5}$$

由此可见，已知 m、P 得到 Q 较为容易，反之，由 Q 逆向计算 m、P 的难度却较大，椭圆曲线密码正是基于该机制来展开设计及应用。

下面对 ECC 算法中常用的 secp256k1 进行介绍。

（1）简介

secp256k1 是区块链中应用最多的椭圆曲线算法，源于比特币中的应用，后来大多数区块链项目如 Ethereum 等都在使用。名称中的前三个字母 sec 代表 Standards for Efficient Cryptography，后面的 p256k1 指的是参数 256 位素数域。secp256k1 为基于 Fp 有限域（伽罗瓦域）上的椭圆曲线，由于其构造的特殊性，其优化后的实现比其他曲线在性能上可以提高 30%。secp256k1 有以下两个优点：

1）占用很少的带宽和存储资源，密钥的长度很短。

2）让所有用户都可以使用同样的操作完成域运算。

一条椭圆曲线可以使用二元三次方程来表示，比如 $y^2=x^3+7$，在平面中的椭圆曲线上的加法对应到几何上要根据线截取曲线的位置来定义。在这里不讨论几何，统一将它们归结为一组涉及实数的方程，但实际上也没有在实数域上去工作，而是在有限域 $G(p)$。其中，$p=2^{256}-2^{32}-977$，这里选择 p 相对接近 2^{256}。但请注意，它并不一定是小于 2^{256} 的最大素数，因为 p 和 2^{256} 之间有很多素数，其他因素也同样影响着 p 的选择。

（2）密钥的压缩形式和非压缩形式

接下来，在椭圆曲线上选择一个基点 g。secp256k1 定义的标准解释中压缩形式的基点 g 为 0279BE667EF9DCBBAC55A06295CE870B07029BFCDB2DCE28D959F2815B16F81798；而未压缩形式的基点 g 为 040x79BE667EF9DCBBAC55A06295CE870B07029BFCDB2DCE28D959F2815B16F81798483ADA7726A3C4655DA4FBFC0E1108A8FD17B448A68554199C47D08FFB10D4B8。基点是椭圆曲线上特别选择的点，因此它是一对数字，而不是单个数字。

在压缩形式下，只给出了 x，y 需要自己去解出，而在未压缩的形式下，x 和 y 都已被直接提供。但是，这些数字是略微编码的。在压缩形式中，字符串以"02"或"03"开头，字符串的其余部分是的十六进制表示：

$$y^2=x^3+7\bmod p$$

"02"或"03"会表征选择哪一个。如果压缩形式以"02"开头，则选择最低有效位为偶数的根。如果压缩形式从"03"开始，则选择最低有效位为奇数的根。未压缩的将始终以"04"开头。在此之后，按照 x 和 y 连接在一起的十六进制表示形式。

实际上，无论哪种情况，都有：

$x=$ 79BE667EF9DCBBAC55A06295CE870B07029BFCDB2DCE28D959F2815B16F81798

$y=$ 483ADA7726A3C4655DA4FBFC0E1108A8FD17B448A68554199C47D08FFB10D4B8

（3）椭圆曲线密码算法的 Python 实现

```
# -*-coding:utf-8 *-
#author:DYBOY
#time:2019-3-22 10:12:59
# description:ECC 实现
"""
    考虑 K=kG,其中 K、G 为椭圆曲线 Ep(a,b)上的点,n 为 G 的阶,k 为小于 n 的
整数。
    则给定 k 和 G,根据加法法则,计算 K 很容易但反过来,给定 K 和 G,求 k 就非常
困难。
    因为实际使用中的 ECC 原则上把 p 取得相当大,n 也相当大,要把 n 个解点逐一
算出来是不可能的。
    这就是椭圆曲线密码算法的数学依据
    点 G 称为基点(base point)
    k(k<n)为私有密钥(privte key)
    K 为公开密钥(public key)
"""


def get_inverse(mu,p):
    """
    获取 y 的负元
    """
    for i in range(1,p):
        if (i*mu)%p==1:
            return i
    return-1



def get_gcd(zi,mu):
    """
    获取最大公约数
    """
    if mu:
        return get_gcd(mu,zi%mu)
```

```
        else:
            return zi


def get_np(x1,y1,x2,y2,a,p):
"""
    获取 n*p,每次+p,直到求解阶数 np=-p
"""
    flag=1    # 定义符号位(+/-)


    # 如果 p=q   k=(3x2+a)/2y1mod p
    if x1==x2 and y1==y2:
        zi=3*(x1**2)+a    # 计算分子        【求导】
        mu=2*y1        # 计算分母


    # 若 P≠Q,则 k=(y2-y1)/(x2-x1) mod p
    else:
    zi=y2-y1
    mu=x2-x1
    if zi*mu<0:
        flag=0            # 符号 0 为-(负数)
        zi=abs(zi)
        mu=abs(mu)


    # 将分子和分母化为最简
    gcd_value=get_gcd(zi,mu)        # 最大公约数
    zi=zi // gcd_value              # 整除
    mu=mu // gcd_value
    # 求分母的逆元。逆元: ∀a ∈G, ∃b∈G 使得 ab=ba=e
    # P(x,y)的负元是 (x,-y mod p) = (x,p-y)
    inverse_value=get_inverse(mu,p)
    k=(zi*inverse_value)


    if flag==0:                     # 斜率负数 flag==0
        k=-k
```

```
            k=k%p
            # 计算 x3,y3 P+Q
    """
            x3≡k2-x1-x2(mod p)
            y3≡k(x1-x3)-y1(mod p)
    """
            x3=(k**2-x1-x2)%p
            y3=(k*(x1-x3)-y1)%p
            return x3,y3


def get_rank(x0,y0,a,b,p):
    """
        获取椭圆曲线的阶
    """
            x1=x0                   #-p 的 x 坐标
            y1=(-1*y0)%p            #-p 的 y 坐标
            tempX=x0
            tempY=y0
            n=1
            while True:
                n+=1
                # 求 p+q 的和,得到 n*p,直到求出阶
                p_x,p_y=get_np(tempX,tempY,x0,y0,a,p)
                # 如果==-p,那么阶数+1,返回
                if p_x==x1 and p_y==y1:
                    return n+1
                tempX=p_x
                tempY=p_y


def get_param(x0,a,b,p):
    """
        计算 p 与-p
    """
```

```
        y0=-1
        for i in range(p):
            # 满足取模约束条件,椭圆曲线 Ep(a,b),p 为质数,x,y∈[0,p-1]
            if i**2%p==(x0**3+a*x0+b)%p:
                y0=i
                break

        # 如果 y0 没有,返回 false
        if y0==-1:
            return False

        # 计算-y(负数取模)
        x1=x0
        y1=(-1*y0) % p
        return x0,y0,x1,y1


def get_graph(a,b,p):
    """
    输出椭圆曲线散点图
    """
    x_y=[]
    # 初始化二维数组
    for i in range(p):
        x_y.append([' ' for i in range(p)])

    for i in range(p):
        val=get_param(i,a,b,p)    # 椭圆曲线上的点
        if(val!=False):
            x0,y0,x1,y1=val
            x_y[x0][y0]=1
            x_y[x1][y1]=1

    print('椭圆曲线的散列图为:')
    for i in range(p):                      # i=0-> p-1
```

```python
            temp=p-1-i          #倒序

            if temp>=10:
                print(temp,end='')
            else:
                print(temp,end='')

            #输出具体坐标的值,一行
            for j in range(p):
                print(x_y[j][temp],end='')
            print('')    #换行

    #输出 x 坐标轴
    print('',end='')
    for i in range(p):
        if i>=10:
            print(i,end='')
        else:
            print(i,end='')
    print('\n')


def get_ng(G_x,G_y,key,a,p):
    """
    计算 nG
    """
    temp_x=G_x
    temp_y=G_y
    while key!=1:
        temp_x,temp_y=get_np(temp_x,temp_y,G_x,G_y,a,p)
        key-=1
    return temp_x,temp_y


def ecc_main():
```

```
while True:
    a=int(input('请输入椭圆曲线参数a(a>0)的值:'))
    b=int(input('请输入椭圆曲线参数b(b>0)的值:'))
    p=int(input('请输入椭圆曲线参数p(p为素数)的值:'))    #用作模运算

    #条件满足判断
    if (4*(a**3)+27*(b**2))%p==0:
        print('您输入的参数有误,请重新输入!!! \n')
    else:
        break

#输出椭圆曲线散点图
get_graph(a,b,p)

#选点作为G点
print('user1:在如上坐标系中选一个值为G的坐标')
G_x=int(input('user1:请输入选取的x坐标值:'))
G_y=int(input('user1:请输入选取的y坐标值:'))

#获取椭圆曲线的阶
n=get_rank(G_x,G_y,a,b,p)

#user1生成私钥key
key=int(input('user1:请输入私钥小key(<{}):'.format(n)))

#user1生成公钥KEY
KEY_x,kEY_y=get_ng(G_x,G_y,key,a,p)

#user2阶段
#user2拿到user1的公钥KEY以及Ep(a,b)的阶n,用于加密需要加密的明文数据
#加密准备
k=int(input('user2:请输入一个整数k(<{})用于求kG和kQ:'.format(n)))
```

```
        k_G_x,k_G_y=get_ng(G_x,G_y,k,a,p)                              # kG
        k_Q_x,k_Q_y=get_ng(KEY_x,kEY_y,k,a,p)                          # kQ

        # 加密
        plain_text=input('user2:请输入需要加密的字符串:')
        plain_text=plain_text.strip()
        #plain_text=int(input('user1:请输入需要加密的密文:'))
        c=[]
        print('密文为:',end='')
        for char in plain_text:
            intchar=ord(char)
            cipher_text=intchar*k_Q_x
            c.append([k_G_x,k_G_y,cipher_text])
            print('({},{}),{}'.format(k_G_x,k_G_y,cipher_text),end='-')


        # user1 阶段
        # 拿到 user2 加密的数据进行解密
        # 知道 k_G_x,k_G_y,key 的情况下,求解 k_Q_x,k_Q_y 是容易的,plain_text=cipher_text/k_Q_x
        print('\nuser1 解密得到明文:',end='')
        for charArr in c:
            decrypto_text_x,decrypto_text_y=get_ng(charArr[0],charArr[1],key,a,p)
            print(chr(charArr[2]//decrypto_text_x),end='')

            #inverse_value=get_inverse(decrypto_text_x,p)
            #text=charArr[2]*inverse_value%p
            #print(text,end='')


    if __name__=='__main__':
        print("**************ECC 椭圆曲线加密**************")
        ecc_main()
```

算法测试结果如下：

```
请输入椭圆曲线参数 a(a>0)的值:4
请输入椭圆曲线参数 b(b>0)的值:8
请输入椭圆曲线参数 p(p为素数)的值:7
椭圆曲线的散列图为:
6 1 - - - - -
5 - - - 1 - -
4 - - - - - -
3 - - - - - -
2 - - - 1 - -
1 1 - - - - -
0
  0 1 2 3 4 5 6
user1:在如上坐标系中选一个值为 G 的坐标
user1:请输入选取的 x 坐标值:0
user1:请输入选取的 y 坐标值:1
user1:请输入私钥小 key(<5):2
user2:请输入一个整数 k(<5)用于求 kG 和 kQ:1
user2:请输入需要加密的字符串:tuoyuanquxian
密文为:(0,1),464-(0,1),468-(0,1),444-(0,1),484-(0,1),468-(0,1),388-(0,1),440-(0,1),452-(0,1),468-(0,1),480-(0,1),420-(0,1),388-(0,1),440-(0,1)
user1 解密得到明文:tuoyuanquxian
```

3.3.6 Diffie-Hellman 密钥交换算法

1. 简介

D-H 密钥交换（Diffie-Hellman key exchange，D-H）算法是一种安全协议，用于双方在一个不安全的通信网络上建立一个共享的密钥，有了共享密钥以后，就可以使用这个密钥加密交互消息。由于通信双方最终使用的密钥相同，所以可以认为该协议目标是创建一个对称密钥。该协议也称迪菲-赫尔曼密钥协议，是以发明人的名字命名的。

D-H 密钥交换本身是一个匿名（无认证）的密钥交换协议，它却是很多认证协议的基础，并且被用来提供传输层安全协议的短暂模式中的前向安全性。

2. 交换流程

假设 First 有自己的私钥 a，Second 有自己的私钥 b，a 和 b 均小于 p，且私钥绝对保密。交换过程如下：

1) First 用私钥 a 生成 A，过程如下：$A = g^a \bmod p$，然后通过信道发送出去。

2）Second 用私钥 b 生成 B，过程如下：$B = g^b \bmod p$，然后通过信道发出去。

3）First 收到 B 后执行 $B^a \bmod p = Fkey$。

4）Second 收到 A 后执行 $A^b \bmod p = Skey$。

5）$Fkey = Skey$（因为 $Fkey = (g^b)^a \bmod p$，而 $Skey = (g^a)^b \bmod p$，故相等）。

进而达到共享密钥的目的，两者通信时可通过 $Fkey$ 这个公共密钥加密后面的通信内容。整个过程中因为只有 g、p、A、B 是公开的，私钥 a、b 是保密的，故基于离散对数运算，公共密钥很难被破解。

3. 安全性

D-H 密钥交换算法本身并没有提供通信双方的身份验证服务，所以有可能会被中间人攻击。一个中间人在信道的中间分别和 A、B 进行两次 D-H 密钥交换，就能够成功地向 A 假装 B，向 B 假装 A。此时攻击者可以读取任何一个人的信息并重新加密，然后传递给另一个人。因此通常需要一个能够验证通信双方身份的机制来防止这类攻击。有很多种安全身份验证解决方案使用到了 D-H 密钥交换。当 A 和 B 共有一个公钥基础设施时，可以将他们的返回密钥进行签名。

4. 密钥交换算法的 Python 实现

1）有两个全局公开的参数，素数 p 和整数 a，a 是 p 的一个原根（对于正整数 $\gcd(a, m) = 1$，如果 a 是模 m 的原根，那么 a 是整数模 m 乘法群的一个生产元）。

2）假设用户 A 和 B 希望交换一个密钥，用户 A 选择一个作为私有密钥的随机数 $XA < p$，并计算公开密钥 $YA = a^{XA} \bmod p$，A 对 XA 的值保密存放而使 YA 能被 B 公开获得。类似地，用户 B 选择一个私有的随机数 $XB < p$，并计算公开密钥 $YB = a^{XB} \bmod p$。B 对 XB 的值保密存放而使 YB 能被 A 公开获得。

3）用户 A 产生共享密钥的计算方式是 $K = YB^{XA} \bmod p$。同样，用户 B 产生共享密钥的计算是 $K = YA^{XB} \bmod p$。这两个计算产生相同的结果，如图 3-14 所示。

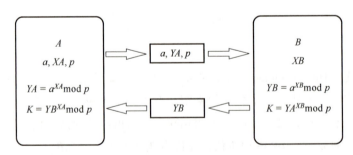

图 3-14 密钥交换过程

5. 源代码

```
import math
import random
```

```
def judge_prime(p):
#素数的判断
        if p<=1:
                return False
        i=2
        while i*i<=p:
                if p%i==0:
                        return False
                i+=1
        return True


def get_generator(p):
#得到所有的原根
        a=2
        list=[]
        while a<p:
                flag=1
                while flag!=p:
                        if (a**flag)%p==1:
                                break
                        flag+=1
                if flag==(p-1):
                        list.append(a)
                a+=1
        return list


#A,B得到各自的计算数
def get_calculation(p,a,X):
    Y=(a**X)%p
    return Y


#A,B得到交换计算数后的密钥
def get_key(X,Y,p):
    key=(Y**X)%p
    return key
```

```python
if __name__=="__main__":

    #得到规定的素数
    flag=False
    while flag==False:
        print('Please input your number(It must be a prime!):', end='')
        p=input()
        p=int(p)
        flag=judge_prime(p)
    print(str(p)+'is a prime! ')

    #得到素数的一个原根
    list=get_generator(p)
    print(str(p)+'的一个原根为:',end='')
    print(list[-1])
    print('--------------------------------------------------------------')

    #得到A的私钥
    XA=random.randint(0,p-1)
    print('A 随机生成的私钥为:%d'% XA)

    #得到B的私钥
    XB=random.randint(0,p-1)
    print('B 随机生成的私钥为:%d'% XB)
    print('--------------------------------------------------------------')

    #得待A的计算数
    YA=get_calculation(p,int(list[-1]),XA)
    print('A 的计算数为:%d'% YA)

    #得到B的计算数
    YB=get_calculation(p,int(list[-1]),XB)
    print('B 的计算数为:%d'% YB)
    print('--------------------------------------------------------------')
```

```
#交换后 A 的密钥
key_A=get_key(XA,YB,p)
print('A 的生成密钥为:%d'% key_A)

#交换后 B 的密钥
key_B=get_key(XB,YA,p)
print('B 的生成密钥为:%d'% key_B)
print('----------------------------True or False----------------------------')

print(key_A==key_B)
```

6. 算法测试结果

```
Please input your number(It must be a prime!):
127
127 is a prime!
127 的一个原根为:118
--------------------------------------------------------------
A 随机生成的私钥为:54
B 随机生成的私钥为:5
--------------------------------------------------------------
A 的计算数为:32
B 的计算数为:6
--------------------------------------------------------------
A 的生成密钥为:16
B 的生成密钥为:16
--------------------------True or False--------------------------
True
```

3.4 数字签名

随着数据存储和通信技术的革命,数字信息可以方便地被存储、复制、更改和传输,这些操作非常实用,但是存在一些安全问题。在隐私、身份验证和数据完整性备受关注的领域,单纯的数字被认为是不可靠的,除非附加一些安全程序。

数字签名是一种数学方案,它保证了会话的私密性、数据的完整性、数字消息/发送者的真实性以及发送者的不可否认性。数字签名嵌入在某些硬件设备中,或作为文件存在于存储设备上。

数字签名是一种身份验证机制，它使消息的发送者能够附加一个作为签名的唯一代码。通常，签名是通过获取消息的哈希值并使用发送者的私钥对消息进行加密而形成的。签名保证消息的来源和完整性。数字签名标准是使用安全哈希算法的 NIST 标准。普通消息、消息签名和发送方的公钥打包在一起，然后使用接收方的公钥将其转换为已签名和加密的消息。接收者解压接收到的消息，该消息是经过签名和加密的消息，然后使用相同的哈希函数计算接收到的消息的消息摘要，并与解密的签名进行比较。数字签名可分为两个过程：

签名和加密过程，如图 3-15 所示。

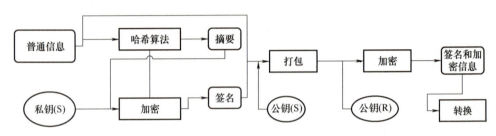

图 3-15　签名和加密过程

解密和验证流程，如图 3-16 所示。

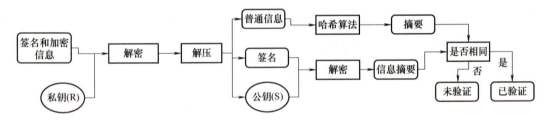

图 3-16　解密和验证流程

1. 签名和加密

1）哈希：在此步骤中，计算小消息摘要，这是消息的唯一表示形式。此评估可确保消息的完整性。数字签名应用于这个较小的消息摘要。此求值生成唯一的代码。

2）加密在此步骤中，使用发送方的私钥对消息摘要进行加密。它用于对消息摘要进行签名。通过使用发送方相应的公钥对消息签名进行解密，可以恢复原始消息。为了获得不可否认性，执行签名。

3）打包将普通邮件、邮件签名和发件人的公钥打包到一个单独的打包单元中。

4）再加密包含普通消息和消息签名以及发送者的公共消息的消息的单个打包单元使用收据的公钥进行加密，以形成签名和加密消息。

2. 解密和验证

1）解密。在这些步骤中，使用接收方的私钥对接收到的经过签名和加密的消息进行解密，以形成包含普通消息、签名和发送方公钥的消息压缩单元。

2）解包。解包是指将解密消息分割为纯文本消息、消息签名和发送方的公钥三部分。最后一步中解密的消息被解包为纯文本消息、消息签名和发送方的公钥。

3）哈希。在这一步中，对接收到的消息进行解密和解包后获得的纯文本消息被输入到散列函数中，发送方使用散列函数来计算消息摘要。

4）再解密。在这一步中，使用发送方收到的公钥对收到的消息签名进行解密。通过解密，在传输消息之前计算消息摘要。

5）比较。最后在这一步中，对接收到的消息签名和从接收方接收的普通消息计算出的消息摘要进行解密后获得消息摘要。

签名和加密的数据或消息只能使用收件人的正确私钥解密，从而确保隐私。哈希和签名验证提供了完整性、真实性和不可否认性。实际上，数字签名是消息身份验证码的公钥对应物，其语法和安全保证类似。将发送方用于加密的算法以符号表示，该算法的输出称为签名。

理论上所有的非对称加密算法都可以用来实现数字签名，实践中常用算法包括1991年8月NIST提出的基于ElGamal算法和安全强度更高的基于椭圆曲线算法（Elliptic Curve Digital Signature Algorithm，ECSDA）等。

除普通的数字签名应用场景外，针对一些特定的安全需求，产生了一些特殊数字签名技术，包括盲签名、多重签名、群签名、环签名等。

1）盲签名（Blind Signature），1982年由David Chaum在论文 *Blind Signatures for Untraceable Payment* 中提出。签名者需要在无法看到原始内容的前提下对信息进行签名。盲签名可以实现对签名内容的保护，防止签名者看到原始内容；另一方面，盲签名还可以实现防止追踪（Unlinkability），签名者无法将签名内容和签名结果进行对应。

2）多重签名（Multiple Signature），指 n 个签名者中，收集到至少 m 个（$n \geq m \geq 1$）的签名，即认为合法。其中，n 是提供的公钥个数，m 是需要匹配公钥的最少的签名个数。多重签名可以有效地被应用在多人投票共同决策的场景中。例如双方进行协商，第三方作为审核方，三方中任何两方达成一致即可完成协商。

3）群签名（Group Signature），指某个群组内一个成员可以代表群组进行匿名签名。签名可以验证来自于该群组，却无法准确追踪到签名的是哪个成员。群签名需要存在一个群管理员来添加新的群成员，因此存在群管理员可能追踪到签名成员身份的风险。

4）环签名（Ring Signature），由Rivest、Shamir和Tauman三位密码学家在2001年首次提出。环签名属于一种简化的群签名。签名者首先选定一个临时的签名者集合，集合中包括签名者自身。然后签名者利用自己的私钥和签名集合中其他人的公钥就可以独立产生签名，而无须他人的帮助。签名者集合中的其他成员可能并不知道自己被包含在最终的签名中。环签名在保护匿名性方面也具有很多用途。

3. 安全性

数字签名算法自身的安全性由数学问题进行保护。但在实践中，各个环节的安全性都十分重要，一定要严格遵循标准流程。

例如，目前常见的数字签名算法需要选取合适的随机数作为配置参数，配置参数不合理的使用或泄露都会造成安全漏洞和风险。

2010 年 8 月，SONY 公司因为其 PS3 产品上采用十分安全的 ECDSA 进行签名时，不慎采用了重复的随机参数，导致私钥被最终破解，造成重大经济损失。

3.5　零知识证明

由于存储于区块链中的数据或信息拥有"不可篡改""全程留痕""可追溯""公开透明""去中心化"等特征，区块链技术奠定了坚实的"信任"基础，创造了可靠的"合作"机制，得到了国家的重视和大力支持，拥有广阔的运用前景。零知识证明由于能在区块链应用中增强隐私性和安全性，也得到了广泛关注。

零知识证明（Zero-Knowledge Proof）是由 S. Goldwasser、S. Micali 以及 C. Rackoff 在 20 世纪 80 年代初首次提出的。它指的是证明者能够在不向验证者提供任何有用信息的情况下，使验证者相信某个论断是正确的。证明者向验证者证明并使其相信自己知道或拥有某一数据，但证明过程不能向验证者泄漏任何关于被证明数据的信息。最终，他们能够证明通过证明者到验证者之间的一些交互，可以从根本上减少两者之间需要传递的知识数量。他们主要关注的是信息泄漏的问题，也就是验证者在验证一个声明是否有效的过程中会了解到多少信息。

对于登录网站而言，运营者在 Web 服务器上存储了用户的密码的哈希值，为了验证用户实际上知道密码，目前大部分网站采用的方式是服务器对用户输入的密码进行哈希计算，并与已存结果对比，但是这种方式的弊端在于，服务器在计算的过程中，用户的输入密码是已知的，一旦服务器被攻击，用户的密码也就泄露了。如果能够实现零知识证明，那么就可以在不知道用户密码的前提下，进行用户登录的验证，即使服务器被攻击，由于并未存储用户明文密码，用户的账户还是安全的。

下面再举一个更直观的例子。如图 3-17 所示是一个山洞，入口处有两条路 A 和 B，这两条路在山洞深处被一道门给隔开，只有说出开门魔咒门才能打开。这里涉及两个角色 P（Proofer）和 V（Verifier），P 试图向 V 证明，他知道开门魔咒。P 自然不能直接将魔咒告诉 V；V 则一定不会轻易相信 P。他们可以做如下操作：

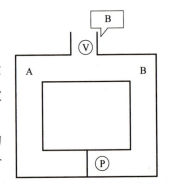

图 3-17　零知识证明举例

1）P 从 A、B 两条路中随机选择一条走进去，如果 P 真的有开门魔咒，他需要现在将门打开；这时，V 在洞外等着，对 P 选择了哪条路一无所知。

2）等待足够长时间后，V 进入山洞，然后也从 A、B 中随机选择一个并且大声喊出来，譬如，"B！"。

3）P 听到 V 的声音后便从对应的那条路走出来。如果 P 确实知道开门魔咒，那么无论自己和 V 分别选择的是 A 还是 B，P 都能正确地从 V 报出的路走出来。相反，如果 P 不知道魔咒，那么他只有 1/2 的概率会做到。而从 V 的角度来说，如果他看到 P 从正确的路出来了，他便有 50% 的把握肯定 P 确实知道魔咒；

4）将第 1~3 步重复 N 次，如果 P 每次都能做对，那么 V 便有 $1-0.5^N$ 的把握相信 P。例如，$N=5$，可靠性就是 96.9%，已经足够好了。更重要的是，V 对于魔咒仍然一无所知。

这便是零知识证明。零知识证明可以分为交互式和非交互式两种。对于交互式而言，它要求验证者不断对证明者所拥有的"知识"进行一系列提问，证明者通过回答一系列问题，让验证者相信证明者的确知道这些"知识"。然而，这种简单的方法并不能使人相信证明者和验证者都是真实的，两者可以提前串通，以便证明者可以在不知道答案的情况下依然通过验证。

因此，非交互式证明的应用就显得尤为重要，例如当前区块链中应用的证明方式：零知识：简洁的非交互知识论证（zero knowledge Succinct Non-interactive Argument of Knowledge，zk-SNARKs），其中的词语分别解释如下：

1）zero knowledge：零知识。即验证者（Verifier）不需要知道"内情"即可相信证明者（Prover）。

2）Succinct：简洁。主要指在验证过程中传输的数据量不那么大且验证方法简单。

3）Non-interactive：无交互。证明者只需要提供一些信息，公开后任何人都可以直接进行验证而不需要跟证明者进行交互。

3.5.1 QAP 问题

zk-SNARKs 只适合解决二次算术程序（Quadratic Arithmetic Programs，QAP）问题，通俗地讲，就是问题中得含有多项式，使用 zk-SNARKs 的前提就是将一个普通的问题转化为 QAP 问题。以方程 $x^3+x^2+x=14$ 为例作说明。

1）首先引入一些变量，将上面的方程转化为若干简单算式。这些简单算式只能是 $x=y$ 或 $x=y(op)z$ 的形式，其中 op 代表加减乘除（+，-，×，/）四种运算符。这些运算是可以利用数字电路完成的。

假如引入的变量设为 sym_1，sym_2，sym_3 和 $\sim out$，那么这些简单算式如下：

$$sym_1 = x \times x$$
$$sym_2 = sym_1 \times x$$
$$sym_3 = sym_1 + sym_2$$
$$\sim out = sym_3 + x$$

2）接下来用向量内积的思想表达上面的基本简单算式。为了表达加法，还需要引入一个虚拟变量 $\sim one$。

设解向量为 s，具体表达式如下。然后将这些简单算式表示为 $s \cdot a = (s \cdot b) \times (s \cdot c)$ 的形式。其中 · 表示内积，这样 $s \cdot b$ 是一个 1×4 的列向量。a、b、c 是系数矩阵。

$$s = [\sim one, x, \sim out, sym_1, sym_2, sym_3]$$

对于第一个简单算式 $sym_1 = x \times x$ 而言，就可以表示为：
$$s \cdot [0,0,0,1,0,0] = (s \cdot [0,1,0,0,0,0]) \times (s \cdot [0,1,0,0,0,0])$$
对于含有加法的简单算式，比如 $sym_3 = sym_2 + sym_1$，就可以表示为：
$$s \cdot [0,0,0,0,0,1] = s \cdot [0,0,0,1,1,0] \times s \cdot [1,0,0,0,0,0]$$

有四个等式，将这四个式子按照原来的顺序排起来，a、b、c 就会组成三个矩阵 A、B、C。与上面的例子原理一样，A、B、C 可分别经过计算得出，结果为：

$$A = \begin{bmatrix} 0 & 0 & 0 & 1 & 0 & 0 \\ 0 & 0 & 0 & 0 & 1 & 0 \\ 0 & 0 & 0 & 0 & 0 & 0 \\ 0 & 0 & 1 & 0 & 0 & 0 \end{bmatrix}, B = \begin{bmatrix} 0 & 1 & 0 & 0 & 0 & 0 \\ 0 & 0 & 0 & 1 & 0 & 0 \\ 0 & 0 & 0 & 1 & 1 & 0 \\ 0 & 1 & 0 & 0 & 0 & 1 \end{bmatrix}, C = \begin{bmatrix} 0 & 1 & 0 & 0 & 0 & 0 \\ 0 & 1 & 0 & 0 & 0 & 0 \\ 1 & 0 & 0 & 0 & 0 & 0 \\ 1 & 0 & 0 & 0 & 0 & 0 \end{bmatrix}$$

3）接下来将 A、B、C 三个矩阵表示为多项式形式。例如
$$A \rightarrow A(n) = [A1(n), A2(n), A3(n), A4(n), A5(n), A6(n)]$$

每一个代表一列。方法是对矩阵 A 的每一列使用拉格朗日插值法。例如矩阵 A 的第三列为 $[0,0,0,1]^T$，也就是寻找一个多项式 $A3(n)$，使得当 $n = 1、2、3、4$ 时，$A3(n)$ 的值分别为 0、0、0、1。

按照拉格朗日插值法，$A3(n)$ 可以视为四个式子之和：
- $A_{3\_1}(n) = k(n-2)(n-3)(n-4)$
- $A_{3\_2}(n) = l(n-1)(n-3)(n-4)$
- $A_{3\_2}(n) = m(n-1)(n-2)(n-4)$
- $A_{3\_2}(n) = t(n-1)(n-2)(n-3)$

容易得到，$A_3(n) = A_{3\_1}(n) + A_{3\_2}(n) + A_{3\_3}(n) + A_{3\_4}(n)$。
并且，当 $n = i$ 时，$A_3(i) = A_{3\_i}(n)$。
因此当 $n = 1、2、3$ 时，$A_{3\_1}(n) = A_{3\_2}(n) = A_{3\_3}(n) = 0$，故 $k = l = m = 0$。
$n = 4$ 时，$A_{3\_4}(4) = t \times 3 \times 2 \times 1 = 1$，故 $t = \frac{1}{6}$。

根据上面的原理，可以求出 $A_i(n)$，进而求出 $A(n)$。类似地，还可以求出 $A(n)$，$B(n)$，$C(n)$。这样问题便转化为求取解向量 s，使得等式 $s \cdot C(n) - (s \cdot A(n)) \times (s \cdot B(n)) = 0$ 在 $n = 1、2、3、4$ 时成立，等价于：存在一个多项式 $H(n)$，使得 $s \cdot C(n) - (s \cdot A(n)) \times (s \cdot B(n)) = H(n) \times Z(n)$，其中，$Z(n) = (n-1)(n-2)(n-3)(n-4)$。

至此方程式中出现了多项式，成功将普通问题转换成 QAP 问题。

此时，已经有了将 zk-SNARKs 应用于普通问题的手段。举例说明：Prover 要向 Verifier 证明自己知道方程：$x^3 + x^2 + x = 14$ 的解，似乎除了告知解为 $x = 2$ 没有别的方法，此时即可采用多项式表达手段。

给出方程之后，$A(n)$、$B(n)$、$C(n)$ 就确定了，同时也是公开的。如果令多项式 $P(n) = s \cdot C(n) - (s \cdot A(n)) \times (s \cdot B(n))$，事实上，由于 s 是一个向量，内积计算后仍为多项式，这里用 $C(n)$ 替代 $s \cdot C(n)$，下文皆是如此。即 $P(n) = C(n) - A(n) \times B(n)$。那么

Prover 只需要利用自己知道的 s 计算出 $P(n)$，然后计算 $H(n)=P(n)/Z(n)$，并将 $P(n)$ 和 $H(n)$ 发给 Verifier，通过验证 $P(n)=H(n)\times Z(n)$ 即可相信 P 拥有方程的解 s。

这虽然已经有了零知识证明的雏形，但仍然存在许多不足，比如简洁性问题。

3.5.2 简洁性问题

在上述验证过程中，这些多项式是非常非常大的，有的多项式的最高次数会达到上百万，如果传输这样的多项式，会极大地降低传输效率。解决方案就是取一个抽样点 $n=t$，这样 $P(t)$、$H(t)$ 实际上就是两个数了，这样就很"简洁"。

具体步骤如下：

1) Verifier 随机选一个抽样点 t，发给 Prover。
2) Prover 计算 $P(t)$、$H(t)$。注意，在这里 $P(t)$、$H(t)$ 不再是多项式，而是两个数了。
3) Prover 将 $P(t)$、$H(t)$ 发给 Verifier。
4) Verifier 验证 $P(t)$ 是否等于 $H(t)\times Z(t)$。

如果等式成立，基本可以确定 Prover 知道解向量 s。这里可以计算一下 Prover 的把握有多大。

出现纰漏的情况是这样的，有另外一个多项式 $P'(n)$，其在一些点 u_1、u_2、$\cdots$、u_i 处有 $P'(u_i)=P(u_i)$，且取的抽样点 t 恰好是 u_i 中的一个。首先假设 Prover 随机选了一个多项式 $P'(n)$，那么 $P'(n)=P(n)$ 最多有 $2d$ 个 u_i 点。这里 d 是 $A(n)$、$B(n)$、$C(n)$ 三个多项式的最高次数，由于 $P(n)$ 中含有乘法，故 $P(n)$ 的最高次数为 $2d$。所以 $P'(n)=P(n)$ 可以视为一元 $2d$ 次方程，假如在实数域抽样，那么方程 $P'(n)=P(n)$ 至多有 $2d$ 个实根，也就是纰漏概率为最高次数 $2d$/实数域 R 中的数，由于 $2d$ 终究是有限的，所以这个概率很小，因此基本可以确定 Prover 知道解向量 s。

通过上述方法，就可以解决传输过于复杂的问题。但是该方法也带来了新的问题：并不希望 Prover 知道样本点 t，因为 Prover 可以不用随机选取 $P'(n)$，而是刻意构造出一个 $P''(n)$ 和 $H''(n)$，使其满足 $P''(t)=H''(t)\times Z''(t)$。针对这一问题，同态隐藏是个可行的策略。

3.5.3 同态隐藏

满足下面三个条件的映射 $E(x)$，称之为加法同态：

1) 如果已知 $E(x)=X$，很难根据 X 和 E 推出 x 的值。这也是哈希函数的一个重要性质之一。
2) 若 x_1 不等于 x_2，那么 $E(x_1)$ 概率很小时才可能等于 $E(x_2)$。
3) 由 $E(x_1)$ 和 $E(x_2)$ 可以推出 $E(x_1+x_2)$，这也就是加法同态。

为了表达方便，可以认为 $E(x_1+x_2)=E(x_1)+E(x_2)$。自然地，容易推出 $E(x_1+x_2+\cdots+xi)=E(x_1)+E(x_2)+\cdots+E(xi)$，也可以推出 $E(a\times x_1+b\times x_2)=a\times E(x_1)+b\times E(x_2)$。

这样，可以利用加法同态对上面的零知识证明过程进行改进，具体过程如下：

1) Verifier 不再发送给 Prover 抽样点 t，而是发给 Prover 一系列指数 $1, t1, t2, \cdots, t2d$ 的映射值，$E(1), E(t1), E(t2), \cdots, E(t2d)$。

2) Prover 不知道 t，无法计算 $P(t)$ 和 $H(t)$，而是根据同态隐藏的性质计算出 $E[P(t)]$ 和 $E[H(t)]$。（这是由于 $P(t)$ 是 tx 的多项式组合 $(x \leq 2d)$，把 tx 替换成 $E(tx)$ 后，就会出现 $\cdots + a \times E(tx) + b \times E(tx+1) + \cdots$ 这种形式，由加法同态隐藏，其等于 $E(\cdots + a \times tx + b \times tx + 1 + \cdots)$，而括号内的内容恰好就是 $P(t)$。然后将 $E[P(t)]$ 和 $E[H(t)]$ 发给 Verifier。

3) Verifier 通过检查 $E[P(t)]$ 是否等于 $E[H(t) \times Z(t)]$。Prover 不知道 t，就无法可以构造出 $P''(n)$ 和 $H''(n)$ 了。

然而，这个计算过程中仍存在一个问题，那就是在计算 $P(t)$ 的过程中有多项式乘法，即计算 $A(n) \times B(n)$ 时，会出现 $E[A(t)] \times E[B(t)]$ 的形式，这里使用 $A(n)$ 来替代 $s \cdot A(n)$，然而如果映射 E 只具有加法同态的性质，这个乘法是没法算的，所以引入了乘法同态。

首先介绍一下双线性映射，双线性映射指的是分别来自两个域的两个元素映射到第三个域中的一个元素：$e(X,Y) \rightarrow Z$，同时在两个输入上都具备线性：

$$e(P+R,Q) = e(P,Q) + e(R,Q) \tag{3-6}$$

$$e(P,Q+S) = e(P,Q) + e(P,S) \tag{3-7}$$

假设对于 x 的任意两种因数分解 (a,b) 和 (c,d)（即 $x=ab=cd$），存在两个加法同态映射 $E1$ 和 $E2$，以及一个双线性映射 e，使得以下等式总是成立：

$$e(E1(a), E2(b)) = e(E1(c), E2(d)) = X \tag{3-8}$$

那么，$x \rightarrow X$ 的映射也是加法同态映射，记作 E。E 的线性属性证明如下：

$$\begin{aligned}
&E(ax_1+bx_2)\\
&=e(E1(ax_1+bx_2), E2(1))\\
&=e(aE1(x_1)+bE1(x_2), E2(1))\\
&=ae(E1(x_1), E2(1)) + be(E1(x_2), E2(1))\\
&=aE(x_1)+bE(x_2)
\end{aligned}$$

如果找到这种映射 E，就有：$E(xy) = e(E1(x), E2(y))$。

整个计算流程如下：

1) Verifier 向 Prover 发送一系列指数 $1, t1, t2, \cdots, t2d$ 的映射值，但这里发送两种 $E1$ 和 $E2$，也就是：$E1(1), E1(t1), E1(t2), \cdots, E1(t2d)$；$E2(1), E2(t1), E2(t2), \cdots, E2(t2d)$。

2) Prover 计算一些数值并发给 Verifier。根据 $A(t), C(t)$ 和 $H(t)$，可以求出 $E1[A(t)]$、$E1[C(t)]$、$E1[H(t)]$。根据 $B(t), Z(t)$，可以计算出 $E2[B(t)], E2[Z(t)]$。

3) Verifier 验证。根据上面的乘法同态介绍，有：

$$E\{e[E1(C(t)), E2(1)]\} = E\{C(t)\}$$
$$E\{e[E1(A(t)), E2(B(t))]\} = E\{A(t) \times B(t)\}$$
$$E\{e[E1(H(t)), E2(Z(t))]\} = E\{H(t) \times Z(t)\}$$

这样，就能够计算乘法了。Verfier 就能够验证

$$E\{P(t)\}$$
$$=E\{C(t)-A(t)\times B(t)\}$$
$$=E\{C(t)\}-E\{A(t)\times B(t)\}$$
$$=E\{e[E1(C(t)),E2(1)]\}-E\{e[E1(A(t)),E2(B(t))]\}$$
$$=E\{e[E1(H(t)),E2(Z(t))]\}$$
$$=E\{H(t)\times Z(t)\}$$

现在，解决了抽样点隐藏的问题，但是还存在一个问题，就是 Prover 虽然不知道 $s\cdot C(n)-(s\cdot A(n))\times(s\cdot B(n))=H(n)\times Z(n)$ 的解 s，但却知道 $s'''\cdot C'''(n)-(s'''\cdot A'''(n))\times(s'''\cdot B'''(n))=H'''(n)\times Z(n)$ 的解 s'''，也就是 Prover 可以用 $P'''(n)$ 和 $H'''(n)$ 来伪造为 $P(n)$ 和 $H(n)$。即无法确保 Prover 确实用的是 $A(n)$、$B(n)$ 和 $C(n)$ 构建的 $P(n)$ 这一问题。可以将这一问题称为"答非所问"问题，其解决的方法是 KCA。

3.5.4 KCA——解决"答非所问"问题

假设有 a、b，满足 $b=\alpha\times a$ 的约束（α 为整数，"$\alpha\times a$"相当于 α 个 a 相加），那么 (a,b) 称为一个"α 对"。若 a，b 已知，α 未知，需提供另一个 α 对。一个简单的想法就是先通过"b 除以 a"求出 α，然后再任意挑一个 a'，并算出对应的 b'。如果 a 和 b 是普通数字、加法是普通加法，"b 除以 a"是存在的。可如果"b 除以 a"的运算做不了（这是可能存在的，后文将进行解释），就只能分别将 a 和 b 乘以一个整数 γ，则 $(a',b')=(\gamma a,\gamma b)$ 也是一个 α 对，即 $b'=\gamma\times b=\alpha\times\gamma\times a=\alpha\times a'$。

接下来，将此问题扩展一下：如果预先提供的不是一个而是 N 个 α 对 (a_1,b_1)，(a_2,b_2)，…，(a_N,b_N)，仍需提供一个新的 α 对。方法是类似的，那就是返回一个由 a 系列和 b 系列值的相同线性组合组成的值对，即 $(c_1a_1+c_2a_2+\cdots+c_Na_N,c_1b_1+c_2b_2+\cdots+c_Nb_N)$，其中 c_n 是任意整数。反过来，从出题者的角度而言，Verifier 通过检查 Prover 提供的 (a',b') 是否是一个 α 对，便可基本确信：Prover 的两个值 a' 和 b' 是 Verifier 所提供的 a 系列和 b 系列值的相同线性组合。

有了 KCA 这个工具，便可以解决之前提出的"答非所问"问题。具体流程如下：

1) Verifier 提供给 Prover 的不是 $E(tn)$，而是三组、每组 M 个 α 对，α 是 Carl 产生的随机值，$A(n)$、$B(n)$、$C(n)$ 是公开的。

2) 第一组数据

$E1(A1(t)),E1(\alpha AA1(t))$（注：根据同态映射性质，$E1(\alpha AA1(t))=\alpha AE1(A1(t))$。）

$E1(A2(t)),E1(\alpha AA2(t))$

…

$E1(Am(t)),E1(\alpha AAm(t))$

第二组数据

$E2(B1(t)),E2(\alpha BB1(t))$

$E2(B2(t)),E2(\alpha BB2(t))$

...

$E2(BM(t)), E2(\alpha BBM(t))$

第三组数据

$E1(C1(t)), E1(\alpha CC1(t))$

$E1(C2(t)), E1(\alpha CC2(t))$

...

$E1(C1(t)), E1(\alpha CCM(t))$

同时，Verifier 要求 Prover 在响应中返回三个 α 对 $<E1(A(t)), E1(\alpha AA(t))>$、$<E(B(t)), E(\alpha BB(t))>$ 和 $<E1(C(t)), E1(\alpha CC(t))>$。Prover 不知道这几个 α 的值，因此根据 KCA 推断：为了生成第一个 α 对，只能以 Verifier 提供的 α 对 $(A1(t),\cdots,Am(t))$ 的某种线性组合来合成 $E1(A(t))$ 和 $E1(\alpha A(t))$，这就限定了 Prover 只能用 $A(t)$ 而不是一个另外的 $A'''(t)$：

$$E1(A(t)) = E1(a1 \times A1(t) + a2 \times A2(t) + \cdots + aM \times AM(t))$$
$$= a1 \times E1(A1(t)) + a2 \times E1(A2(t)) + \cdots + aM \times E1(AM(t))$$
$$E1(\alpha AA(t)) = E1(a1 \times \alpha AA1(t) + a2 \times \alpha AA2(t) + \cdots + aM \times \alpha AAM(t))$$
$$= a1 \times E1(\alpha AA1(t)) + a2 \times E1(\alpha AA2(t)) + \cdots + aM \times E1(\alpha AAM(t))$$

同理，Prover 可以构建：

$$E2(B(t)) = b1 \times E2(B1(t)) + b2 \times E2(B2(t)) + \cdots + bM \times E2(BM(t))$$
$$E2(\alpha BB(t)) = b1 \times E2(\alpha BB1(t)) + b2 \times E2(\alpha BB2(t)) + \cdots + bM \times E2(\alpha BBM(t))$$
$$E1(C(t)) = c1 \times E1(C1(t)) + c2 \times E1(C2(t)) + \cdots + cM \times E1(CM(t))$$
$$E1(\alpha CC(t)) = c1 \times E1(\alpha CC1(t)) + c2 \times E1(\alpha CC2(t)) + \cdots + cM \times E1(\alpha CCM(t))$$

3）Verifier 接收到这三组数据后，可以验证 Prover 使用的多项式是否真的是 $A(n)$，$B(n)$ 和 $C(n)$，即验证：

$$e\{E1[A(t)], E2[\alpha A]\} = e\{E1[\alpha AA(t)], E2[1]\}$$
$$e\{E1[B(t)], E2[\alpha B]\} = e\{E1[\alpha BB(t)], E2[1]\}$$
$$e\{E1[C(t)], E2[\alpha C]\} = e\{E1[\alpha CC(t)], E2[1]\}$$

这里 $E2[\alpha A]$，$E2[\alpha B]$，$E2[\alpha C]$，$E2[1]$，$E2[1]$，$E2[1]$ 也是 Verifier 发给 Prover 的。

4）通过验证

$$E\{e[E1(C(t)), E2(1)]\} - E\{e[E1(A(t)), E2(B(t))]\} = E\{e[E1(H(t)), E2(Z(t))]\}$$

确认 $P(t) = H(t) \times Z(t)$。

zk-SNARKs 的整体模型如图 3-18 所示。

到这里为止，整个 zk-SNARKs 的原理已经是可实现得了。但是这个过程不仅不是非交互的，而且非常不简洁，因为要传输大量数据。区块链采用了一种称为 CRS（COMMON REFERENCE STRING）的方式，把随机数 α 和 t 内置于"系统"中，并把这些参数放在链上，任何人都可以参与验证。

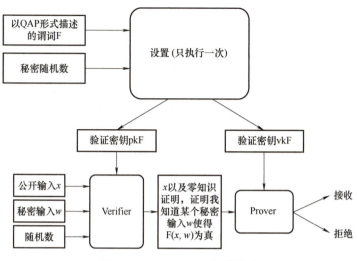

图 3-18 zk-SNARKs 整体模型

目前区块链中一些著名公链,例如 BTC 和 ETH 的交易,在交易成功后,用户去区块链浏览器或调用对应的 RPC 接口查看对应的交易记录,可以获得交易发送者地址、接收者地址和交易金额等数据。这些地址仅仅只是一串字母和数字,从而起到一定的匿名效果,但是这仅仅只是一种伪匿名,通过一系列的相关交易和对应的显示社会关系,还是可能会暴露用户的身份,从而 ZeroCash 区块链便应运而生了。

ZeroCash 是基于零知识证明来进行隐私保护的区块链,采用了 zk-SNARKs 的非交互式的零知识证明来证明某些特定的资产归自己所有,目的是彻底解决交易被追踪从而暴露用户隐私的问题。ZeroCash 拥有一个匿名交易系统,它支持多种交易类型,其中一种就是能够隐藏交易双方地址和交易数值的交易。这是完全的隐藏,不是还存放在 ZeroCash 的节点数据库中而不向外显示出的隐藏,而是连节点都不知道交易的内容。ZeroCash 的强大隐私保证源于其中的屏蔽事务可以在区块链上完全加密,但仍然可以通过使用 zk-SNARKs 证明在网络共识规则下验证为有效。

在 ZeroCash 中,摒弃了之前的 UTXO 方式,而是使用了一种基于 UTXO,被称为 NOTE(支票)的新方式代替。NOTE 代表了当前账户对资产的支配权,与 UTXO 不同,账户余额的存储方式不再是"未消费的交易输出",而是"未被作废的支票(NOTE)"。一个 NOTE 是由所有者公钥 PK、所拥有金额 V、和唯一区分支票的序列号 r 组成,表示为 NOTE = (PK, V, r)。

ZeroCash 交易分为两类:透明地址交易和隐藏地址交易。两个透明地址之间的交易则与比特币交易没有区别,透明地址交易的输入、输出直接是公开可见的 NOTE 信息;对于隐藏地址交易,隐蔽地址之间的交易也会出现在公有区块链上,所以大家都知道有一笔隐蔽交易发生了,手续费也会支付给矿工,但交易的地址、资金的数额以及备注字段都被加密过,是不可见的。

3.6 本章小结

本章从密码学的概念、发展历程、区块链中的哈希函数和主要的非对称加密算法、数字签名及零知识证明六个方面,系统介绍了区块链安全的保障——密码学。区块链之所以能够解决人与人之间的信任问题,是因为它的不可篡改性,而这种特性本质上又是基于密码学算法来实现的。因此密码学在区块链中的地位很关键,如果说区块链是信任的基石,那么密码学则是区块链的基石。换言之,区块链中的密码学是构建整个信任体系的基石。目前,随着人类社会步入大数据时代,联邦学习、多方计算等隐私计算技术也在蓬勃发展,开放型社会中的隐私保护必然需要密码学的跟进。开放、信任、隐私,在社会发展不同阶段,会在相互制约与平衡的探寻中实现螺旋上升,从而也为密码学不断地注入新的动力。

3.7 参考文献

[1] MILLER V S. Use of Elliptic Curves in Cryptography [C]// Lecture notes in computer sciences:218 on Advances in cryptology—CRYPTO 85. Berlin:Springer-Verlag,2007:417-426.

[2] 斯廷森. 密码学原理与实践 [M]. 冯登国,译. 北京:电子工业出版社,2009.

[3] 王化群,吴涛. 区块链中的密码学技术 [J]. 南京邮电大学学报(自然科学版),2017,37(6):61-67.

[4] 伍前红. 密码学是区块链的信任之源 [J]. 网络传播,2018(8):91-91.

[5] 袁勇,王飞跃. 区块链技术发展现状与展望 [J]. 自动化学报,2016,42(4):481-494.

[6] HE K,SHI J,HUANG C,et al. Blockchain Based Data Integrity Verification for Cloud Storage with T-Merkle Tree [J]. Springer,2020:65-80.

[7] 罗守山,陈萍,邹永忠,等. 密码学与信息安全技术 [M]. 北京:北京邮电大学出版社,2009.

[8] 曹天杰,张永平,汪楚娇. 安全协议 [M]. 北京:北京邮电大学出版社,2009.

[9] 冯登国. 国内外密码学研究现状及发展趋势 [J]. 通信学报,2002,23(5):18-26.

[10] 魏尚北,牛超. 密码学的区块链技术在电子货币交易中的应用研究 [J]. 科技创新与生产力,2016(9):95-96,99.

[11] KAUR R,KAUR A. Digital signature [C]//2012. International Conference on Computing Sciences. Phagwara:IEEE,2012,25:295-301.

[12] GOLDWASSER S,MICALI S,RIVEST R L. A Digital Signature Scheme Secure Against Adaptive Chosen-Message Attacks [J]. SIAM Journal on Computing,1988,17(2):281-308.

[13] ABDALLA M,AN J H,BELLARE M,et al. From Identification to Signatures Via the Fiat-Shamir Transform:Necessary and Sufficient Conditions for Security and Forward-Security [J]. IEEE Transactions on Information Theory,2008,54(8):3631-3646.

[14] LIPMAA H. Progression-Free Sets and Sublinear Pairing-Based Non-Interactive Zero-Knowledge Arguments [C]// Theory of Cryptography Conference. Berlin:Springer-Verlag,2012:169-189.

[15] MAIWALD E. Fundamentals of Network Security [M]. New York:McGraw-Hill,2003.

[16] PKCS 1v2.1:RSA Cryptography Standard [EB/OL]. (2002-06-14) [2022-12-25]. https://crytrec.go.jp/cryptrec_03_spec_cypherlist_files/PDF/pkcs1v2-12.pdf.

[17] Association A B. Public Key Cryptography for the Financial Services Industry:The Elliptic Curve Digital Signature Algorithm (ECDSA) [EB]. [2022-12-25].

[18] RON D,SHAMIR A. Quantitative Analysis of the Full Bitcoin Transaction Graph [J]. Financial Cryptography and Data Security,2013:6-24.

[19] 高志豪. 解决区块链三大问题的利器 [J]. 金卡工程,2016 (12):46-48.

第 4 章 分布式系统核心技术

4.1 一致性问题

一致性问题在 1998 年被科学家 Eric Brewer 提出，它作为最基础、最重要的问题，成为分布式领域的研究热点。

随着业务场景越来越复杂，计算规模越来越庞大，单点系统往往难以满足高可扩展（Scalability）和高容错（Fault-tolerance）两方面的需求。此时就需要多台服务器通过组成集群，构建更加强大和稳定的"虚拟超级服务器"。任务量越大，处理集群的规模越大，设计和管理的挑战也就越高。例如谷歌公司的全球搜索集群系统，包括数十万台服务器，每天响应百亿次的互联网搜索请求。

集群系统要实现一致性不是一件容易的事。不同节点可能处于不同的状态，不同时刻收到不同的请求，而且随时可能有节点出现故障。要保持对外响应的"一致性"，好比训练一群鸭子齐步走，难度可想而知。

4.1.1 FLP 不可能原理

1. 定义

FLP 不可能性（FLP Impossibility）是指在网络可靠、但允许节点失效（即便只有一个）的最小化异步模型系统中，不存在一个可以解决一致性问题的确定性共识算法。

FLP 不可能原理是分布式领域中一个非常著名的结论，该结论在专业领域被称为"定理"，其地位之高可见一斑。该定理的论文 *Impossibility of Distributed Consensus with One Faulty Process* 是由 Fischer, Lynch 和 Patterson 三位作者于 1985 年发表，该论文获得了 Dijkstra 奖。其中，Lynch 是分布式领域的一位非常著名的女性科学家，其研究遍布分布式的方方面面，对分布式领域有着极其卓越的贡献，著有 *Distributed Algorithms* 一书，书中用非常严谨而简洁的逻辑讨论了许多分布式算法。

FLP 不可能原理给出了一个令人吃惊的结论：在异步通信场景，即使只有一个进程失败，也没有任何算法能保证非失败进程达到一致性。同步通信中的一致性被证明是可以达到的，因此之前一直有人尝试各种算法以解决异步环境的一致性问题。直到出现了 FLP 不可能原理的结论，这样的尝试终于有了答案。

要正确理解 FLP 不可能原理，首先要明确"异步"的含义。在分布式系统中，同步和异步这两个术语存在特殊的含义。

同步，是指系统中的各个节点的时钟误差存在上限，并且消息传递必须在一定时间内完成，否则认为失败。同时各个节点完成处理消息的时间是一定的。因此同步系统中可以很容易地判断消息是否丢失。

异步，则意味着系统中各个节点可能存在较大的时钟差异，同时消息传输时间是任意长的，各节点对消息进行处理的时间也可能是任意长的，这就造成无法判断某个消息迟迟没有被响应是哪里出了问题（比如是节点故障还是传输故障）。现实生活中的系统往往都是异步系统。

FLP 不可能原理在论文中以图论的形式进行了严格证明。要理解其基本原理并不复杂，举一个不严谨的例子进行说明。

三个人在不同的房间进行投票（投票结果是 0 或者 1），彼此可以通过电话进行沟通，但经常有人会时不时睡着。比如某个时候，A 投票 0，B 投票 1，C 收到了两人的投票，然后 C 睡着了。此时，A 和 B 将永远无法在有限时间内获知最终的结果，究竟是 C 没有应答还是应答的时间过长。如果可以重新投票，则类似情形可以在每次取得结果前发生，这将导致共识过程永远无法完成。

FLP 原理实际上说明对于允许节点失效情况下，纯粹异步系统无法确保共识在有限时间内完成。即便对于非拜占庭错误（拜占庭问题在后续章节 4.2.2 中解释）的前提下，包括 Paxos、Raft 等算法也都存在无法达成共识的极端情况，只是在工程实践中这种情况出现的概率很小。例如，上面例子中描述的最坏情形，每次都发生的概率其实并没有那么大。工程实现上某次共识失败后，再尝试几次，很有可能就成功了。FLP 不可能原理告诉人们不必浪费时间去追求完美的共识方案，而要根据实际情况设计可行的工程方案。

2. 系统模型

任何分布式算法或定理，都有其对系统场景的假设，这称为系统模型。FLP 基于下面几点假设：

1）异步通信与同步通信的最大区别是异步通信没有时钟、不能时间同步、不能使用超时、不能探测失败，消息可任意延迟、消息可乱序。

2）通信健壮只要进程非失败，消息虽会被无限延迟，但最终会被送达，并且消息仅会被送达一次（无重复）。

3）采取 Fail-Stop 模型，即进程失败就会宕机，不再处理任何消息。相对拜占庭模型，不会产生错误消息。

4）失败进程数量最多只有一个进程失败。

在衡量一个分布式算法是否正确时通常有三个标准：

1）终止性（Termination），非失败进程最终可以做出选择。

2）一致性（Agreement），所有的进程必须做出相同的决议。

3）合法性（Validity），进程的决议值，必须是其他进程提交的请求值。

终止性描述了算法必须在有限时间内结束，不能无限循环下去；一致性则描述了期望的相同决议；合法性是为了排除进程初始值对自身的干扰。

3. 实例

假设有 A、B、C、D、E 五个进程，就是否提交事务为例。每个进程都有一个随机的初始值提交（0）或回滚（1）来向其他进程发送请求，进程自己必须接收到其他进程的请求后，才能根据请求内容做出本地是提交还是回滚的决定，不能仅根据自己的初始值做出决定。如果所有的进程都做出相同的决定，则认为一致性达成。根据前面的系统模型，允许最多一个进程失败，因此一致性要求要放松到允许非失败进程达成一致。当然，若有两个不同的值被不同的进程选择，则认为无法达成一致。

现在目标是要设计这样一个算法，保证符合上述三个属性，并允许最多一个进程失败。

假如设计一个算法 P，每个节点根据多数派表决的方式判断本地是提交还是回滚事务：比如 C 收到了 A、B 的提交申请，收到了 D 的回滚申请，而 C 本身也倾向于回滚，此时，提交、回滚各有两票，E 的投票决定着 C 的最终决议。而此时，E 失败了，或者 E 发送给 C 的消息被无限延迟（无法探测导致失败）。此时 C 选择一直等待，或者按照某种既定的规则选择提交或失败，后续可能 E 正常而 C 失败。总之，导致 C 没有做出最终决策，或者 C 做了最终决策失败后无人可知。

本书称所有进程组成的状态为"配置"（Configuration），如果一系列操作之后，没有进程做出决策称为不确定的"配置"。不确定的"配置"是指，后续可能做出提交，也可能做出回滚的决议。相反，如果某个"配置"能准确地说会做出提交/回滚的决议，则称为确定性的"配置"。如果某个"配置"是确定的，则认为一致性是可以达成。

对上述算法 P，可能存在一种极端场景，每次都构造出一个不确定的"配置"。比如每次都是已经做出决议的 C 失败，而之前失败的 E 复活（在异步场景中，无法真正区分进程是失败，还是消息延迟）。也就是说，因为消息被延迟乱序，导致结果难以预料。而 FLP 不可能原理证明也是遵循这个思路，在任何算法之上，都能构造出这样一些永远都不确定的"配置"，没有任何理论上的具体算法，能避免这种最坏情况。

4. 定理证明

首先介绍几个相关概念：

1）消息队列：假定存在一个全局的消息队列，进程可以发送消息，也可以在其上接收消息。其中，$send(p, m)$ 是指给进程 p 发送消息 m，只是放入队列，称"发送"；如果消息被 p 接收，称为"送达"（delivery）；$receive(p)$ 指接收发送给 p 的消息，若没有则返回空。消息队列实际上是模拟了异步通信，即消息会被延迟、乱序。

2）配置（Configuration）：前文已经提到，即所有进程的状态集合，进程的状态包括初始值、决议值、消息队列的内容。初始"配置"是指各个进程初始值是随机的、消息队列为空、决议为空的开始状态。

3)事件 $e=(p,m)$：事件代表给某个进程发送消息，并且消息已经送达。正是因为执行了某个事件，导致一个"配置"变化为另一个"配置"。

4)事件序列 Run：一连串顺序执行的事件序列称为一个 Run。

5)可达配置：如果某个"配置" A 执行了一个 Run 得到另一个配置 B，则称 B 从 A 可达。

接下来通过三个引理证明了最终的 FLP 不可能原理。

(1) 引理1（连通性）

把所有的进程 P 分成两个不相交的集合 P_1、P_2，有两个时间序列 R_1、R_2，如果先给 P_1 应用 R_1，从而由 C 得到 C_1，再给 P_2 应用 R_2，由 C_1 得到 C_3 与先给 P_2 应用 R_2 得到 C_2，再给 P_1 应用 R_1 得到 C_3，对 P 的配置 C 来说得到的结果是一致的，如图4-1所示。

(2) 引理2（初始"配置"不确定性）

对任何算法 P 都存在一个不确定性的初始"配置"，即从该"配置"可到达提交也可到达回滚。

这个引理主要是为了说明，不是所有的决议结果都由初始值决定。如果所有进程的初始值都为"提交"，则决议值肯定为"提交"；相反若都为"回滚"，则决议为"回滚"。但如果初始值随机化后，因为消息的延迟，最终的决

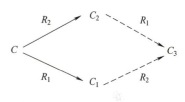

图4-1 连通性

议值就可能是"提交"也可能是"失败"（不确定性），这个引理也揭示了异步消息的本质特征。

假如所有的初始"配置"都是确定性的，即一些决议值必定为"提交"，而另一些一定是"回滚"。如果两个"配置"只有一个进程的状态有差别，则称为相邻，把所有"配置"按相邻排成一个环，则必定存在一个"配置" C_0 和 C_1 相邻，并且 C_0 是决议"提交"，C_1 决议"回滚"。

假如某一个 Run R 导致 C_1 最终的决议值为"回滚"，根据系统模型，允许最多一个进程失败，不妨就假设 C_0 和 C_1 的连接进程 P 发生失败。剔除 P 后，C_0 和 C_1 的内部状态应该完全一致，这样 Run R 也可应用于 C_0，也会得到与 C_1 同样的决议结果："回滚"。这与 C_0 是"提交"的结果矛盾。因此，必定存在不确定的初始"配置"。

(3) 引理3（不可终止性）

从一个不确定的"配置"执行一些步骤（发送消息）后，仍可能得到一个不确定的"配置"。

这一点可从前面的实例得知，接下来要证明对任何的分布式算法 P 都存在这样的不可终止性。为了证明方便，再定义一些用到的符号。

假设"配置" X 是不确定的，$e=(p,m)$ 是可应用于 X 的事件，C 是从 X 可达且没有应用 e 的"配置"集合；$D=e(C)$ 是对 C 应用事件 e 得到的"配置"集合。则 D 中一定包含一个不确定的"配置"。不可思议的是，e 已经应用到了 C，虽然进程 p 已经接收了消息 m，得到的"配置"还可能是不确定性的。

证明 D 中既包含决议为"提交"的"配置"，也包含决议为"回滚"的"配置"，即证明 D 中的"配置"不是单值决议。

设 E_0、E_1 分别是 X 中的 0-valent（提交）和 1-valent（回滚），因为 X 是"不确定"的，因此 E_0、E_1 必存在。假如 E_0 属于 C（即没有应用事件 e），则令 $F_0 = e(E_0)$，则 F_0 属于 D；若 E_0 已经应用了 e，则在到达 E_0 的过程中，存在 D 中的 F_0，E_0 从 F_0 可达，如图 4-2 所示。

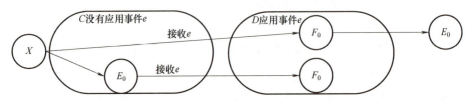

图 4-2　D 中的"配置"是非单值决议

因为 D 是"确定"的，E_0 是 0-valent，无论 E_0 从 F_0 可达，还是 F_0 从 E_0 可达，则 F_0 必定是 0-valent 的。同样对 E_1，也可到达一个 1-valent 的 F_1。这就证明了，D 包含着 0-valent 和 1-valent。

若 D 是"确定"的，则存在一个矛盾：如果一个"配置"采取了一个步骤（比如接收一个事件）而产生另一个"配置"，则称二者为相邻。根据相邻环的构建方法，在 C 中存在 C_0、C_1，二者相邻，并且 C_0 是 0-valent 的，C_1 是 1-valent 的。$D_i = e(C_i)$，$i = 0, 1$ 是 i-valent 的。假设 $C_1 = e'(C_0)$，$e' = (p', m')$：

如果 $p \neq p'$，则 $D_1 = e'(D_0)$，根据连通性会导出一个矛盾（从 D_0 会到 D_1，这显然是不可能的），如图 4-3 所示。

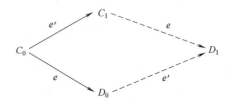

图 4-3　$p \neq p'$ 的情况

那必然有 $p = p'$，如图 4-4 所示。

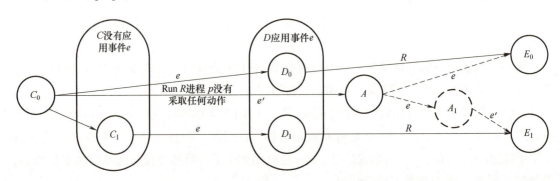

图 4-4　$p = p'$ 的情况

考虑构造一个 Run R，从 C_0 开始，在其中进程 p 没有采取任何动作（比如，根据假设，进程 p 失败了），则到达"配置"A；

因为，R 对进程 p 没有任何作用，故 R 可应用于 D_0、D_1，分别得到 E_0、E_1（因为根据假设 D 是"确定"的，E_0 和 E_1 也分别就是 0-valent 和 1-valent）。根据连通性，如果对 A 连续应用 e'、e，则会到达 E_1；如果对 A 应用 e，则会到达 E_0。也就是说 A 是"不确定"的。这与 C_0 是"确定"的"配置"矛盾，这导致最初的假设 D 是"确定的"错误，因此 D 是"不确定"的。

这个证明非常巧妙，其核心是根据连通性，构造了一个"不确定"的"配置"。

4.1.2 CAP 原理

1. 定义

分布式系统无法同时确保一致性（Consistency）、可用性（Availability）和分区容忍性（Partition tolerance），设计中往往需要弱化对某个特性的需求。一致性、可用性和分区容忍性的具体含义如下。

1）一致性：任何事务应该都是原子的，所有副本上的状态都是事务成功提交后的结果，并保持强一致。

2）可用性：系统（非失败节点）能在有限时间内完成对操作请求的应答。

3）分区容忍性：系统中的网络可能发生分区故障（成为多个子网，甚至出现节点上线和下线），即节点之间的通信无法保障；而网络故障不应该影响到系统正常服务。也可理解为不允许小于网络总故障的一组故障导致系统错误响应。

CAP 原理认为，分布式系统最多只能保证以上三项特性中的两项特性。比较直观地理解，当网络可能出现分区时，系统是无法同时保证一致性和可用性的。要么节点收到请求后，因为没有得到其他节点的确认而不应答（牺牲可用性）；要么节点只能应答非一致的结果（牺牲一致性）。由于大部分时候网络被认为是可靠的，因此系统可以提供一致可靠的服务；当网络不可靠时，系统要么牺牲掉一致性（多数场景下），要么牺牲掉可用性，如图 4-5 所示。

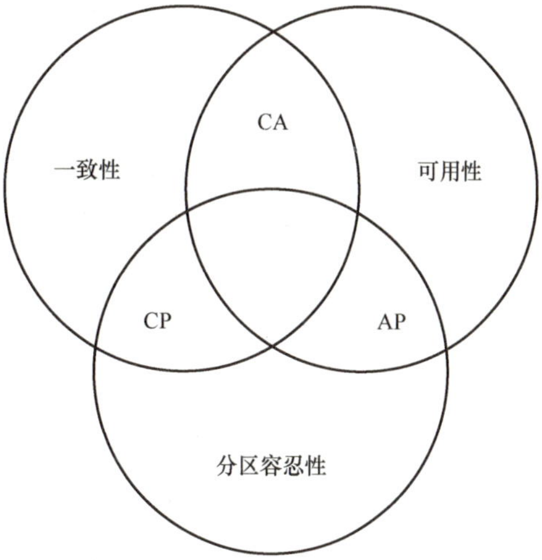

注：网络分区是可能存在的，出现分区情况后很可能会导致"脑裂"现象。

图 4-5 CAP 原理

2. 为什么 CAP 只能三选二

下面举例说明为什么 CAP 只能三选二。如图 4-6 所示，在一个网络中，N_1 和 N_2 两个节点共享数据块 V，其值为 V_0。运行在 N_1 上的 A 程序可以认为是安全、无错误、可预测和可靠的。在 N_2 上运行一个类似的 B 程序。在这个例子中，A 将写入 V 的新值，而 B 从 V 中读取值。

图 4-6 实例

系统预期执行的操作如图 4-7 所示。

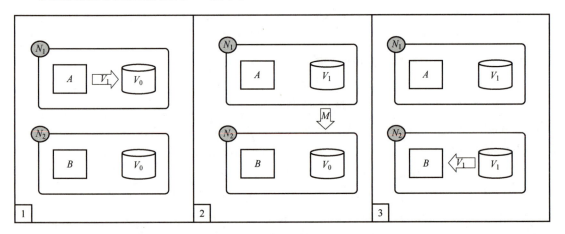

图 4-7 系统预期执行的操作

1）首先 A 写入 V 的新值，将其称为 V_1。
2）消息（M）从 N_1 传递到 N_2，更新 V 的副本。
3）现在 B 对 V 的任何读取都将返回 V_1。

如果网络分区（即未传递从 N_1 到 N_2 的消息时），如图 4-8 所示，执行第三步，会出现虽然 N_2 能访问 V 的值（可用性），但其实与 N_1 的 V 的值已经不一致（一致性）的情况。

将这种情况扩展到几百笔交易，将成为一个主要问题。如果 M 是异步消息，则 N_1 无法知道 N_2 是否收到该消息。即使是有保证的 M 传递，N_1 也无法知道消息是否因分区事件或

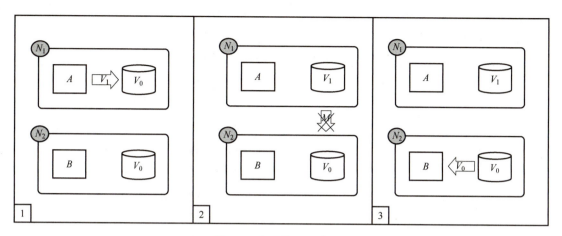

图 4-8 出现值不一致问题

N_2 中的某些故障而延迟，使 M 同步无济于事，因为这会处理 A 对 N_1 的写入以及从 N_1 到 N_2 的更新事件作为原子操作，这将带来已经讨论过（或更糟）的延迟问题。Gilbert 和 Lynch 还证明了，即使在部分同步模型中（每个节点上都有有序的时钟），也无法保证原子性。

因此，如果希望 A 和 B 具有高可用性（即以最小的延迟工作），并且节点 N_1 到 N_n（其中 n 可能是上百甚至上千）保持对网络分区的容忍度（丢失的消息、无法传递的消息、硬件中断、进程失败等），那么有时就会遇到这种情况：一些节点认为 V 的值是 V_0，而其他节点会认为 V 的值是 V_1。

3. 应用场景

既然 CAP 三种特性不可同时得到保障，则设计系统时必然要弱化对某个特性的支持。

1）弱化一致性（AP 模型）：对结果一致性不敏感的应用，可以允许在新版本上线后过一段时间才最终更新成功，期间不保证一致性。例如，网站静态页面内容，实时性较弱的查询类数据库，简单分布式同步协议（如 Gossip），以及 CouchDB、Cassandra 数据库等，都为此设计。

2）弱化可用性（CP 模型）：对结果一致性很敏感的应用，例如银行取款机，当系统故障时候会拒绝服务。MongoDB、Redis、MapReduce 等为此设计。Paxos、Raft 等共识算法，主要处理这种情况。在 Paxos 类算法中，可能存在着无法提供可用结果的情形，同时允许少数节点离线。

3）弱化分区容忍性（CA 模型）：现实中，出现网络分区的概率较小，但很难完全避免。两阶段的提交算法，某些关系型数据库，以及 ZooKeeper 主要使用了这种设计。实践中，网络可以通过双通道等机制增强可靠性，实现高稳定的网络通信。

在构建系统时，应该根据具体的业务场景来权衡 CAP。比如，对于大多数互联网应用来说（如门户网站），因为机器数量庞大，部署节点分散，网络故障是常态，可用性是必须要保证的，所以只有舍弃一致性来保证服务的 AP。而对于银行等需要确保一致性的场景，通常会权衡 CA 和 CP 模型，CA 模型出现网络故障时完全不可用，CP 模型具备部分可用性。

孰优孰劣，没有定论，只能根据场景定夺，适合的才是最好的。

4. 最新发展

EricBrewer 在 2012 年发表文章中指出了 CAP 里面"三选二"的做法存在一定的误导性，主要体现在：

1）由于分区很少发生，在系统不存在分区的情况下没什么理由牺牲 C 或 A。

2）C 与 A 之间的取舍可以在同一系统内以非常细小的粒度反复发生，而每一次的决策可能因为具体的操作，或者因为牵涉特定的数据或用户而有所不同。

3）这三种性质都可以在一定程度上衡量，并不是非黑即白的有或无。可用性显然是在 0~100% 之间连续变化的。一致性分很多级别，连分区也可以细分为不同含义，如系统内的不同部分对于是否存在分区可以有不一样的认知。

理解 CAP 理论最简单的方式是想象两个节点分处分区两侧。允许至少一个节点更新状态会导致数据不一致，即丧失了 C 性质。如果为了保证数据的一致性，将分区一侧的节点设置为不可用，那么又丧失了 A 性质。除非两个节点可以互相通信，才能既保证 C 又保证 A，但这又会导致丧失 P 性质。一般来说，跨区域的系统，架构师无法舍弃 P 性质，就只能在数据一致性和可用性上做一个艰难的选择。不确切地说，NoSQL 运动的主题其实是创造各种可用性优先、数据一致性其次的方案；而传统数据库坚守 ACID 特性，做的是相反的事情。

4.1.3 ACID 原则与多阶段提交

1. ACID 原则

ACID，即原子性（Atomicity）、一致性（Consistency）、隔离性（Isolation）、持久性（Durability）四种特性的缩写。

ACID 也是一种比较有名的描述一致性的原则，通常出现在分布式数据库等基于事务过程的系统中。具体来说，ACID 原则描述了分布式数据库需要满足的一致性需求，同时允许付出可用性的代价。

Atomicity：每次事务是原子的，事务包含的所有操作要么全部成功，要么全部不执行。一旦有操作失败，则需要回退状态到执行事务之前。

Consistency：数据库在事务执行前后的状态是一致的和完整的，无中间状态。即只能处于成功事务提交后的状态。

Isolation：各种事务可以并发执行，但彼此之间互相不影响。按照标准 SQL 规范，从弱到强可以分为未授权读取、授权读取、可重复读取和串行化四种隔离等级。

Durability：状态的改变是持久的，不会失效。一旦某个事务提交，它造成的状态变更就是永久性的。

与 ACID 相对的一个原则是 eBay 技术专家 Dan Pritchett 提出的基本可用性、软状态和最终一致性（Basic Availability，Soft-state，Eventual Consistency，BASE）原则。BASE 原则面向大型高可用分布式系统，主张牺牲掉对强一致性的追求，而实现最终一致性，来换取一定的可用性。ACID 和 BASE 在英文中分别表示"酸"和"碱"，看似对立，实则是对 CAP 三特性的不同取舍。

2. 两阶段提交

对于分布式事务一致性的研究成果包括著名的两阶段提交算法（Two-phase Commit，2PC）和三阶段提交算法（Three-phase Commit，3PC）。

两阶段提交算法最早由 Jim Gray 于 1979 年在论文 *Notes on Database Operating Systems* 中提出，其基本思想十分简单，既然在分布式场景下，直接提交事务可能出现各种故障和冲突，那么可将其分解为预提交和正式提交两个阶段，规避冲突的风险。

1）预提交：协调者（Coordinator）发起提交某个事务的申请，各参与执行者（Participant）需要尝试进行提交并反馈是否能完成。

2）正式提交：协调者如果得到所有执行者的成功答复，则发出正式提交请求。如果成功完成，则算法执行成功。

在此过程中任何步骤出现问题（例如预提交阶段有执行者回复"预计无法完成提交"），则需要回退。

两阶段提交算法因为其简单、容易实现的优点，在关系型数据库等系统中被广泛应用。当然，其缺点也很明显。整个过程需要同步阻塞导致性能一般较差；同时存在单点问题，较坏情况下可能一直无法完成提交；另外可能产生数据不一致的情况（例如协调者和执行者在第二个阶段出现故障）。

3. 三阶段提交

三阶段提交针对两阶段提交算法第一阶段中可能阻塞部分执行者的情况进行了优化。具体来说，将预提交阶段进一步拆成两个步骤：尝试预提交和预提交。

完整过程如下：

1）尝试预提交：协调者询问执行者是否能进行某个事务的提交。执行者需要返回答复，但无须执行提交。这就避免出现部分执行者被无效阻塞住的情况。

2）预提交：协调者检查收集到的答复，如果全部为真，则发起提交事务请求。各参与执行者需要尝试进行提交并反馈是否能完成。

3）正式提交：协调者如果得到所有执行者的成功答复，则发出正式提交请求。如果成功完成，则算法执行成功。

其实，无论两阶段还是三阶段提交，都只是一定程度上缓解了提交冲突的问题，并无法保证系统的一致性。首个有效的算法是后来提出的 Paxos 算法。

4.2 经典分布式共识算法

分布式系统是计算机学科中十分重要的一个领域。随着集群规模的不断增长，所处理的数据量越来越大，对于性能、可靠性的要求越来越高，分布式系统相关技术已经变得越来越重要，起到的作用也越来越关键。在分布式系统中如何保证共识是个经典问题，无论在学术上还是在工程上都存在很高的研究价值。令人遗憾的是，理想的（各项指标均最优）解决方案并不存在，在现实各种约束条件下，往往需要通过牺牲某些需求设计出满足特定场景的协议。通过本节的学习，读者可以体会到在工程应用中的类似设计技巧。实际上，工程领域中不少问题都不存在一劳永逸的通用解法，而实用的解决思路都是合理地在实际需求和条件限制之间进行灵活的取舍。

4.2.1 Paxos 算法与 Raft 算法

Paxos 问题是指，在分布式系统中存在故障（Crash fault）但不存在恶意（Corrupt）节点的场景（即可能消息丢失或重复，但无错误消息）下，如何达成共识，这也是分布式共识领域最为常见的问题。因为最早由 Leslie Lamport 用 Paxos 岛的故事（在古代爱琴海的 Paxos 岛，议会用表决的方式来达成共识。议员们通过信使传递消息来对议案进行表决，但议员可能离开，信使可能走丢，甚至重复传递消息）对该算法进行描述，因而得名。解决 Paxos 问题的算法主要有 Paxos 算法和 Raft 算法。

1. Paxos 算法

（1）定义

Paxos 算法是 Leslie Lamport 于 1990 年提出的一种基于消息传递的、具有高度容错特性的一致性算法。Paxos 算法解决的主要问题是分布式系统内如何就某个值达成一致。从工程角度实现了一种最大化保障分布式系统一致性（存在极小的概率无法实现一致）的机制。Paxos 共识算法被广泛应用在 Chubby、ZooKeeper 这样的分布式系统中，也是首个得到证明并被广泛应用的共识算法，其原理类似于"两阶段提交"算法，但进行了泛化和扩展，并通过消息传递来逐步消除系统中的不确定状态。

（2）分类

Paxos 又可以细分为两种：Basic Paxos 和 Multi-Paxos。Basic Paxos 算法描述的是多节点之间如何就某个值（提案值）达成共识；Multi-Paxos 算法描述的是执行多个 Basic Paxos 实例，就一系列值达成共识。下面讲解 Paxos 算法主要以 Basic Paxos 为主。

（3）基本原理

Paxos 算法中存在三种逻辑角色的节点，在实现中同一节点可以担任多个角色。

1）提案者（Proposer）：提出一个提案，等待大家批准为决议。系统中提案都拥有一个自增的唯一提案号。往往由客户端担任该角色。

2）接收者（Acceptor）：负责对提案进行投票，接收提案。往往由服务端担任该角色。

3）学习者（Learner）：获取批准结果，并帮忙传播，不参与投票过程。该角色可以是客户端或服务端。

这三种角色，在本质上代表的是三种功能：

1）提案者代表的是接入和协调功能，收到客户端请求后，发起两阶段提交，进行共识协商。

2）接收者代表投票协商和存储数据，对提议的值进行投票，并接收达成共识的值，存储保存。

3）学习者代表存储数据，不参与共识协商，只接收达成共识的值，存储保存。

基本思路类似于两阶段提交：多个提案者先要争取到提案的权利（得到大多数接收者的支持）；成功的提案者发送提案给所有人进行确认，得到大部分人确认的提案成为批准的决议。

Paxos 并不保证系统总处在一致的状态，但由于每次达成共识至少有超过一半的节点参与，这样最终整个系统都会获知共识结果。一个潜在的问题是，提案者在提案过程中出现故障，这可以通过超时机制来缓解。在极为凑巧的情况下，每次新一轮提案的提案者都恰好故障，又或者两个提案者恰好依次提出更新的提案，则导致活锁，系统会永远无法达成共识（实际发生概率很小）。

Paxos 可以保证在超过一半的节点正常工作时，系统总能以较大概率达成共识。读者可以试着自己设计一套非拜占庭容错下基于消息传递的异步共识方案，会发现在满足各种约束情况下，算法过程总会十分类似于 Paxos 的过程。因此，GoogleChubby 的作者 Mike Burrows 说："这个世界上只有一种一致性算法，那就是 Paxos。"

下面，由简单情况逐步推广到一般情况来探讨算法过程。

1）单个提案者+多接收者：如果系统中限定只允许某个特定节点是提案者，那么共识结果很容易达成（只有一个方案，要么达成，要么失败）。提案者只要收到了来自多数接收者的投票，即可认为通过，因为系统中不存在其他的提案。但此时一旦提案者故障，则整个系统无法工作。

2）多个提案者+单个接收者：限定某个特定节点作为接收者。这种情况下，共识也很容易达成，接收者收到多个提案，选第一个提案作为决议，发送给其他提案者即可。缺陷是容易发生单点故障，包括接收者故障或首个提案者节点故障。以上两种情形其实类似于主从模式，虽然不那么可靠，但因为原理简单而被广泛采用。当提案者和接收者都推广到多个，会出现一些挑战。

3）多个提案者+多个接收者：既然限定单提案者或单接收者都会出现故障，那么就得允许出现多个提案者和多个接收者。问题变得更复杂了。

一种情况是同一时间片段（如一个提案周期）内只有一个提案者，这时可以退化到单提案者的情形。需要设计一种机制来保障提案者的正确产生，例如按照时间、序列，或者猜拳（出一个参数来比较）。考虑到分布式系统要处理的工作量很大，这个过程要尽量高效，满足这一条件的机制非常难设计。另一种情况是允许同一时间片段内可以出现多个提案者。那同一个节点可能收到多份提案，怎么对它们进行区分呢？这时候采用只接收第一个提案而拒绝后续提案的方法也不适用。很自然的，提案需要带上不同的序号。节点需要根据提案序号来判断接收哪个，比如接收其中序号较大（往往意味着是接收新提出的，因为旧提案故障概率更大）的提案。

如何为提案分配序号呢？一种可能方案是将每个节点的提案数字区间彼此隔离，互相不冲突。为了满足递增的需求可以配合用时间戳作为前缀字段，同时允许多个提案，意味着很可能单个提案人无法集齐足够多的投票；另一方面，提案者即便收到了多数接收者的投票，也不敢说就一定通过，因为在此过程中投票者无法获知其他投票人的结果，也无法确认提案人是否收到了自己的投票。因此，需要实现两个阶段的提交过程。

提案者发出提案申请之后，会收到来自接收者的反馈。一种结果是提案被大多数接收者接收了，一种结果是没被接收。没被接收的话，可以过一会再重试。即便收到来自大多数接收者的答复，也不能认为就最终确认了。因为这些接收者自己并不知道自己刚答复的提案可以构成大多数的一致意见。很自然，需要引入新的一个阶段，即提案者在第一阶段拿到所有的反馈后，再次判断这个提案是否得到大多数的支持，如果支持则需要对其进行最终确认。

Paxos 对这两个阶段分别命名为"准备"和"提交"。准备阶段通过锁来解决对哪个提案内容进行确认的问题；提交阶段解决大多数确认最终值的问题。

1）准备阶段。

① 提案者向多个接收者发送计划提交的提案编号 n，试探是否可以锁定多数接收者的支持。

② 接收者 i 检查回复过的提案的最大编号 M_i。如果 $n>M_i$，则向提案者返回接收的最大编号的提案 P_i（如果还未接收过任何提案，则为空），并不再接收小于 n 的提案，更新 $M_i=n$。

2）提交阶段。

① 提案者如果收到大多数的回复（表示大部分人收到了 n），则准备发出带有 n 的接收消息。如果回复中带有提案 P_i，则选择编号最大的 P_i 的值为提案值；否则指定一个新提案值。如果没收到大多数回复，则再次发出请求。

② 接收者 i 收到接收消息（带有序号 n）后，如果发现 $n \geqslant P_i$ 的序号，则接收提案，并更新 P_i 序号为 n。

一旦多数接收者接收了共同的提案值，则形成决议，成为最终确认。之后可以开始新一轮的提交确认。

（4）实例

假设客户端 1 的提案编号为 1，客户端 2 的提案编号为 5，并假设节点 A、B 先收到来自客户端 1 的准备请求，节点 C 先收到来自客户端 2 的准备请求。在这个例子中使用 $[n, v]$ 表示一个提案，其中 n 为提案编号，v 为提议值。

1）准备阶段。

第一个阶段如图 4-9 所示，首先客户端 1、2 作为提议者，分别向所有接收者发送包含提案编号的准备请求。要注意，在准备请求中是不需要指定提议的值，只需要携带提案编号就可以了。

接着，当节点 A、B 收到提案编号为 1 的准备请求，节点 C 收到提案编号为 5 的准备请求后，将进行如图 4-10 所示的处理。

由于之前没有通过任何提案，所以节点 A、B 将返回一个"尚无提案"的响应。也就是说节点 A 和 B 在告诉提议者，之前没有通过任何提案，并承诺以后不再响应提案编号小于

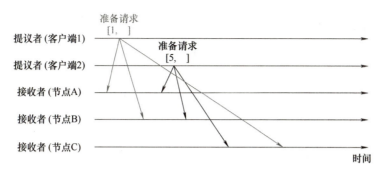

图 4-9　客户端 1 和 2 在不同时刻发出准备请求

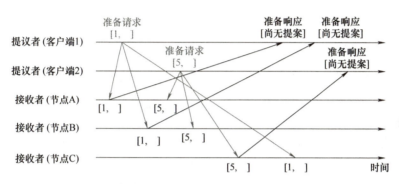

图 4-10　不同节点收到第一个请求消息后给出响应

等于 1 的准备请求，不会通过编号小于 1 的提案。

节点 C 也是如此，它将返回一个"尚无提案"的响应，并承诺以后不再响应提案编号小于等于 5 的准备请求，不会通过编号小于 5 的提案。

另外，当节点 A、B 收到提案编号为 5 的准备请求，和节点 C 收到提案编号为 1 的准备请求的时候，将进行如图 4-11 所示的处理。

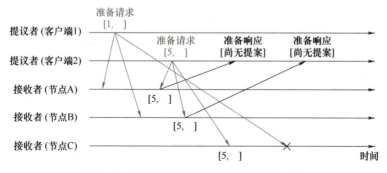

图 4-11　不同节点收到后续消息后给出响应

当节点 A、B 收到提案编号为 5 的准备请求的时候，因为提案编号 5 大于它们之前响应的准备请求的提案编号 1，而且两个节点都没有通过任何提案，所以它将返回一个"尚无提案"的响应，并承诺以后不再响应提案编号小于等于 5 的准备请求，不会通过编号小于 5 的提案。

当节点 C 收到提案编号为 1 的准备请求的时候，由于提案编号 1 小于它之前响应的准备请求的提案编号 5，所以丢弃该准备请求，不做响应。

2）提交阶段。

第二个阶段也就是提交阶段，如图 4-12 所示。首先客户端 1、2 在收到大多数节点的准备响应之后，会分别发送接收请求。

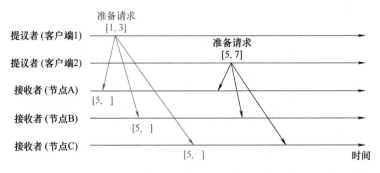

图 4-12　客户端发送新建数据的内容

当客户端 1 收到大多数的接收者（节点 A、B）的准备响应后，根据响应中提案编号最大的提案的值，设置接收请求中的值。因为该值在来自节点 A、B 的准备响应中都为空（也就是图 4-10 中的"尚无提案"），所以就把自己的提议值 3 作为提案的值，发送接收请求 [1，3]。

当客户端 2 收到大多数的接收者的准备响应后（节点 A、B 和节点 C），根据响应中提案编号最大的提案的值，来设置接收请求中的值。因为该值在来自节点 A、B、C 的准备响应中都为空（也就是图 4-10 和图 4-11 中的"尚无提案"），所以就把自己的提议值 7 作为提案的值，发送接收请求 [5，7]。

当三个节点收到两个客户端的接收请求时，会进行如图 4-13 所示的处理。

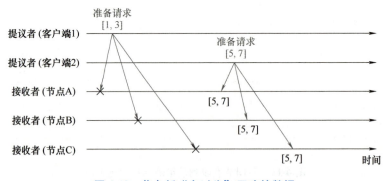

图 4-13　节点新"自以为"正确的数据

当节点 A、B、C 收到接收请求 [1，3] 的时候，由于提案的提案编号 1 小于三个节点承诺能通过的提案的最小提案编号 5，所以提案 [1，3] 将被拒绝。

当节点 A、B、C 收到接收请求 [5，7] 的时候，由于提案的提案编号 5 不小于三个节点承诺能通过的提案的最小提案编号 5，所以就通过提案 [5，7]，也就是接收了值 7，三个节点就提议值为 7 达成了共识。

通过上面的演示过程，可以看到，最终各节点就提议值达成了共识。Paxos 的容错能力，源自"大多数"的约定：Paxos 可以保证在超过一半的节点正常工作时，系统总能以较大概率达成共识。

2. Raft 算法

Paxos 算法虽然给出了共识设计，但并没有讨论太多实现细节，也并不重视工程上的优化，因此后来在学术界和工程界出现了一些改进方案，包括 Fast Paxos、Multi-Paxos，Zookeeper Atomic Broadcast（ZAB）和 Raft 等，这些算法重点在于改进执行效率和可实现性。

（1）定义

Raft 算法是一个用于管理日志一致性的协议。该算法基于 Multi-Paxos 算法进行重新简化设计和实现，提高了工程实践性。Raft 算法的主要设计思想与 ZAB 类似，通过先选出领导节点来简化流程和提高效率。实现上解耦了领导者选举、日志复制和安全方面的需求，并通过约束减少了不确定性的状态空间。同时，Raft 算法使用了更强的假设减少了需要考虑的状态，使之易于理解和实现。

（2）基本原理

Raft 算法包括三种角色：领导者（Leader）、候选者（Candidate）和跟随者（Follower）。每个选举阶段内选举一个全局的领导者，领导者角色十分关键，决定日志的提交。每个日志都会由客户端提交至领导者，并且只能由领导者向跟随者单向传递。

典型的过程包括两个主要阶段：

1）领导者选举。如图 4-14 所示，开始所有节点都是跟随者，在随机超时发生后若未收到来自领导者或候选者消息，则转变角色为候选者（中间状态），提出选举请求。最近选举阶段中得票超过一半者被选为领导者；如果未选出领导者，随机超时后进入新的阶段重试。领导者负责从客户端接收请求，并分发到其他节点。

2）同步日志。领导者会决定系统中最新的日志记录，并强制所有的跟随者刷新到这个记录，数据的同步是单向的，确保所有节点看到的视图一致。

举个例子，如图 4-15 所示，最上面表示日志索引，用来保证唯一性。每个方块代表指定选举阶段内的数据操作，目前来看，日志索引号为 1~4 的日志已经完成同步，日志索引号为 5 的正在同步，日志索引号为 6 还未开始同步。Raft 日志提交的过程有点类似两阶段原子提交协议 2PC，不过和 2PC 的最大区别是，Raft 要求超过一半节点同意即可确认，2PC 要求所有节点同意才能确认。

此外，领导者会定期向所有跟随者发送心跳消息，如果跟随者发现心跳消息超时未收到，则可以认为领导者已经下线，尝试发起新的选举过程。

当前的领导选举和日志复制并不能保证 Raft 算法的安全性，在一些特殊情况下，可能导致数据不一致，所以需要引入下面安全性规则：

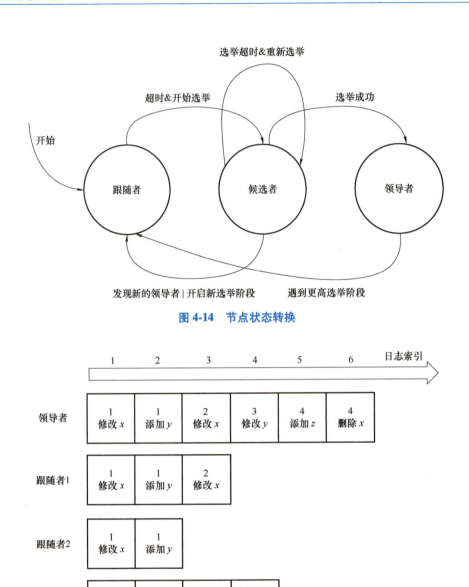

图 4-14　节点状态转换

图 4-15　同步日志

1）选举安全性：避免脑裂问题。

选举安全性要求一个选举阶段内只能有一个领导者，即不能出现脑裂现象，否则 Raft 的日志复制原则很可能出现数据覆盖丢失的问题。Raft 算法通过规定若干投票原则来解决这个问题：一个选举阶段内，跟随者只会投一次票，且先来先得；候选者存储的日志至少要和跟随者一样新；只有获得超过半数投票才有机会成为领导者。

2）日志只能由领导者添加修改。

Raft 算法规定，所有的数据请求都要交给领导者处理，要求领导者只能追加日志，不能覆盖日志；只有领导者的日志项才能被提交，跟随者不能接收写请求和提交日志；只有已经提交的日志项，才能被应用到状态机中；选举时限制新领导者日志包含所有已提交的日志项。

3）日志匹配特性。

这点主要是为了保证日志的唯一性，要求：如果在不同日志中的两个条目有着相同的索引和选举阶段号，则所存储的命令是相同的；如果在不同日志中的两个条目有着相同的索引和选举阶段号，则它们之间所有的条目完全一样。

4）选举完备性：领导者必须具备最新提交日志。

Raft 规定只有拥有最新提交日志的跟随者节点才有资格成为领导者节点，其具体做法是：候选者竞选投票时会携带最新提交日志，跟随者会用自己的日志和候选者做比较。如果跟随者更新，那么拒绝这次投票；否则根据前面的投票规则处理。这样就可以保证只有最新提交节点成为领导者。

因为日志提交需要超过半数的节点同意，所以针对日志同步落后的跟随者（还未同步完全部日志，导致落后于其他节点）在竞选领导者的时候，肯定拿不到超过半数的票，也只有那些完成同步的才有可能获取超过半数的票成为领导者。

日志更新判断方式是比较日志项的选举阶段和日志索引号：如果选举阶段号不同，选择选举阶段号最大的；如果选举阶段号相同，选择日志索引号最大的；

（3）Paxos 与 Raft 对比

Basic Paxos 算法没有领导者角色，是一个纯粹的去中心化的分布式算法，但是它存在若干不足（只能单值共识、活锁、网络开销大），所以才有了以领导者为核心的 Multi-Paxos 算法（由一个去中心化的算法变为基于领导者的算法）。Raft 算法相当于 Multi-Paxos 的进一步优化，主要通过增加如下两个限制：

1）日志添加次序性。

① Raft 要求日志必须要串行连续添加；

② Multi-Paxos 可以并发添加日志，没有顺序性要求，所以日志可能存在空洞现象。

2）选主限制。

① Raft 要求只有拥有最新日志的节点才有资格当选领导者，因为日志是串行连续添加的，所以 Raft 能够根据日志确认最新节点；

② 在 Multi-Paxos 算法中由于日志是并发添加的，所以无法确认最新日志的节点，所以 Multi-Paxos 可以选择任意节点作为领导者节点，成为领导者节点后需要把其他日志补全。

4.2.2 拜占庭问题与 PBFT 算法

1. 拜占庭问题

（1）两将军问题

早在 1975 年，学术界就已经开始对两将军问题进行讨论了：两个将军要通过信使来达成进攻还是撤退的约定，但信使可能迷路或被敌军阻拦（消息丢失或伪造），如何达成一致？这是典型的异步双方共识模型，根据 FLP 不可能原理，这个问题不存在通用解。

拜占庭问题最早由 Leslie Lamport 等学者于 1982 年在论文 The Byzantine Generals Problem 中正式提出，是用来解释异步系统中共识问题的一个虚构模型。拜占庭是古代东罗马帝国的首都，地域宽广，假设其守卫边境的多个将军（系统中的多个节点）需要通过信使来传递消息，达成某些一致决定。但由于将军中可能存在叛徒（系统中节点出错），这些叛徒将向不同的将军发送不同的消息，试图干扰共识的达成。拜占庭问题即讨论在此情况下，如何让忠诚的将军们能达成行动的一致，也就是在少数节点有可能作恶（消息可能被伪造）的场景下，如何达成共识问题。

一般分布式场景下，拜占庭需求并不多见，但在特定场景下会有较大意义。例如容易匿名参与的系统（如比特币），或是出现欺诈可能造成巨大损失的系统（如金融系统）。

（2）问题的解决

论文 The Byzantine Generals Problem 中指出，对于拜占庭问题来说，假如节点总数为 N，故障节点数为 f，则当 $N \geq 3f+1$ 时，问题才能有解，由 BFT 算法进行保证。

例如，$N=3$，$f=1$ 时，若指挥官不是叛变者，指挥官发送一个提案，收到该提案的叛变者可以宣称收到的是相反的命令。对于第三个人（忠诚者）会收到两个相反的消息，无法判断谁是叛变者，则系统无法达到一致。若指挥官是叛变者，分别给另外两人发送两个相反的提案，另外两人收到两个相反的消息，无法判断究竟谁是叛变者，则系统无法达到一致。

更一般的场景是，当指挥官不是叛变者，指挥官提出提案信息 1，则从合作者角度看，系统中会有 $N-f$ 份确定的信息 1，和 f 份不确定的信息（可能为 0 或 1，假设叛变者会尽量干扰一致的达成），$N-f>f$，即 $N>2f$ 的情况下才能达成一致。

当提案人是叛变者，会尽量发送相反的提案给 $N-f$ 个合作者，从收到 1 的合作者角度看，系统中会存在 $(N-f)/2$ 个信息 1，以及 $(N-f)/2$ 个信息 0；从收到 0 的合作者角度看，系统中会存在 $(N-f)/2$ 个信息 0，以及 $(N-f)/2$ 个信息 1。另外存在 $f-1$ 个不确定的信息。合作者要想达成一致，必须进一步对所获得的消息进行判定，向其他节点询问某个被怀疑对象的消息值，并取多数作为被怀疑者的信息值。这个过程可以进一步递归下去。

1980 年，Leslie Lamport 等人在论文 Reaching Agreement in The Presence of Faults 中证明，当叛变者不超过 1/3 时，存在有效的拜占庭容错算法。反之，如果叛变者过多，超过 1/3，则无法保证一定能达成一致结果。

那么，当存在多于 1/3 的叛变者时，有没有可能存在解决方案呢？设想有 f 个叛变者和 l 个忠诚者。叛变者故意使坏，可以给出错误的结果，也可以不响应。某个时候 f 个叛变者都不响应，则 l 个忠诚者取多数就能得到正确结果。当 f 个叛变者都给出一个恶意的提案，并且 l 个忠诚者中有 f 个离线时，剩下的 $l-f$ 个忠诚者此时无法分辨是否混入了叛变者，仍然要确保取多数能得到正确结果，因此，$l-f>f$，即 $l>2f$ 或 $N-f>2f$，所以系统整体规模 N 要大于 $3f$。能确保达成共识的拜占庭系统节点数至少为 4，此时最多允许出现 1 个坏的节点。

将算法推广到 N 个节点，假设有 f 个节点是恶意的。那么对于任何一个节点而言，为了保证活性，它最多只能等待 $N-f$ 条消息（包括指挥官），就必须做出判断。

如图 4-16 所示，当只有指挥官为恶意节点时，其他 $N-1$ 个节点均为忠诚节点。当某一忠诚节点收到 $(N-2)/2+2$ 条"进攻"消息后，即可保证其他节点不可能收到超过 $N/2+1$ 条"撤退消息"。除非某一节点分别发送了"撤退"和"进攻"两条不一致的消息，这与 $N-1$ 个节点均为忠诚节点的假设相矛盾。

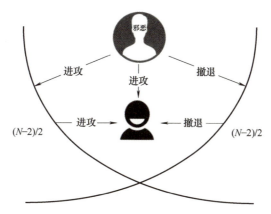

图 4-16 仅指挥官为恶意节点

如图 4-17 所示，当除了指挥官外还有 $f-1$ 个恶意节点时，某一忠诚节点需收到 $(N-f-1)/2+f-1+2$ 条"进攻"消息后，才可保证其他节点不可能收到超过 $(N+f+1)/2$ 条"撤退消息"。因此，当节点收到最多 $N-f$ 条消息时，已经可以做出一致性判断，即 $(N+f+1)/2 \leqslant N-f$，也就是 N 大于或者等于 $3f+1$ 时，拜占庭问题有解。

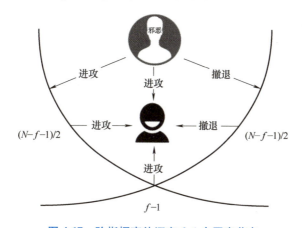

图 4-17 除指挥官外还有 $f-1$ 个恶意节点

2. PBFT 算法

（1）定义

拜占庭容错（Practical Byzantine Fault Tolerant，PBFT）算法是面向拜占庭问题的容错算法，解决的是在网络通信可靠、但节点可能故障和作恶情况下，如何达成共识。该算法对前人工作（特别是 Paxos 相关算法，因此也被称为 Byzantine Paxos）进行了优化，首次将拜占庭容错算法复杂度从指数级降低到了多项式（二次方）级，目前已得到广泛应用。其可以在恶意节点不超过总数 1/3 的情况下同时保证安全性和活性。

（2）基本原理

PBFT 算法采用密码学相关技术（RSA 签名算法、消息验证编码和摘要），确保消息在传递过程中无法被篡改和破坏。算法整体的基本过程如下：

1）通过轮换或随机算法选出某个节点为主节点，此后只要主节点不切换，则称为一个视图（View）。

2）在某个视图中，客户端将请求 <REQUEST, $operation$, $timestamp$, $client$> 发送给主节点（如果客户端发给从节点，从节点可以转发给主节点），主节点负责广播请求到所有其他副本节点并完成共识。

3）所有节点完成处理请求，将处理结果 <REPLY, $view$, $timestamp$, $client$, id_node, $response$> 返回给客户端。客户端检查是否收到了至少 $f+1$ 个来自不同节点的相同结果，作为最终结果。

主节点的广播过程包括三个阶段：预准备（Pre-Prepare）、准备（Prepare）和提交（Commit）。预准备和准备阶段确保在同一个视图内请求发送的顺序正确；准备和提交阶段则确保在不同视图之间的确认请求是保序的。

1）预准备阶段。主节点为从客户端收到的请求分配提案编号，然后发出预准备消息 ≪PRE-PREPARE, $view$, n, $digest$>, $message$> 给各副本节点，主节点需要对预准备消息进行签名，其中 n 是主节点为这个请求分配的序号，$digest$ 是消息的摘要，$message$ 是客户端的请求消息。这一步的目的是为客户端请求分配序号，因此可以不包括原始的请求消息，可以通过其他方式将请求同步到副本节点。

2）准备阶段。副本节点收到预准备消息后，检查消息（包括核对签名、视图、编号）。如消息合法，则向其他节点发送准备消息 <PREPARE, $view$, n, $digest$, id_node>，带上自己的 id 信息，并添加签名。收到准备消息的节点同样对消息进行合法性检查。节点集齐至少 $2f+1$ 个验证过的消息则认为验证通过，把这个准备消息写入本地提交消息日志中。这一步确认大多数节点已经对序号达成共识。

3）提交阶段。广播提交消息 <COMMIT, $view$, n, $digest$, id_node> 并添加自己签名，告诉其他节点某个编号为 n 的提案在视图（$view$）里已经处于提交状态。如果集齐至少 $2f+1$ 个验证过的提交的消息，则说明提案被整个系统接收。

PBFT 算法流程图如图 4-18 所示，结合图 4-18 说明 PBFT 是如何完成以下所说的三个目标：

1）"每一个提议（Proposal）都是唯一且有序的"。

要实现这个效果非常简单，只要给每一个提议赋值一个序号 n，同时每一个非拜占庭节点约定不接收两个具有相同的 n 值的提议。因此，对于非拜占庭节点而言，每一个被接收的提议都是唯一且有序的。

2）"每一笔被保证（COMMIT）的交易都对应一个提议（Proposal）"。

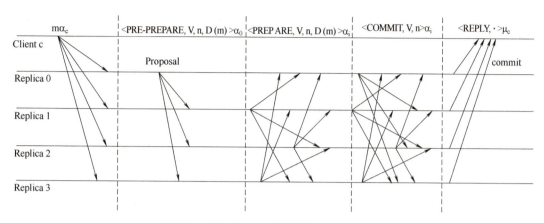

图 4-18 没有 faulty 节点时的 PBFT 流程图

PBFT 算法流程可以看作由无数的轮次组成，在每一轮中，有一个提议被提出，节点通过"少数服从多数"原则决定一个提议是否被保证。即，每一个被保证的交易，首先是一个提议。

3)"每一个被保证（COMMIT）的交易都会被超过 2/3 的节点所保证（COMMIT）"。

非拜占庭节点如何在一个靠消息通信的分布式节点网络中保证自己保证的交易会被超过 2/3 的节点保证？可以继续把这个条件拆分成两个：

① 确定一个提议被超过 2/3 得节点投票；

② 确定超过 2/3 的节点都确认了条件①。

之所以需要同时满足条件①和②，是因为在一个存在拜占庭节点网络中，节点自己接收到的消息和其他节点接收到的消息不一定是完全一样的，原因是拜占庭节点可能会传播虚假伪造的消息，即从每一个节点看到的"视图"不一定是一样的。

PBFT 是如何保证条件①和条件②？在 PBFT 中，节点的通信消息使用非对称加密来保证真实性。非对称加密指对于一个原文，用密钥 A 加密之后，只能用一个不同的密钥 B 解密，反之亦然。因此，只要每一个节点都有一个公开的密钥（公钥），以及一个私密的密钥（私钥），并使用私钥来加密自己需要传输的消息，就可以使得其他节点使用这个节点的公钥来解密得到真实的消息。对于任意一个提议的投票信息，节点需要收集所有其他节点的投票信息，即图中 PREPARE 标注的部分——每一个节点都会将自己的投票消息广播以便其他节点收集。只要节点收集到超过 2/3 个节点的投票消息，就可以保证在本地节点的视图中，序列号 n 对应的就是被投票的提议。

简单证明如下：假设系统中的节点总数为 $3f+1$，系统中至多有 f 个拜占庭节点，节点 A 和 B 都接收到了 (n, Proposal), (n, Proposal1)，即存在至少 $2f+1$ 个节点投票了 (n, Proposal)，以及至少 $2f+1$ 个节点、投票了 (n, Proposal1)。因为节点总数为 $3f+1$，至少存在 $2f+1+2f+1-3f-1=f+1$ 个节点既投了 (n, Proposal) 又投了 (n, Proposal1)，即所谓的拜占庭节点，这与假设矛盾。因此，不会出现同一个序列化 n，不同的提议会同时被超过 2/3 的节点投票。

可以看到，只要满足条件①，有且仅有一个唯一的（n, Proposal）会被超过2/3的节点投票。条件①对于一个节点而言，只是本地看到的视图，为了保证本地视图也是全局视图，节点需要将在条件①被满足之后，通过广播通知所有其他节点，当一个节点接收到超过2/3的节点发送了针对同一个（n, Proposal）条件①被满足的通知，即可确定超过2/3的节点的视图和本地视图一致，即条件②被满足。

（3）垃圾回收

如果主节点作恶，它可能会给不同的请求编上相同的序号，或者不去分配序号，或者让相邻的序号不连续。备份节点应当有职责来主动检查这些序号的合法性。如果主节点线或者作恶不广播客户端的请求，客户端设置超时机制，超时的话，向所有副本节点广播请求消息。副本节点检测出主节点作恶或者离线，发起视图切换（View Change）。

为了确保在视图切换的过程中，能够恢复先前的请求，每一个副本节点都记录一些消息到本地的日志中，当执行请求后副本节点需要把之前该请求的记录消息清除掉。最简单的做法是在 REPLY 消息后，再执行一次当前状态的共识同步，这样做的成本比较高，因此可以在执行完多条请求 K（例如100条）后执行一次状态同步。这个状态同步消息就是 CHECKPOINT 消息。

副本节点 i 发送 <CHECKPOINT, n, $digest$, id_node> 给其他节点，n 是当前节点所保留的最后一个视图请求编号，该 CHECKPOINT 消息记录到日志中。如果副本节点 i 收到了 $2f+1$ 个验证过的 CHECKPOINT 消息，则清除先前日志中的消息，并以 n 作为当前一个 stable checkpoint。

这是理想情况，实际上当副本节点 i 向其他节点发出 CHECKPOINT 消息后，其他节点还没有完成 K 条请求，所以不会立即对 i 的请求做出响应，它还会按照自己的节奏，向前行进，但此时发出的 CHECKPOINT 消息并未形成 stable checkpoint，为了防止 i 的处理请求过快，设置一个高低水位区间 $[h, H]$ 来解决这个问题。低水位 h 等于上一个 stable checkpoint 的编号，高水位 $H=h+L$，其中 L 是事先指定的数值，等于 CHECKPOINT 周期处理请求数 K 的整数倍，可以设置为 $L=2K$。当副本节点 i 处理请求超过高水位 H 时，就会停止，等待 stable checkpoint 发生变化，再继续前进。

（4）视图切换

副本节点向其他节点广播 <VIEW-CHANGE, $view+1$, n, C, P, id_node> 消息，其中 n 是最新的 stable checkpoint 的编号，C 是 $2f+1$ 验证过的 CHECKPOINT 消息集合，P 是当前副本节点未完成的请求的 PRE-PREPARE 和 PREPARE 消息集合。

当主节点 $p=view+1 \bmod |R|$（其中 $view$ 为视图编号，$|R|$ 为节点个数）收到 $2f$ 个有效的 VIEW-CHANGE 消息后，向其他节点广播 <NEW-VIEW, $view+1$, V, O> 消息。V 是有效的 VIEW-CHANGE 消息集合。O 是主节点重新发起的未经完成的 PRE-PREPARE 消息集合。PRE-PREPARE 消息集合的选取规则：

1）选取 V 中最小的 stable checkpoint 编号 min-s，选取 V 中 PREPARE 消息的最大编号 max-s。

2）在 min-s 和 max-s 之间，如果存在消息集合 P，则创建<<PRE-PREPARE，$view+1$，n，$digest$>，$message$>消息；否则创建一个空的 PRE-PREPARE 消息，即：≪PRE-PREPARE，$view+1$，n，$digestnull$>，$messagenull$>，其中 $messagenull$ 为空消息，$digestnull$ 为空消息摘要。

副本节点收到主节点的 NEW-VIEW 消息，验证有效性，有效的话，进入 $view+1$ 状态，并且开始 O 中的 PRE-PREPARE 消息处理流程。

 ## 4.3　区块链共识机制

1. 区块链的分类

在开始进行共识机制梳理前，首先需要对目前的区块链进行简单的了解。目前根据共识算法及应用场景把区块链分为三类：公有链、联盟链和私有链。

公有链是一个完全开放的分布式系统。公有链中的节点可以很自由地加入或者退出，不需要严格的验证和审核，比如比特币、以太坊、EOS 等。共识机制在公有链中不仅需要考虑网络中存在故障节点，还需要考虑作恶节点，并确保最终一致性。

联盟链是一个相对开放的分布式系统。对于联盟链，每个新加入的节点都是需要验证和审核的，比如 Fabric、BCOS 等。联盟链一般应用于企业之间，对安全和数据的一致性要求较高，所以共识机制在联盟链中不仅需要考虑网络中存在故障节点，还需要考虑作恶节点。

私有链是一个封闭的分布式系统。由于私有链是一个内部系统，所以不需要考虑新节点的加入和退出，也不需要考虑作恶节点。私有链的共识算法是传统分布式系统里的共识算法，比如 Zookeeper 的 ZAB 协议，就是类 Paxos 算法的一种。私有链只考虑因为系统或者网络原因导致的故障节点，数据一致性要求根据系统的要求而定。

2. 共识机制的目标

所谓"共识机制"，是通过特殊节点的投票，在很短的时间内完成对交易的验证和确认。对于一笔交易，如果利益不相干的若干个节点能够达成共识，则可以认为全网对此也能够达成共识。

区块链作为一个去中心化的分布式账本系统，在实际运行中要达成这样的共识机制：去中心化后保证整个系统能够有效运行以及各节点诚实记账，使互相不信任的个体在没有所谓中心的情况下就交易的合法性达成共识。

区块链作为一种按时间顺序存储数据的数据结构，可支持不同的共识机制。共识机制是区块链技术的重要组件。区块链共识机制的目标是使所有的诚实节点保存一致的区块链视图，同时满足两个性质：

1）一致性：所有诚实节点保存的区块链的前缀部分完全相同。

2）有效性：由某诚实节点发布的信息终将被其他所有诚实节点记录在自己的区块链中。

在分布式系统中，各个不同的主机通过异步通信方式组成网络集群。为了保证每个主机达成一致的状态共识，就需要在主机之间进行状态复制。异步系统中，可能会出现各种各样的问题，例如主机出现故障无法通信，或者性能下降，而网络也可能发生拥堵延迟，类似的种种故障有可能会发生错误信息在系统内传播。因此需要在默认不可靠的异步网络中定义容错协议，以确保各主机达成安全可靠的状态共识。所以，利用区块链构造基于互联网的去中心化账本，需要解决的首要问题是如何实现不同记账节点上的账本数据的一致性和正确性。

这就需要借鉴已有的在分布式系统中实现状态共识的算法，确定网络中选择记账节点的机制，以及如何保障账本数据在全网中形成正确、一致的共识。

3. 共识机制的评价标准

1）安全性：能否有效防止二次支付，私自挖矿。

2）扩展性：当系统成员和待确认交易数量增加时，所带来的系统负载和网络通信量的变化，通常以网络吞吐量来衡量。

3）性能效率：每秒可以处理的交易数量。

4）资源消耗：达成共识过程中，所要消耗的 CPU、内存等计算资源。

4.3.1 工作量证明（PoW）

本书首先介绍工作量证明（Proof of Work，PoW），闻名于比特币，俗称"挖矿"。PoW是指系统为达到某一目标而设置的度量方法。简单理解就是一份证明，用来确认做过一定量的工作。监测工作的整个过程通常是极为低效的，而通过对工作的结果进行认证来证明完成了相应的工作量，则是一种非常高效的方式。PoW 是按劳分配，算力决定一切，谁的算力多，谁记账的概率就越大，可理解为力量型比较。以下内容基于比特币的 PoW 机制。

工作量证明（PoW）通过计算一个数值 nonce，使得拼凑上交易数据后内容的哈希值满足规定的上限。在节点成功找到满足的哈希值之后，会马上对全网进行广播打包区块，网络的节点收到广播打包区块，会立刻对其进行验证。

如何才能创建一个新区块呢？通过解决一个问题：找到一个 nonce 值，使得新区块头的哈希值小于某个指定的值，即区块头结构中的"难度目标"。

如果验证通过，则表明已经有节点成功解谜，自己就不再竞争当前区块打包，而是选择接收这个区块，记录到自己的账本中，然后进行下一个区块的竞争猜谜。网络中只有最快解谜的区块，才会添加到账本中，其他的节点进行复制，这样就保证了整个账本的唯一性。

假如节点有任何的作弊行为，都会导致网络的节点验证不通过，直接丢弃其打包的区块，这个区块就无法记录到总账本中，作弊的节点耗费的成本就白费了，因此在巨大的挖矿成本下，也使得矿工自觉自愿遵守比特币系统的共识协议，也就确保了整个系统的安全。

4.3.2 权益证明（PoS）

由于区块链是去中心化分散网络，所以必须设计一套维护系统的运作顺序和公平性的机制，即共识机制，用来决定谁取得区块链的记账权并获得系统新币奖励。比特币的 PoW 共识机制是一种多劳多得的模式，其优点是算法简单，容易实现，破坏系统的话需要投入巨大的成本，能够有一定的安全保障。不过该算法的缺点也比较明显，就是需要耗费大量电力，对交易的处理效率较低，像比特币系统就是每秒 7 笔交易的处理能力。因此，人们不断去研究新的共识机制，以便更好地运作区块链系统。

上一节介绍了 PoW 共识机制，本节将对区块链另外的一些共识机制做介绍，它就是 PoS 共识机制。PoS 全称为 Proof of Stake（权益证明），最早使用在 Peer Coin 中，它主要是解决 PoW 中资源浪费的问题。

对于 PoW，由于矿场的出现及挖矿设备性能的不断提升，算力开始集中，节点数和算力值渐渐不适配，同时 PoW 太浪费了，矿工持续挖矿进行的重复哈希计算没有任何实际或者科学价值，而且还有一个更大的问题，作恶是没有成本的，矿工的恶意攻击并不会对矿工下次记账并获取相关权益（比特币）产生任何影响，因此人们提出了 PoS。

PoS 算法是针对 PoW 算法的缺点的改进。PoS 由 Quantum Mechanic 在 2011 年首先提出，后经点点币（Peercoin）和未来币（Next Coin，NXT）以不同思路实现。PoS 不像 PoW 那样，无论什么人，买了矿机，下载了软件，就可以参与。PoS 要求参与者预先放一些代币（利益）在区块链上，类似将财产存储在银行，这种模式会根据用户持有数字货币的量和时间，给用户分配相应的利息。用户只有将一些利益放进链里，相当于押金，用户才会更关注，做出的决定才会更理性。同时也可以引入奖惩机制，使节点的运行更可控，同时更好地防止攻击。

1. PoS 的实现原理及公式

要理解 PoS 的实现原理，从 PoS 的实现算法公式来理解是最为直观的，见式（4-1）：

$$\text{Hash}(\text{Block\_Header}) \leqslant \text{Target} \times \text{CoinAge} \tag{4-1}$$

式中，Target 为目标难度，CoinAge 表示币龄，由持币个数与币的剩余使用时间相乘而得，这意味着币龄越大，越容易得到答案。而其中币龄的计算是通过挖矿者拥有的币乘以每个币的剩下使用时间得到的，这也意味着拥有的币越多，也越容易得到答案。这样，PoS 解决了 PoW 中浪费资源的问题，同时挖矿者不可能拥有全网 51% 的币，所以也解决了 51% 攻击的问题。PoS 与 PoW 相比，不需要证明用户在记账前做了某项工作，而是证明用户拥有某些财产。股权决定一切，谁的股权大，谁记账的概率就越大。

2. 工作机制

开始竞争出块记账前，拥有权益的节点将自己的权益放入 PoS 机制中，同时身份变为验证者，PoS 机制根据验证者下注的多少，采用随机的方式选出一个记账者进行出块记账。这个随机并不是真正的随机，一般跟下注的权益成正比，谁的权益多，谁获取记账权的概率就越大。如果选出的记账者在一段时间内没有记账，PoS 机制将重新选择记账节点，当出块完成后，开始进入下一轮的记账。

接下来，本书以点点币来举例说明 PoS 的工作机制。点点币是最先采用 PoS 共识机制的数字货币。在点点币中，引入了币龄和币天的概念。币天就是指持有货币的时间，币龄＝币的数量×币天。比如一个矿工有 100 个币，总共持有 30 天（点点币中未使用至少 30 天的币可以参与竞争下一区块），那么该矿工的币龄就是 100×30 = 3000，你作为币的持有者，参与下一轮竞争，过程如下：

1）在竞争开始前，该矿工将 3000 币龄作为筹码下注，并成为记账验证者；
2）PoS 机制会随机选出一个记账者，刚好是该矿工，开始记账并完成；
3）该矿工的 3000 币龄被清空；
4）该矿工获得利息 = 3000×5%÷365 = 0.41 个币（每被清空 365 币龄，矿工将会从区块中获得 0.05 个币的利息）。

PoS 在选择记账者时一般有两种做法，一种是挑选下注多（权益大）的进行轮流记账；还有一种是跟 PoW 结合，在 PoW 中，决定矿工能否出块的一个重要因素是出块的难度，PoS 将出块难度和权益挂钩，权益越大，难度越小，出块概率越大。

3. PoS 的优缺点

通过上面的描述和 PoS 的特点，可以总结出 PoS 优点包括：节能环保，不需要无用计算；性能高；更加安全；人人可挖矿（获得利息），不用担心算力集中导致中心化出现；避免货币紧缩。

在指定时间内，在 PoS 体系中，即使拥有了全球 51% 的算力，也未必能够进行 51 攻击，因为，有一部分的货币并不是挖矿产生的，而是由利息产生（利息存放在 PoS 区块中），这要求攻击者还需要持有全球超过 51% 的货币量，大大提高了 51 攻击的难度。

在 PoS 机制下，持有币越多，越容易获得记账权，但持有的币越多，越接近于一个诚实的节点，因为破坏整个网络带来的损失也越大。

从 PoS 的实现原理和实现算法公式上分析，PoS 很完美地解决了 PoW 的算力以及 51 攻击问题，然而 PoS 仍有以下缺陷：

1）从 PoS 的实现算法公式看，币龄的计算公式中，假如一开始挖矿，只有创始区块中有币，也就是说其他矿机是没法参与挖矿的，因为币的个数这个值对它们来说永远是零，这也就是 PoS 机制的缺陷之一——币无法发行的问题。
2）同样从 PoS 的实现算法公式可以分析到，币龄其实就是时间，一旦挖矿者囤积一定的币，很久很久之后发起攻击，这样也将很容易拿到记账权，所以算法需要给每个币设计一个时间上限。
3）设计时间上限后，虽然解决了部分挖矿者囤积币的缺陷，从公式中仍然看到还会面临一个问题，也就是币的数量还是会影响节点拿到记账权，很多挖矿者还会囤积代币，给代币造成流通上的缺陷。目前有些平台引入币龄按时间衰减的方案来解决这一缺陷。
4）即使上面的各种缺陷都多少有些解决方案，但例如挖矿者挖一段时间后离线，此时，时间将不纳入币龄减弱计算，这样，挖矿者通过增加离线时长来囤积挖矿，区块链同样面临灾难。

4. PoS 的分类

目前业内 PoS 共识算法的实现主要分为两类：

1）第一类是简单的 PoS 系统。这类 PoS 很少，甚至没有从算法的设计上来解决上述问题，一般是比较早期的 PoS 尝试。比较典型的例子是点点币、新星币（Nova Coin，NVC）、黑币（Black Coin，BLK）、未来币等。

2）第二类是精心设计的 PoS 系统，相对来说比较新。基于不同的实现方式，精心设计的 PoS 系统可以分为两种。一种是基于拜占庭容错的 PoS（BFT based PoS），比如 Tendermint；另一种是基于链的 PoS（Chain based PoS），比如 ETH Casper 和 ADA 的 Ouroboros。

第一类 PoS 系统安全性不够。第二类 PoS 系统目前还不够成熟，有一些处于早期运行阶段，有一些还处于讨论和测试阶段。

5. Casper 协议

PoS 会无法避免地引发无成本利益问题（Nothing at stake）导致很容易分叉。而以太坊的共识机制就是 PoS，接下来将分析以太坊如何解决这个问题。

（1）无成本利益问题

在解决无成本利益关系这个问题前，先介绍什么是无成本利益问题。假设节点处在如图 4-19 所示的情况下，有一条灰色的主链和一条黑色的从主链中分出来的链条，如何禁止一个恶意的矿工在黑色区块上挖矿然后推动一次硬分叉呢？

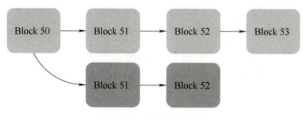

图 4-19 场景模拟图

在一个工作量证明系统上，这一风险是可以被减轻的。假设恶意矿工想在黑色链上挖矿，即便他投入了所有的哈希算力，也不会有任何矿工加入他在新链上挖矿。其他矿工都将继续在灰色链上挖矿，因为在最长的链上挖矿收益更可观，而且没有风险。对一个矿工来说，花费许多资源在一个将会被网络拒绝的区块上是没有任何意义的。因此，链分叉在一个 PoW 中是被避免了的，因为攻击者将不得不付出大量金钱。

但是，当把这种情形放到 PoS 下的时候，结果就大不相同了。一个验证者可以简单地把钱投到灰、黑两条链上，完全不用担心间接的不良后果。不管发生什么事，总是可以获利，不会失去任何东西，不管行为有多恶意。这就是所谓的无成本利益问题，也是以太坊必须解决的问题。

（2）引入 Casper 协议解决无成本利益关系问题

既然有人恶意去使得区块链产生分叉，那么区块链必须想方设法去对恶意制造者加以惩罚，从而解决无成本利益问题。Casper 是以太坊选择实行的 PoS 协议，通过以下步骤实现：

1）验证者押下一定比例的他们所拥有的以太币作为保证金。

2）然后，他们将开始验证区块。也就是说，当他们发现一个他们认为可以被加到链上的区块的时候，他们将通过押下赌注来验证它。

3）如果该区块被加到链上，验证者们将得到一个跟他们的赌注成比例的奖励。

4）但是，如果一个验证者采用一种恶意的方式行动、试图做"无成本利益"的事，他们将立即遭到惩罚，所有的权益都会被砍掉。

正是这样的对赌协议，对恶意制造者加以了惩罚，使得区块链尽量不会产生分叉。

4.3.3 委任权益证明（DPoS）

委任权益证明（Delegated Proof of Stake，DPoS）是比特股 BitShares 采用的区块链公识算法，很好地解决了交易性能和 PoW 算法能耗极大的问题。

1. 背景

DPoS 算法中使用见证人机制（Witness）实现去中心化。假设总共有 N 个见证人对区块进行签名，而这些见证人由使用区块链网络的主体投票产生。见证人的数量由权益所有者确定，至少需要确保 11 个见证人。见证人是允许生成和广播区块的权威。生成区块的过程包括收集 P2P 网络中的交易并使用见证人的私钥进行签名。

由于使用了去中心化的投票机制，DPoS 相比其他的系统更加民主化。DPoS 并没有完全去除对于信任的要求，代表整个网络对区块进行签名的被信任主体在保护机制下确保行为正确而没有偏见。另外，每个被签名的区块都有先前区块被可信任节点签名的证明。DPoS 消除了交易需要等待一定数量区块被非信任节点验证的时间消耗。

通过减少确认的要求，DPoS 算法大大提高了交易的速度。通过信任少量的诚信节点，可以去除区块签名过程中不必要的步骤。DPoS 的区块可以比 PoW 容纳更多的交易数量，从而使加密数字货币的交易速度接近像 Visa 和 Mastercard 这样的中心化清算系统。

DPoS 系统仍然存在中心化，但是这种中心化是受到控制的，因为每个客户端都有能力决定哪些节点可以被信任。DPoS 使得这样的区块链网络保留了一些中心化系统的关键优势，同时又能保证一定的去中心化。系统通过公平选举，使每个人都有可能成为代表绝大多数用户的委托人。

2. 权益所有者拥有控制权

DPoS 的根本特性是权益所有者保留了控制权，从而使系统去中心化。每个权益所有者通过投票决定区块的签名验证者，任何一个拥有超过 1% 投票的人都可以参与到董事会。所有的代表构成一个"董事会"，轮流签署区块。如果一个董事错过了签署区块的机会，客户会自动把投票给予其他人。最终，这些错过签署机会的董事会被取消资格，其他人就可以加入董事会。董事会成员会收到少量代币作为奖励，用来激励在线时间和参与竞选。

DPoS 使权益所有者能够通过投票决定记账人，其最大化权益所有者的红利。DPoS 最小化地保证了网络安全的消耗，最小化运行网络成本的同时，最大化了网络的性能。

3. 扩展性

假设每笔交易的确认成本和手续费都是固定的，那么实现去中心化的数量也是有限制的。假设验证成本与手续费相等,则整个网络是完全中心化的,并且只能支持一个验证节点。假设手续费是验证成本的 100 倍,则网络可以支持 100 个验证节点。

PoS 需要大量的手续费来保证其合理运行,而委任机制是 PoS 高效工作的唯一方式。在 PoS 中可以使用权益池的方式,但是这又变成某种形式的 DPoS。委任代表无法从矿池中获得实际的收益,因为验证的花费将吞噬绝大部分的交易手续费。

去中心化的成本与验证节点的数量成正比,而这个成本无法消除。从规模化角度看,这种成本的存在将最终使系统中心化,而委任代表制是唯一的解决方案。这种中心化应该在系统建设的初期就设计好,以便于用户更好地控制,而不是通过被动演化为非预期的结果。

4. DPoS 对于攻击的抑制

1) 如果某个见证人拒绝签署一个区块,那么他将被解职并失去未来的稳定收入预期。
2) 不诚实的委任代表只有在明确有其他利益诉求时才会选择放弃区块生成。
3) 见证人无法签署无效的交易,因为交易需要所有见证人都确认。

4.4 本章小结

分布式系统是计算机学科中的一个十分重要的领域。随着集群规模的不断增长,所处理的数据量越来越大,对于性能、可靠性的要求越来越高,分布式系统相关技术已经变得越来越重要,起到的作用也越来越关键。

分布式系统中如何保证共识是个经典问题,无论在学术上还是在工程上都存在很高的研究价值。令人遗憾的是,理想的(各项指标均最优)解决方案并不存在,在现实各种约束条件下,往往需要通过牺牲掉某些需求,来设计出满足特定场景的协议。通过本章的学习,读者可以体会到在工程应用中的类似设计技巧。

4.5 参考文献

[1] FISCHER M J, LYNCH N A, PATERSON M S. Impossibility of Distributed Consensus with One Faulty Process [J]. Journal of the ACM, 1985, 32 (2): 374-382.

[2] BREWER E. CAP twelve years later: How the "rules" have changed [J]. Computer, 2012, 45 (2): 23-29.

[3] HAERDER T, REUTER A. Principles of transaction-oriented database recovery [J]. ACM Computing Surveys, 1983, 15 (4): 287-317.

[4] LAMPORT L. Paxos made simple [J]. ACM SIGACT News, 2001, 32 (4): 51-58.

[5] CHANDRA T D, GRIESEMER R, REDSTONE J. Paxos made live: an engineering perspective [C]//Proceedings of the twenty-sixth annual ACM symposium on Principles of distributed computing. New York: Association for Computing Machine, 2007: 398-407.

[6] MOAD G, RIZZARDO E, THANG S H. Living Radical Polymerization by the RAFT Process [J]. Australian Journal of Chemistry, 2005, 58 (6): 379-410.

［7］LAMPORT L，SHOSTAK R，PEASE M. The Byzantine generals problem ［M］//Concurrency：the Works of Leslie Lamport. 2019：203-226.

［8］CASTRO M，LISKOV B. Practical Byzantine Fault Tolerance ［C］//OsDI．［s. n.］，1999：173-186.

［9］CASTRO M，LISKOV B. Practical Byzantine Fault Tolerance and Proactive Recovery ［J］. ACM Transactions on Computer Systems，2002，20（4）：398-461.

第 5 章 基于 Hyperledger Fabric 的区块链应用案例

5.1 Hyperledger Fabric 简介

Hyperledger Fabric 是一个开源的企业级许可分布式账本技术（Distributed Ledger Technology，DLT）平台，专为在企业环境中使用而设计，与其他分布式账本或区块链平台相比，它具有如下一些显著的区别。

Hyperledger 是在 Linux 基金会下建立的，该基金会在开放式治理的模式下培育开源项目的历史悠久且非常成功，具有强大的可持续社区和繁荣的生态系统。Hyperledger 由多元化的技术指导委员会进行管理，Hyperledger Fabric 项目由多个组织的不同的维护人员管理。从第一次提交以来，它的开发社区已经发展到超过 35 个组织和近 200 个开发人员。

Fabric 具有高度模块化和可配置的架构[1]，可为各行各业的业务提供创新性、多样性和优化，其中包括银行、保险、医疗保健、人力资源、供应链甚至数字音乐分发。

Fabric 是第一个支持通用编程语言编写智能合约（如 Java、Go 和 Node.js）的分布式账本平台，不受限于特定领域语言（Domain-Specific Languages，DSL）。这意味着大多数企业已经拥有开发智能合约所需的技能，并且不需要额外的培训来学习新的语言或特定领域语言。

Fabric 平台是许可的，这意味着它与公共非许可网络不同，参与者彼此了解而不是匿名的或完全不信任的。也就是说，尽管参与者可能不会完全信任彼此（例如，同行业中的竞争对手），但网络可以在一个治理模式下运行，这个治理模式是建立在参与者之间确实存在的信任之上的，如处理纠纷的法律协议或框架。

Fabric 支持可插拔的共识协议[2]，使得该平台能够更有效地进行定制，以适应特定的业务场景和信任模型。例如，当部署在单个企业内或由可信任的权威机构管理时，完全拜占庭容错的共识可能是不必要的，并且大大降低了性能和吞吐量。在这种情况下，崩溃容错（Crash Fault-Tolerant，CFT）共识协议可能就够了，而在去中心化的场景中，可能需要更传统的拜占庭容错共识协议。

Fabric 可以利用不需要原生加密货币的共识协议来激励昂贵的挖矿或推动智能合约执行。不使用加密货币会降低系统的风险，并且没有挖矿操作意味着可以使用与任何其他分布式系统大致相同的运营成本来部署平台[3]。

这些差异化设计特性的结合使 Fabric 成为当今交易处理和交易确认延迟方面性能较好的平台之一，并且它实现了交易的隐私和保密以及智能合约（Fabric 称之为"链码"）。

5.1.1 模块化

Hyperledger Fabric 被专门设计为模块化架构[4]。无论是可插拔的共识、可插拔的身份管理协议（如 LDAP 或 OpenID Connect）、密钥管理协议还是加密库，该平台的核心设计旨在满足企业业务需求的多样性。

总体来看，Fabric 由以下模块化的组件组成：

1）可插拔的排序服务对交易顺序建立共识，然后向节点广播区块。
2）可插拔的成员服务提供者负责将网络中的实体与加密身份相关联。
3）可选的 P2P gossip 服务通过排序服务将区块发送到其他节点。
4）智能合约（"链码"）隔离运行在容器环境（例如 Docker）中，它们可以用标准编程语言编写，但不能直接访问账本状态。
5）账本可以通过配置支持多种 DBMS。
6）可插拔的背书和验证策略，每个应用程序可以独立配置。

业界一致公认，没有"可以一统天下的链"。Hyperledger Fabric 可以通过多种方式进行配置，以满足不同行业的应用需求。

5.1.2 许可和非许可区块链

在一个非许可区块链中，几乎任何人都可以参与，每个参与者都是匿名的。在这样的情况下，区块链状态达到不可变的区块深度前不存在信任。为了弥补这种信任的缺失，非许可区块链通常采用"挖矿"或交易费来提供经济激励，以抵消参与基于 PoW 的拜占庭容错共识形式的特殊成本。

另一方面，许可区块链在一组已知的、已识别的且经过审查的参与者中操作区块链，这些参与者在产生一定程度信任的治理模型下运作。许可区块链提供了一种方法来保护具有共同目标、但可能彼此不完全信任的一组实体之间的交互。通过依赖参与者的身份，许可区块链可以使用更传统的崩溃容错或拜占庭容错共识协议，而不需要昂贵的挖掘。

另外，在许可的情况下，降低了参与者故意通过智能合约引入恶意代码的风险。首先，参与者彼此了解对方以及所有的操作，无论是提交交易、修改网络配置还是部署智能合约，都根据网络中已经确定的背书策略和相关交易类型被记录在区块链上。与完全匿名相比，可以很容易地识别犯罪方，并根据治理模式的条款进行处理[5]。

5.1.3 智能合约

智能合约，在 Fabric 中称之为"链码"，作为受信任的分布式应用程序，从区块链中获得信任，在节点中达成基本共识，它是区块链应用的业务逻辑。

有三个关键点适用于智能合约，尤其是应用于平台时：

1）多个智能合约在网络中同时运行。

2）它们可以动态部署（很多情况下任何人都可以部署）。

3）应用代码应视为不被信任的，甚至可能是恶意的。

大多数现有的具有智能合约能力的区块链平台遵循顺序执行架构，共识协议如下：

1）验证并将交易排序，然后将它们传播到所有的节点。

2）每个节点按顺序执行交易。

几乎所有现有的区块链系统都可以找到顺序执行架构，从非许可平台，如 Ethereum（基于 PoW 共识）到许可平台，如 Tendermint、Chain 和 Quorum。

采用顺序执行架构的区块链执行智能合约的结果一定是确定的，否则，可能永远不会达成共识。为了解决非确定性问题，许多平台要求智能合约以非标准或特定领域的语言（例如 Solidity）编写，以便消除非确定性操作。这阻碍了平台的广泛采用，因为它要求开发人员学习新语言来编写智能合约，而且可能会编写错误的程序。

此外，由于所有节点都按顺序执行所有交易，性能和规模被限制。事实上系统要求智能合约代码要在每个节点上都执行，这就需要采取复杂措施来保护整个系统免受恶意合约的影响，以确保整个系统的弹性。

5.1.4 隐私和保密性

在一个公共的、非许可的区块链网络中，利用 PoW 作为其共识模型，交易在每个节点上执行，这意味着合约本身和它们处理的交易数据都不保密。每个交易以及实现它的代码，对于网络中的每个节点都是可见的。在这种情况下，得到了基于 PoW 的拜占庭容错共识却牺牲了合约和数据的保密性。

对于许多商业业务而言，缺乏保密性就会有问题。例如，在供应链合作伙伴组成的网络中，作为巩固关系或促进额外销售的手段，某些消费者可能会获得优惠利率。如果每个参与者都可以看到每个合约和交易，在一个完全透明的网络中就不可能维持这种商业关系，因为每个消费者都会想要优惠利率。

为了解决缺乏隐私和机密性的问题来满足企业业务需求，区块链平台采用了多种方法。所有方法都需要权衡利弊。

加密数据是提供保密性的一种方法，然而，在利用 PoW 达成共识的非许可网络中，加密数据位于每个节点上，如果有足够的时间和计算资源，加密可能会被破解。对于许多企业业务而言，不能接受信息可能受损的风险。

零知识证明（Zero Knowledge Proofs，ZKP）是正在探索解决该问题的另一个研究领域。目前这里的权衡是计算 ZKP 需要相当多的时间和计算资源。因此，在这种情况下需要权衡资源消耗与保密性能。

如果可以使用其他共识，或许可以探索将机密信息限制于授权节点内。

Hyperledger Fabric 是一个许可平台，通过其通道架构和私有数据特性实现保密。在通道方面，Fabric 网络中的成员组建了一个子网络，在子网络中的成员可以看到其参与到的交易。因此，参与到通道的节点才有权访问智能合约和交易数据，以此保证了隐私性和保密性。私有数据通过在通道中的成员间使用集合，实现了和通道相同的隐私能力并且不用创建和维护独立的通道。

5.2 Fabric 安装与部署

5.2.1 创建 ubuntu 20.04 虚拟机

在 ubuntu 官网（https://ubuntu.com/download/desktop）下载 ubuntu 20.04 的镜像文件（ubuntu-20.04.2.0-desktop-amd64.iso），如图 5-1 所示。

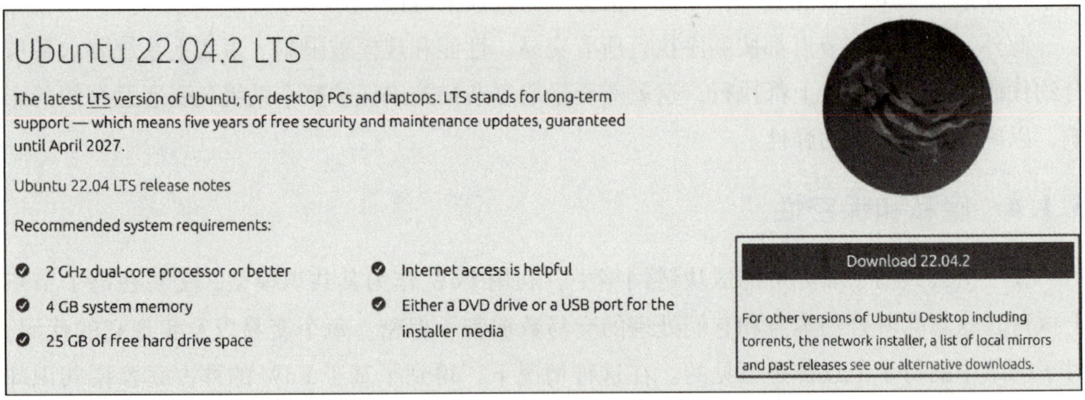

图 5-1 ubuntu 20.04 镜像文件下载页面

在软件 VMware Workstation 15 Pro 中，利用上述镜像文件创建 ubuntu 20.04 虚拟机，如图 5-2、图 5-3 所示。

新创建的虚拟机可能会出现各种各样不兼容的报错，故尝试使用清华大学开源软件镜像站（https://mirrors.tuna.tsinghua.edu.cn/ubuntu-releases/20.04.2.0/）中的 .iso 文件。类似也可以使用阿里云、华为云等镜像站。

第 5 章 基于 Hyperledger Fabric 的区块链应用案例

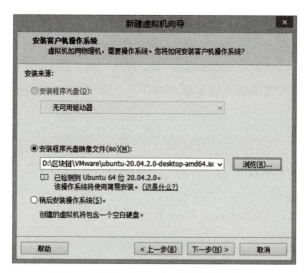

图 5-2 创建 ubuntu 20.04 虚拟机（1）

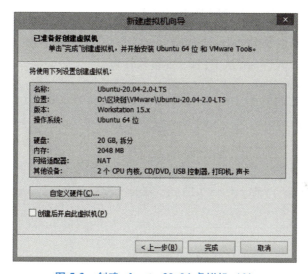

图 5-3 创建 ubuntu 20.04 虚拟机（2）

5.2.2 安装基础软件

安装 vim、git、curl、wget 等软件。

```
sudo apt-get install vim
sudo apt-get install git
sudo apt-get install curl
sudo apt-get install wget
sudo apt-get install make
sudo apt-get install gcc
```

5.2.3 安装 Go 语言

在 Go 语言中文网（https://studygolang.com/dl）下载 Go 语言压缩包，解压后将文件夹移动至/usr/local，然后配置系统环境变量 GOROOT、GOPATH 等路径并创建相关目录。

```
sudo mv go /usr/local
vim ~/.bashrc
export PATH=$PATH:/usr/local/go/bin
export GOROOT=/usr/local/go
export GOPATH=$HOME/go
export PATH=$PATH:$HOME/go/bin
source ~/.bashrc
```

5.2.4 安装 Docker 和 Docker-compose

接下来安装 Docker 以及 Docker-compose。

添加 HTTPS 协议，允许 apt 从 HTTPS 安装软件包。

```
sudo apt-get-y install apt-transport-https ca-certificates curl software-properties-common
```

安装 GPG 证书。

```
curl -fsSL http://mirrors.aliyun.com/docker-ce/linux/ubuntu/gpg | sudo apt-key add -
```

写入软件源信息。

```
sudo add-apt-repository "deb [arch=amd64] http://mirrors.aliyun.com/docker-ce/linux/ubuntu $(lsb_release -cs) stable"
```

更新并安装 Docker-CE。

```
sudo apt-get-y update
sudo apt-get-y install docker-ce
```

将当前用户添加到 Docker 用户组。

```
sudo groupadd docker
sudo gpasswd -a $USER docker
newgrp docker
```

开放相关目录权限。

```
sudo chmod 777 /var/run/docker.sock
```

将 docker 镜像更改为国内镜像。
编辑 daemon.json 文件，如果没有该文件自行创建。

```
sudo vim /etc/docker/daemon.json
```

文件中添加以下内容。

```
{
"registry-mirrors":[ "https://obou6wyb.mirror.aliyuncs.com","https://registry.docker-cn.com","http://hub-mirror.c.163.com"]
}
```

重启服务。

```
sudo systemctl daemon-reload
sudo systemctl restart docker
```

在 github 相关网址（https://github.com/docker/compose/releases）中下载最新版 Docker-compose，之后解压并重命名，移动至/usr/local/bin/docker-compose 目录，利用 sudo chmod+x 指令设置权限，并查询 docker-compose 版本。

```
sudo mv docker-compose-Linux-x86_64 /usr/local/bin/docker-compose
sudo chmod+x /usr/local/bin/docker-compose
docker-compose version
```

5.2.5 拉取 Fabric 开源项目

Go 语言、Docker、Docker-compose 等前置环境均安装完成后，则可以从 github.com 拉取 Hyperledger fabric 开源项目。

```
mkdir-p go/src/github.com/hyperledger/
sudo chmod-R 777 go
cd go/src/github.com/hyperledger
git clone https://github.com/hyperledger/fabric.git
cd go/src/github.com/hyperledger/fabric
git checkout v2.2.3
cd scripts
```

通过 bootstrap.sh 脚本自动拉取相关内容,至此 Fabric 环境便部署完成。

```
sudo ./bootstrap.sh
```

5.2.6　bootstrap.sh 脚本运行失败

由于网速问题,bootstrap.sh 脚本非常容易执行失败。此时便需要手动下载相关的二进制文件,以及 Fabric 镜像文件。

从以下四个地址下载四个压缩包,解压,重命名后,将二进制文件以及配置文件复制至 fabric-sample 文件夹。运行结果如图 5-4 所示。

- https://github.com/hyperledger/fabric/archive/refs/tags/v2.2.3.tar.gz
- https://github.com/hyperledger/fabric-samples/archive/refs/tags/v2.2.3.tar.gz
- https://github.com/hyperledger/fabric-ca/releases/download/v1.5.0/hyperledger-fabric-ca-linux-amd64-1.5.0.tar.gz
- https://github.com/hyperledger/fabric/releases/download/v2.2.3/hyperledger-fabric-linux-amd64-2.2.3.tar.gz

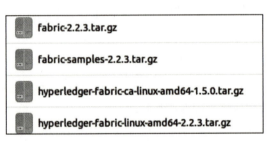

图 5-4　运行结果

通过 docker pull 指令拉取 Fabric 镜像文件,并查询已安装镜像。

```
docker pull hyperledger/fabric-peer:latest
docker pull hyperledger/fabric-tools:latest
docker pull hyperledger/fabric-orderer:latest
docker pull hyperledger/fabric-javaenv:latest
docker pull hyperledger/fabric-ca:latest
docker pull hyperledger/fabric-ccenv:latest
docker pull hyperledger/fabric-baseos:latest
docker pull hyperledger/fabric-nodeenv:latest
docker images
```

至此,Hyperledger Fabric 环境已部署完毕。

5.3 密码学实验

5.3.1 用 Java 构建简单区块链

本实验用 Java 构建了一个简单的区块链[6]。区块链就是一系列区块的集合,类似于链表的概念,每个区块都指向于后面一个区块,然后顺序连接在一起。区块内容主要包括三个部分:自己的数字签名,上一个区块的数字签名,还有一切需要加密的数据(这些数据在比特币中就相当于是交易的信息,它是加密货币的本质)。每个数字签名不但证明了自己是特有的一个区块,而且指向了前一个区块的来源,让所有的区块在链条中可以串起来,而数据就是一些特定的信息,可以按照业务逻辑来保存业务数据。

1. 封装区块对象

```
/*封装区块对象*/
public class Block {
    public String hash;
    //上一个区块的 hash 值
    public String previousHash;
    //每个区块存放的信息,这里存放的是一串字符串
    private String data;
    //时间戳
    private long timeStamp;
    //挖矿者的工作量证明
    private int nonce;
    //构造
    public Block(String data,String previousHash ) {
        this.data=data;
        this.previousHash=previousHash;
        this.timeStamp=new Date().getTime();
        //根据 previousHash、data 和 timeStamp 产生唯一 hash
        this.hash=calculateHash();
    }
    //基于上一块的内容计算新的散列
    public String calculateHash() {
        String calculatedhash=StringUtil.applySha256(
            previousHash+
```

```java
                    Long.toString(timeStamp)+
                    Integer.toString(nonce)+
                    data
                    );
            return calculatedhash;
        }
        //挖矿
        public void mineBlock(int difficulty) {
            //目标值,difficulty越大,下面计算量越大
            String target=StringUtil.getDifficultyString(difficulty);
            //difficulty如果为5,那么target则为00000
            while(! hash.substring(0,difficulty).equals(target)) {
                nonce++;
                hash=calculateHash();
            }
            System.out.println("创建区块:"+hash);
        }
    }
```

2. 封装工具类

```java
/*创建数字签名、返回JSON格式数据、返回难度字符串目标*/
public class StringUtil {
    //将SHA256应用到一个字符串并返回结果
    public static String applySha256(String input) {
        try {
            MessageDigest digest = MessageDigest.getInstance("SHA256");
            byte[] hash=digest.digest(input.getBytes("UTF-8"));
            StringBuffer hexString=new StringBuffer();
            for (int i=0;i<hash.length;i++) {
                String hex=Integer.toHexString(0xff & hash[i]);
                if(hex.length()==1) hexString.append('0');
                hexString.append(hex);
            }
            return hexString.toString();
```

```
            }
            catch(Exception e) {
                throw new RuntimeException(e);
            }
        }
    //返回JSON格式数据
    public static String getJson(Object o) {
        return new GsonBuilder().setPrettyPrinting().create().toJson(o);
    }
    //返回难度字符串目标,与散列比较。难度5将返回"00000"
    public static String getDifficultyString(int difficulty) {
        return new String(new char[difficulty]).replace('\0','0');
    }
}
```

3. 主函数创建区块链

```
/*创建区块链*/
public class BlockChain{
    //存放所有的区块集合
    public static ArrayList<Block>blockchain=new ArrayList<Block>();
    public static int difficulty=5;//挖矿的难度,数字越大越难
    public static void main(String[]args) {
        System.out.println("正在创建第一个区块链.......");
        addBlock(new Block("我是第一个区块链","0"));//创世块
        System.out.println("正在创建第二个区块链.......");
        addBlock(new Block("我是第二个区块链",blockchain.get(blockchain.size()-1).has-h));
        System.out.println("正在创建第三个区块链.......");
        addBlock(new Block("我是第三个区块链",blockchain.get(blockchain.size()-1).has-h));
        System.out.println("区块链是否有效的:"+isChainValid());
        String blockchainJson=StringUtil.getJson(blockchain);
        System.out.println(blockchainJson);
    }
```

```java
/*检查区块链的完整性*/
public static Boolean isChainValid() {
    Block currentBlock;
    Block previousBlock;
    String hashTarget=new String(new char[difficulty]).replace('\0','0');
    //循环区块链检查散列:
    for(int i=1;i<blockchain.size();i++) {
        currentBlock=blockchain.get(i);
        previousBlock=blockchain.get(i-1);
        //比较注册散列和计算散列:
        if(! currentBlock.hash.equals(currentBlock.calculateHash())) {
            System.out.println("Current Hashes not equal");
            return false;
        }
        //比较以前的散列和注册的先前的散列
        if(!previousBlock.hash.equals(currentBlock.previousHash)) {
            System.out.println("Previous Hashes not equal");
            return false;
        }
        //检查哈希是否被使用
        if(!currentBlock.hash.substring(0,difficulty).equals(hashTarget)) {
            System.out.println("这个区块还没有被开采。。。");
            return false;
        }
    }
    return true;
}
/*增加一个新的区块*/
public static void addBlock(Block newBlock) {
    newBlock.mineBlock(difficulty);
    blockchain.add(newBlock);
}
}
```

运行结果如图 5-5 所示。

```
正在创建第一个区块链……
创建区块:000002559a8c431f429f8155a9d11760ed3946fd5d1f4bf11b3872925bacdbf2
正在创建第二个区块链……
创建区块:000006c8a6271d3aa6f07237fb3f20d91dd0a40e4019fda6c6c69376d9dd5738
正在创建第三个区块链……
创建区块:000000d6c216947bb06f4f81aa85e3f0c220a3ae818159fc3c959efd09cfd3b3
区块链是否有效的: true
[
  {
    "hash": "000002559a8c431f429f8155a9d11760ed3946fd5d1f4bf11b3872925bacdbf2",
    "previousHash": "0",
    "data": "我是第一个区块链",
    "timeStamp": 1522298942108,
    "nonce": 139566
  },
  {
    "hash": "000006c8a6271d3aa6f07237fb3f20d91dd0a40e4019fda6c6c69376d9dd5738",
    "previousHash": "000002559a8c431f429f8155a9d11760ed3946fd5d1f4bf11b3872925bacdbf2",
    "data": "我是第二个区块链",
    "timeStamp": 1522298942501,
    "nonce": 52143
```

图 5-5　运行结果

5.3.2　SHA256 的具体实现

SHA256 是一种哈希函数，又称散列算法，可以从任何一种数据中创建小的数字"指纹"，即可以将任何一种数据转化为 256bit 的字符串。SHA256 函数的原理在前文已经介绍过，本实验运行一个 SHA256 的实例。

```java
public class SHA256Test extends JPanel
{
    public static void main(String[] args)
    {
        int x=600;
        int y=600;
        JFrame frame=new JFrame("SHA256 Calculator");
        frame.setDefaultCloseOperation(JFrame.EXIT_ON_CLOSE);
        frame.getContentPane().add(new SHA256Panel( ));
        frame.setSize(y,x);
        frame.setLocationRelativeTo(null);
        frame.setResizable(false);
        frame.setVisible(true);
    }
}
class SHA256Panel extends JPanel {
    private JButton calcButton=new JButton("Calculate");
```

```java
        private JButton clearButton=new JButton("Clear");
        private JTextArea input=new JTextArea("");
        private JTextField output=new JTextField("");
        private SHA256 SHA;
        ButtonListener listener=new ButtonListener();
        ButtonListener2 listener2=new ButtonListener2();;
        public SHA256Panel() {
            input.setLineWrap(true);
            calcButton.setFont( new Font( "Arial",1,15 ));
            calcButton.setBounds( 400,500,100,40 );
            calcButton.addActionListener(listener);
            input.setBorder ( BorderFactory.createLineBorder ( Color.decode
("#2C6791")));
            clearButton.setFont( new Font( "Arial",1,15 ));
            clearButton.setBounds( 100,500,100,40 );
            clearButton.addActionListener(listener2);
            setLayout(null);//clear layout
            add(calcButton);
            add(clearButton);
            add(input);
            add(output);
            input.setBounds(30,50,540,380);
            input.setText("Input message here");
            output.setBounds(30,450,540,30);
        }
        private class ButtonListener implements ActionListener {
            public void actionPerformed(ActionEvent e) {
                SHA=new SHA256(input.getText());
                output.setText(SHA.getHash());
            }
        }
        private class ButtonListener2 implements ActionListener {
            public void actionPerformed(ActionEvent e) {
                input.setText("");
            }
        }
    }
```

运行结果如图 5-6 所示。在对话框输入任意字符，输出框输出 SHA256 字符串。

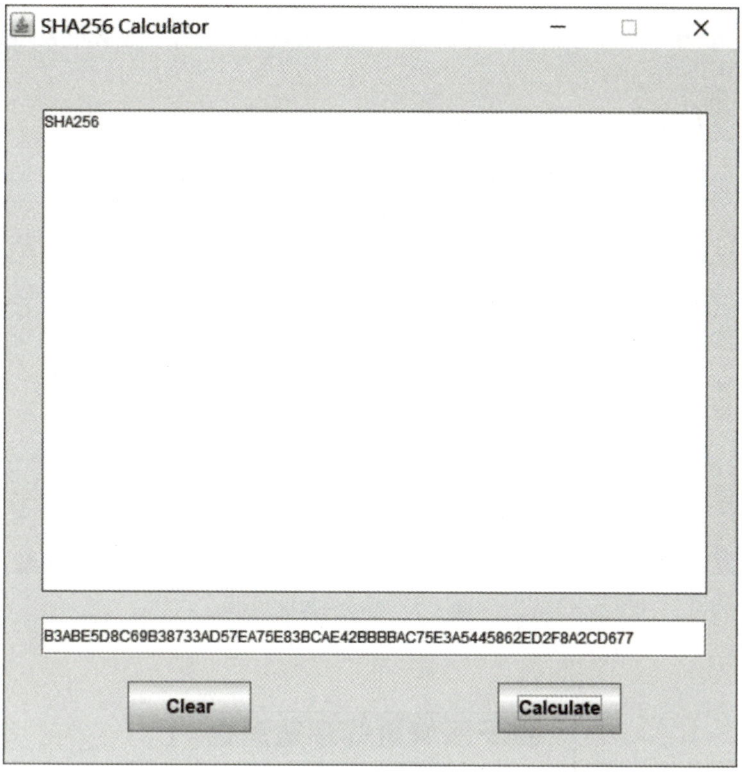

图 5-6　运行结果

5.3.3　区块链存储系统

本实验构建了一个基于区块链的存储系统，可以在多个节点中，为用户生成非对称加密的公私钥对，并使用此密钥对，对数据进行加密上传、解密和下载。所使用的软件架构为 JDK 1.8+、Spring Boot 2.0.1、Apache Gossip。

安装过程：

1）命令行界面：配置 JDK 或 JRE 本地环境变量（版本号 1.8+），解压并打开运行"open.bat"。

2）Web 本地操作台：暂无 war 包，需要使用 Git 导入此项目到 IntelliJ IDEA，运行 com.timvanx.Application 入口，启动 Spring Boot 项目，默认入口地址为 http：//localhost：80-80/。

运行结果：

1）命令行界面如图 5-7 所示。

2）Web 本地操作台如图 5-8、图 5-9 所示。

算法实现仅展示密码学相关部分，即实现公钥加密、私钥解密的部分。

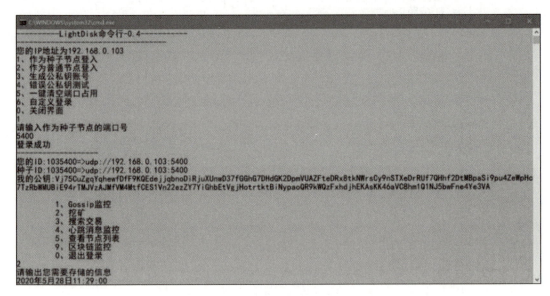

图 5-7 命令行界面

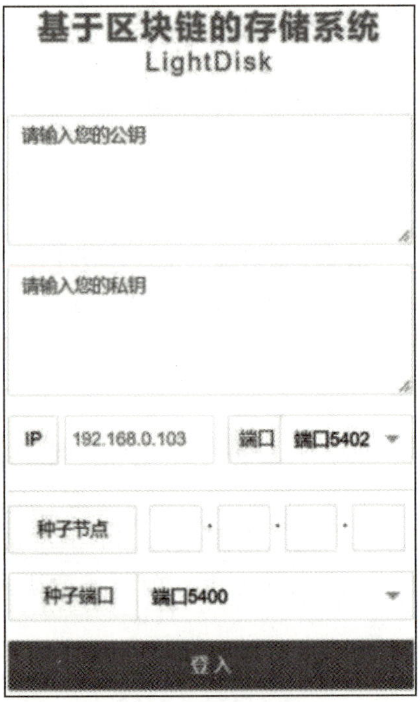

图 5-8 Web 登录入口

图 5-9　个人账户界面

```
/*私钥签名*/
public static byte[] signByPrivateKey(byte[] src,String privateKey-
Str) throws Exception {
    PKCS8EncodedKeySpecpriPKCS8 = new PKCS8EncodedKeySpec(decode-
BASE64(pri-vateKeyStr));
    KeyFactory keyf=KeyFactory.getInstance("RSA");
    PrivateKey priKey=keyf.generatePrivate(priPKCS8);
    java.security.Signature signature=java.security.Signature.get-
Instance(SIGN_ALGORIT-HM);
    signature.initSign(priKey);
    signature.update(src);
    byte[] signed=signature.sign();
    return signed;
}
/*公钥验证*/
public static boolean verifyByPublicKey(byte[] dest,byte[] src,
String publicKeyStr) throws Exception {
    KeyFactory keyFactory=KeyFactory.getInstance(KEY_ALGORITHM);
    PublicKey pubKey=keyFactory.generatePublic(new X509EncodedKey-
Spec(decod-eBASE64(publicKeyStr)));
    java.security.Signature signature=java.security.Signature.get-
Instance(SIGN_ALGORIT-HM);
```

```java
        signature.initVerify(pubKey);
        signature.update(src);
        return signature.verify(dest);
    }
    /*公钥加密*/
    public static byte[] encryptByPublicKey(byte[] data,String publicKeyStr) throws Exceptio-n {
        RSAPublicKey pubKey=(RSAPublicKey) KeyFactory.getInstance(KEY_ALGORITH-M).generatePublic(new X509EncodedKeySpec(decodeBASE64(publicKeyStr)));
        //数据加密
        //TODO:ECC算法在jdk 1.5后加入支持,目前只能完成密钥的生成与解析。如果想要获得ECC算法实现,需要调用硬件完成加密/解密(ECC算法相当耗费资源,如果单纯使用CPU进行加密/解密,效率低下)
        // 传入编码数据并返回编码结果
        int inputLen=data.length;
        ByteArrayOutputStream out=new ByteArrayOutputStream();
        int offSet=0;
        byte[] cache;
        int i=0;
        // 对数据分段加密
        while (inputLen-offSet >0) {
            if (inputLen-offSet >MAX_ENCRYPT_BLOCK) {
                cache=cipher.doFinal(data,offSet,MAX_ENCRYPT_BLOCK);
            } else {
                cache=cipher.doFinal(data,offSet,inputLen-offSet);
            }
            out.write(cache,0,cache.length);
            i++;
            offSet=i*MAX_ENCRYPT_BLOCK;
        }
        byte[] encryptedData=out.toByteArray();
        out.close();
        return encryptedData;
    }
```

```java
/*私钥解密数据*/
public static byte[] decryptByPrivateKey(byte[] data,String privateKeyStr) throws Excepti-on {
    //数据解密
    RSAPrivateKey privateKey=(RSAPrivateKey) KeyFactory.getInstance(KEY_ALGORI-THM).generatePrivate(new PKCS8EncodedKeySpec(decodeBASE64(privateKeyStr)));
    Cipher cipher=new NullCipher();
    cipher=Cipher.getInstance(KEY_ALGORITHM);
    cipher.init(Cipher.DECRYPT_MODE,privateKey);
    int inputLen=data.length;
    ByteArrayOutputStream out=new ByteArrayOutputStream();
    int offSet=0;
    byte[] cache;
    int i=0;
    // 对数据分段解密
    while (inputLen-offSet >0) {
        if (inputLen-offSet >MAX_DECRYPT_BLOCK) {
            cache=cipher.doFinal(data,offSet,MAX_DECRYPT_BLOCK);
        } else {
            cache=cipher.doFinal(data,offSet,inputLen-offSet);
        }
        out.write(cache,0,cache.length);
        i++;
        offSet=i * MAX_DECRYPT_BLOCK;
    }
    byte[] decryptedData=out.toByteArray();
    out.close();
    return decryptedData;
}
/*生成公私钥对Map<>*/
public static Map<String,String>genKeyPair() {
    KeyPairGenerator keyPairGenerator;
    try {
        keyPairGenerator = KeyPairGenerator.getInstance(KEY_ALGORITHM);
```

```java
        } catch (NoSuchAlgorithmException e) {
            System.out.println("keyPairGenerator 静态工厂返回实例失败");
            e.printStackTrace();
            return null;
        }
        keyPairGenerator.initialize(1024);
        KeyPair keyPair=keyPairGenerator.generateKeyPair();
        RSAPublicKey publicKey=(RSAPublicKey) keyPair.getPublic();
        RSAPrivateKey privateKey=(RSAPrivateKey) keyPair.getPrivate();
        Map<String,String>keyPairMap=new HashMap<>(2);
        keyPairMap.put("publickey",encodeBase58(publicKey.getEncoded()));
        keyPairMap.put("privatekey",encodeBase58(privateKey.getEncoded()));
        return keyPairMap;
    }
    /*公私钥是否符合*/
    public static boolean isKeyMatch(String publicKeyStr, String privateKeyStr) {
        boolean isMatch=false;
        String sign="The Times 03/Jan/2009 Chancellor on brink"+"of second bailout fo-r banks. \n";
        //私钥签名
        try {
            byte[] dest = signByPrivateKey(sign.getBytes(),privateKeyStr);
            isMatch=verifyByPublicKey(dest,sign.getBytes(),publicKeyStr);
        } catch(Exception e) {
            isMatch=false;
            e.printStackTrace();
        }
        return isMatch;
    }
    /*主函数*/
    public static void main(String[]args) {
```

```java
        Map<String,String>keyPairMap=genKeyPair();
        assert keyPairMap!=null;
        String publicKeyStr=keyPairMap.get("publickey");
        String privateKeyStr=keyPairMap.get("privatekey");
        System.out.println("publicKeyStr="+publicKeyStr);
        System.out.println("privateKeyStr="+privateKeyStr);
        //公钥加密,私钥解密
         String dataStr = "The Times 03/Jan/2009 Chancellor on brink of second bailout for banks.";
        try {
            byte[] encryptData=encryptByPublicKey(dataStr.getBytes(),publicKeyStr);
             byte[] decryptData=decryptByPrivateKey(encryptData,privateKeyStr);
        } catch (Exception e) {
            System.out.println("解码有误,datastr="+dataStr);
            e.printStackTrace();
        }
        try {
             byte[] dest=signByPrivateKey("hello".getBytes(),privateKeyStr);
            boolean res=verifyByPublicKey(dest,"hello".getBytes(),publicKeyStr);
            System.out.println("验证结果="+res);
        } catch (Exception e) {
            System.out.println("验证有误");
            e.printStackTrace();
        }
    }
```

5.4 食品溯源

5.4.1 项目环境

安装好 Hyperledger Fabric 后，运行一个基于 Hyperledger Fabric 的极简 App（chaincode

由 DevilExileSu 所编写）。

> 库版本
> npm 5.6.0（建议大于或等于此版本）
> node.js v8.11.3（建议大于或等于此版本）
> angularjs 1.4.3

5.4.2 hyperledger-simple-app

首先，从 GitHub 相关网址上下载该项目。

> git clone https://github.com/zhazhalaila/hyperledger-simple-app.git

下载成功后，单击进入 source-app 目录下，如图 5-10 所示。在目录下执行安装指令"npm install"，对项目进行安装，安装时速度可能较慢，等待即可。

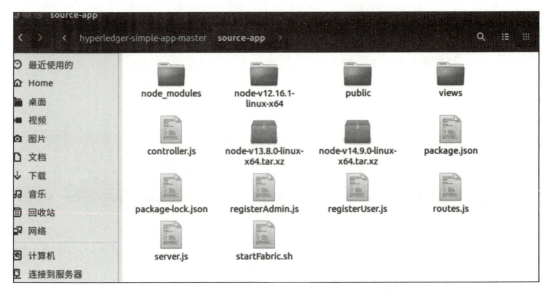

图 5-10　source-app 目录

接下来启动项目，若遇到权限问题执行 chmod a+x startFabric.sh，若仍有问题进入 basic-network 文件夹下执行 chmod a+x start.sh。

> ./startFabric.sh

访问 http://localhost:8000，由于没有初始化信息，因此需要先提交表单信息才可以查询出信息。在填写表单信息时，没有做过多的处理，因此每个选项都要尽量填写（配料的表单可以不填写完）。配料及食品信息对于同一个 Id 只能添加一次，中转信息可以添加多次。部分页面访问结果如图 5-11 ~ 图 5-13 所示。

第 5 章　基于 Hyperledger Fabric 的区块链应用案例

图 5-11　首页访问结果（1）

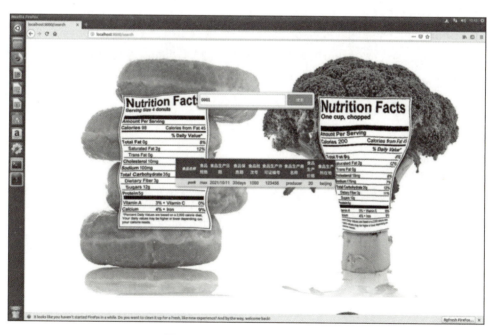

图 5-12　查询页面访问结果（2）

5.4.3　url & json 格式

获取食品信息。

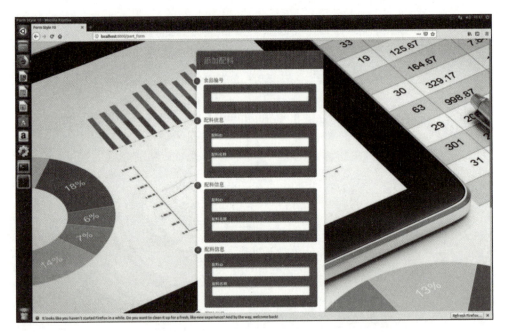

图 5-13　添加页面访问结果（3）

```
http://localhost:8000/source/:id
{"FoodName":"Apple","FoodSpec":"123456","FoodMFGDate":"2022-3-14","FoodEXPDate":"30day","FoodLOT":"123","FoodQSID":"456","FoodMFRSName":"lalala","FoodProPrice":"2","FoodProPlace":"zhengzhou"}
        //举例
```

获取食品配料信息。

```
http://localhost:8000/part/:id
[{"IngID":"1","IngName":"a"},{"IngID":"2","IngName":"b"},{"IngID":"3","IngName":"c"},{"IngID":"4","IngName":"d"},{"IngID":"5","IngName":"e"}]
```

获取交易（运输）信息。

```
http://localhost:8000/transit/:id
[{"LogDepartureTm":"14:20","LogArrivalTm":"16:40","LogMission":"Store","LogDeparturePl":"zhengzhou","LogDest":
```

5.4.4　部署于服务器

修改 server.js 文件最后几行代码。

```
var port=process.env.PORT||3389;//端口修改为服务器的安全组端口

app.listen(port,'0.0.0.0',function() {
  console.log("Live on port:"+port);
});
```

重要的文件说明。

```
source-app
    server.js    //启动
    routes.js    //定义路由
    controller.js   //路由
chaincode
    source-app
        source-app.go chaincode
```

5.5 以太坊智能合约实验

1）下载 node.js，地址为 https://nodejs.org/en/。

2）解压完把 node/bin/node npm 放到 $PATH 目录下。

```
ln -s /home/wxx/opt/node-v16.13.1-linux-x64/bin/node ~/.local/bin/node
ln -s /home/wxx/opt/node-v16.13.1-linux-x64/bin/npm ~/.local/bin/npm
```

3）检查版本验证安装的正确性。

```
node-v
npm-v
```

4）下载 Ganache，地址为 http://trufflesuite.com/ganache/。

5）增加 Ganache 的使用权限。

```
chmod u+x ganache-2.5.4-linux-x86_64.AppImage
```

5.5.1 实验部分

1）准备一个实验文件。

```
npm init
```

2）准备编译智能合约的 solidity 环境和交互用的 web3[7] 环境。

```
npm install web3--save
npm install solc@ 0.4.26--save
```

3）查看当前的环境。

```
cat package.json
```

4）添加智能合约。

```
solidity ^0.4.25;
contract HelloWorld {
    string name;
    constructor() public {
        name="Hello,World!";
    }
    function set(string memory _name) public {
        name=_name;
    }
    function get() public view returns (string memory) {
        return name;
    }
}
```

5）查看智能合约。

```
cat HelloWorld.sol
```

6）添加相关的编译 js 文件。

7）在 Ganache 上通过 1-deploy.js 部署智能合约。

1-deploy.js 的代码如下

```
const solc=require('solc');
const fs=require('fs');
let source=fs.readFileSync('../SmartContract/HelloWorld.sol','utf-8');
let output=solc.compile(source,1);
bytecode=output['contracts'][':HelloWorld'].bytecode
interface=output['contracts'][':HelloWorld'].interface
const Web3=require('web3');
```

```
  const { compileStandard }=require('solc');
  var web3 = new Web3 ( new Web3.providers.HttpProvider (' http://
127.0.0.1:7545'));
  let contract=new web3.eth.Contract(JSON.parse(interface));
  const contractOwner='0xFB42E23D0000439ba5e6fedAf48e4DD5068725Cf';
  contract.deploy({
     data :bytecode,
     arguments :[]
  }).send({
     from :contractOwner,
     gas :'286247',
     gasPrise :'1',
  }).then(instance=>console.log(instance.options.address))
```

通过其中的地址和端口号如下：

```
   var web3 = new Web3 ( new Web3.providers.HttpProvider (' http://
127.0.0.1:7545'));
```

连接对应的 Ganache 如下：

```
node 1-deploy.js
```

8）得到智能合约的地址。通过 2-instance.js 获取合约实例如下：

其中，2-instance.js 的代码如下：

```
// 合约地址 '0x5a371DD027BBC09d3842f07dB11EdCB6915804A2'
const solc=require('solc');
const fs=require('fs');
let source=fs.readFileSync('../SmartContract/HelloWord.sol','utf-8');
let output=solc.compile(source,1);
bytecode=output['contracts'][':HelloWorld'].bytecode
interface=output['contracts'][':HelloWorld'].interface
let Web3=require('web3')
let web3=new Web3()
web3.setProvider('http://localhost:7545')
let address='0x5a371DD027BBC09d3842f07dB11EdCB6915804A2'
let constractInstance=new web3.eth.Contract(JSON.parse(interface),address)
```

```
console.log(constractInstance.options.address)
module.exports=constractInstance;
```

执行获取合约实例。

```
node 2-instance.js
```

9）通过 3-interface.js 发起交易改变合约的值。3-interface.js 的代码如下：

```
const instance=require('./2-instance')
let requester='0x0F6B591602827534dD36cB027aC50b7df5CEe282'
//请求者的地址
let test=async ()=>{
    try {
        let v1=await instance.methods.get().call()
        console.log('v1:${v1}')
        await instance.methods.set('New HelloWorld').send({
            from:requester,
            value:0,
        }).then(console.log)
        let v3=await instance.methods.get().call()
        console.log('v3:${v3}')
    } catch (err) {
        console.log(err)
    }
}
test()
```

10）执行发起交易。在区块链上查看交易。

在 Ganache 找到对应的区块号就可以查看交易，如图 5-14 所示。

5.5.2 实验1：开发第一个智能合约 HelloWorld

1. 实验介绍

本实验涉及智能合约的基础知识，包括智能合约的介绍、Solidity 的介绍、以太坊虚拟机的介绍；Solidity 智能合约的源文件布局，Solidity 智能合约的编译环境；并通过一个最简单的 HelloWorld 合约学习 Solidity 智能合约的开发流程，包括编写、编译、部署等步骤。

2. 实验目的

了解智能合约的基础知识，了解 Solidity 的基础知识，掌握 Solidity 的源文件布局，了解

图 5-14　对应交易的查询结果

Solidity 的多种编译环境，并可以熟练掌握 Remix[8] 在线编译环境的使用，掌握 Solidity 的开发流程，并可以熟练使用 Remix 开发智能合约。

3. 实验内容

（1）智能合约介绍

智能合约是一种旨在以信息化方式传播、验证或执行合同为目的的计算机协议。智能合约允许在没有第三方的情况下进行可信交易，这些交易可追踪且不可逆转。智能合约概念于 1995 年由 Nick Szabo[9] 首次提出。

智能合约的目的是提供优于传统合约的安全方法，并减少与合约相关的其他交易成本。

简单地说，智能合约可以理解为一个自执行的协议。智能合约可以自动处理协议的履行、管理和支付。

（2）Solidity 介绍

Solidity 语言是一种面向智能合约，基于以太坊虚拟机运行的高级编程语言。Solidity 语法深受 C++、Python 和 JavaScript 影响。Solidity 是静态类型语言，支持继承、库和复杂类型定义等功能。Solidity 一般用于在区块链上进行投票、众筹、拍卖和钱包等业务场景的智能合约。

（3）以太坊虚拟机介绍

以太坊虚拟机（Ethereum Virtual Machine，EVM）是以太坊中智能合约的运行环境。以太坊虚拟机不仅是一个完全独立的沙盒，而且合约代码对外完全隔离，其中的代码无法接触到网络、文件系统和其他进程，智能合约对于其他智能合约的访问也是非常有限的。同时以太坊虚拟机又能与主网的其余部分隔离，运行时不影响主区块链的操作。

以下是对以太坊虚拟机的一些基本介绍，了解以太坊虚拟机对于智能合约的理解有很大的帮助，但是在本实验中不过多展开介绍，如果读者对于这方面知识有兴趣，可以自行深入了解。

1）账户。以太坊中有两种账户：外部账户和合约账户，它们共享同一地址空间。外部账户是由公私钥对控制的账户（可以理解为人控制的账户），合约账户由代码所控制。

2）交易。交易是从一个账户发送到另一个账户的消息（可能相同或为空），包含二进制数据（称为"有效载荷"）和 Ether。

3）Gas。合约创建完成后，每个交易被给与了一定数额的 Gas，用来限制执行交易的代码的工作量，同时对执行过程进行支付。当以太坊虚拟机执行合约时，Gas 会逐渐被消耗。

4）存储、内存和栈。以太坊虚拟机中有三个地方能够存储数据：存储、内存和栈，下面将进行简单的介绍。

每个账户都有一个称为存储的数据区域，该区域在函数调用和消息之间保持不变。存储是将 256 位映射到 256 位的键值存储。合约无法读取或写入除其自身之外的任何存储。

第二个数据区域称为内存，合同为每个消息调用获取一个最近清除的实例。内存是线性的，可以在字节级别寻址，读取的宽度限制为 256 位，而写入的宽度可以为 8 位或 256 位。内存越大，内存的成本就越高。

以太坊虚拟机不是寄存器机，而是堆栈机，因此所有计算都在称为堆栈的数据区域上执行。它的最大大小为 1024 个元素，由 256 位构成。

5）指令集。以太坊虚拟机的指令集是对基本数据类型、256 位字或内存切片（或其他字节数组）进行操作。指令集中包含常见的算术、位、逻辑和比较操作，也支持有条件和无条件的跳转。

6）消息调用。合约可以通过消息调用的方式调用其他合约，或者发送以太币到非合约账户。消息调用和交易类似，都具有发送者、接收者、负载、以太币，Gas 和返回数据。实际上，每个交易都包含一个顶级的消息调用，该消息调用可以创建其他的消息调用。

7）日志。日志是一种特殊的可索引数据结构，其存储的数据可以一直映射到区块层级。Solidity 用它来实现事件。合约创建之后就无法访问日志数据，但是这些数据可以从区块链外部进行有效访问。

8）失效和自毁。合约代码从区块链上移除的唯一方式是合约在合约地址上执行自毁操作"selfdestruct"。合约账户上剩余的以太币会发送给指定的目标，然后其存储和代码从状态中被移除。移除合约有很大的潜在危险，如果有人发送以太币到移除的合约，这些以太币将永远丢失。

（4）编译环境介绍

学习 Solidity 推荐使用在线开发环境 Remix，本实验将全部使用 Remix 开发、编译、运行。

目前开发 Solidity 最好的的编译环境就是 Remix，Remix 是一个基于 Web 浏览器的在线智能合约开发 IDE，提供了从智能合约编写、编译、调试到部署的全流程工具，而且操作简单。

打开 Remix 只需在浏览器中输入地址：https://remix.ethereum.org/。

（5）开发 HelloWorld 智能合约

编写一个简单的 HelloWorld.sol 智能合约，包括 get 和 set 两个方法，可以实现对 name 变量的设置和获取。完整代码如下：

```solidity
pragma solidity 0.4.25;
contract HelloWorld {
    string name;
    constructor() public {
        name="Hello,World!";
    }
function set(string memory_name)
public {
        name=_name;}
function get()
public view returns (string memory) {
        return name;
    }
}
```

下面是合约每部分的详细介绍：

1）第 1 行：使用 pragma 关键字声明 solidity 版本。

2）第 2 行：定义合约名 HelloWorld，其定义方法类似于 Java 的类；合约还包括抽象（abstract）合约、接口（interface）和库（library），后续的实验均会有所涉及。

3）第 3 行：定义一个状态变量 name。

4）第 5 行：定义构造函数，并给 name 状态变量初始化赋值" Hello，World!"。

5）第 7 行：定义 set() 方法用于给状态变量 name 赋值，其中 public 为函数的可见性，可见性是指变量或者函数是否可以被外部使用或者调用，Solidity 的可见性包括 public（修饰的变量以及函数能被其他合约调用）、external（只能被其他合约通过交易调用）、internal（修饰的变量以及函数能被自己以及继承者使用）、private（修饰的变量以及函数只能自己使用）。

6）第 10 行：定义 get() 方法用于获取当前状态变量 name 的值，其中 view 为对函数中状态变量的可操作性的修饰符，包括 view 和 pure，被 view 修饰的函数不会修改函数中的状态变量，被 pure 修饰的函数则更加严格，不能修改函数中的状态变量，并且不允许状态变量被读取。

（6）实验步骤

1）在 FILE EXPLORERS 选项卡下，新建一个 HelloWorld.sol 文件，并在工作区编写代码。

2）在 SOLIDITY COMPILER 选项卡下，选择正确的编译版本，单击 Compile 按钮，开始编译。

3）在 DEPLOY & RUN TRANSACTIONS 选项卡下，单击 Deploy 按钮进行部署。

4）在 DEPLOY & RUN TRANSACTIONS 选项卡下，在 Deployed Contracts 会显示已经编译完成的合约，找到 HelloWorld 合约，打开下拉菜单会看到 set 和 get 方法。

5）单击 get 按钮，在右下方会显示交易信息，decoded output 会显示｛"0"："string: Hello, World!"｝，即将"Hello, World!"打印出来。

6）在 _name 输入框中输入 Hi, World!，即给 _name 变量赋值。单击 set 按钮，在右下方会显示交易信息，decoded input 会显示｛｛"string _name"："Hi, World!"｝｝，即输入"Hi, World!"。

7）单击 get 按钮，在右下方会显示交易信息，decoded output 会显示｛"0"："string: Hi, World!"｝，即将"Hi, World!"打印出来。

（7）实验结果如图 5-15 所示。

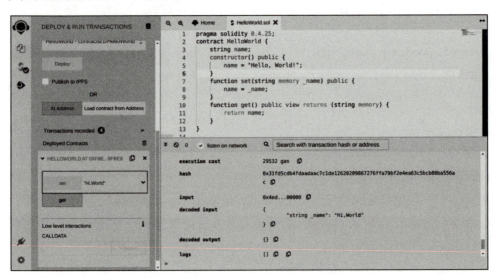

图 5-15　Hi, world! 打印实验结果

5.5.3　实验 2：投票智能合约

1. 实验介绍

通过这次实验学习设计并实现一个基于智能合约的投票系统，利用智能合约的公开透明特性，为每个投票者赋予公平的投票权限，并可以实时查看当前的投票结果。

2. 实验目的

学习如何在智能合约中体现规则公开透明的特性，分布式数据统计的方法，Solidity 对于字符串数组的处理方法。

3. 环境准备

Remix 智能合约在线调试工具。

4. 实验步骤

（1）编写智能合约

1）投票系统需求：预定义一些候选人，可以对候选人进行投票，投票的时候需要累加投票数量，形成票数统计，可以查看某个候选人的得票数，需要规则公开、透明，投票、统计过程公开可信，投票结果不可篡改，永久保留。统计结果可公示。

2）系统角色设计：候选人，投票人，候选人列表，得票数。

3）版本和合约声明：

```
pragma solidity >=0.4.22<0.6.0;
contract Voting {
```

4）声明候选人到实时票数的映射：

```
mapping(bytes32=>uint256) public votesReceived;
```

5）声明候选人数组，使用的数据结构是 bytes32 数组，需要将字符串进行编码，转为十六进制形式才能存入 bytes32 中：

```
bytes32[] public candidateList;
```

6）构造函数，将候选人数组作为参数输入：

```
constructor(bytes32[] memory candidateNames) public {
    candidateList=candidateNames;
}
```

7）查询候选人的当前票数：

```
function totalVotesFor(bytes32 candidate) view public returns (uint256) {
    require(validCandidate(candidate));
    return votesReceived[candidate];
}
```

8）为指定的候选人投票：

```
function voteForCandidate(bytes32 candidate) public {
    require(validCandidate(candidate));
    votesReceived[candidate]+=1;
}
```

9）判断候选人的合法性：

```
function validCandidate(bytes32 candidate) view public returns
(bool) {
  for(uint i=0;i<candidateList.length;i++) {
    if (candidateList[i]==candidate) {
      return true;
    }
  }
  return false;
}
```

（2）在线调试

通过提供的在线 Remix 环境进行合约的在线调试，编译、部署过程与实验 1 中操作一致。

5. 实验结果

调用 reward，获取代币。实验结果如图 5-16 和图 5-17 所示。

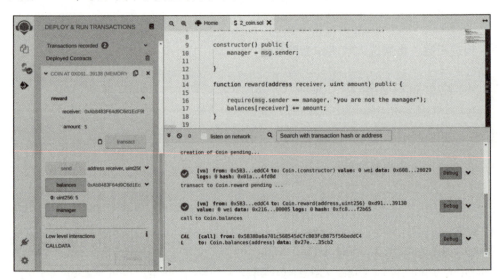

图 5-16　投票结果（1）

5.5.4　实验 3：教学成绩录入

1. 实验介绍

通过本实验学习智能合约间的相互调用过程，设计并实现一个教学成绩录入系统，每个学生部署一个学生合约用来管理自己的信息，老师通过学生成绩合约为每个学生添加或修改成绩，并将每个学生的成绩与其学生合约绑定。

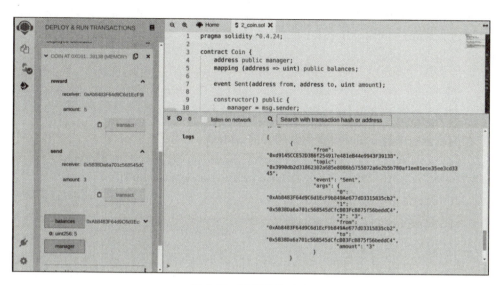

图 5-17 投票结果（2）

2. 实验目的

学习合约间调用方法，通过 modifier 函数修饰器来改变函数的行为，进一步理解区块链的账户概念。

3. 环境准备

Remix 智能合约在线调试工具。

4. 实验步骤

（1）编写智能合约

1）实验场景如下：

学期末课程结束后，老师需要录入学生的课程成绩信息，通过智能合约，存储在区块链上。每个学生分别部署合约 Student.sol，保证只有自己可以修改姓名。老师部署合约 StudentScore.sol，用于录入学生成绩，查询学生信息。查询学生信息时，需要调用学生部署的合约 Student.sol，用于学生自己对信息进行管理。

2）学生的基本信息作为状态变量：

```
contract Student {
    string studentId;
    string studentName;
    address owner;
    ...}
```

3）声明函数修饰器，可以将其加在函数中，在函数执行前进行判断，来检查调用者是否为学生本人，只有本人才能调用该函数：

```solidity
modifier onlyOwner() {
    if(owner==msg.sender) {
        _;
    }
}
```

4) 在构造函数中将 owner 设置为调用者的 address：

```solidity
constructor(string _studentId,string _stdentName) public {
    studentId=_studentId;
    studentName=_stdentName;
    owner=msg.sender;
}
```

5) get 和 set 方法，其中 set 方法加入了函数修饰器：

```solidity
function getStudentName() public constant returns(string) {
    return studentName;
}
function setStudentName(string _studentName) public onlyOwner {
    studentName=_studentName;
}
```

6) StudentScore.sol 合约，用于录入、查询学生成绩。

导入 Student 合约：

```solidity
import "./Student.sol";
```

7) 合约基本数据：

```solidity
contract StudentScore {
    uint totalScore;                                    //全班总成绩
    uint studentCount;                                  //统计学生数量
    address owner;                                      //部署合约的账户地址
    //map 映射,根据学生 ID,存储学生的 address 和成绩
    mapping (string=>address) studentMap;               // studentId->student
    mapping (string=>uint) scoreMap;                    // studentId->score
```

8) 事件：

```
event studentNotExistsEvent(string studentId);
```

这个用于后面的权限判断,只有部署这个合约的用户,才能调用带有 onlyOwner 修饰符的方法,"_;" 一定要添加,它表示使用修改符的函数体的替换位置。

```
modifier onlyOwner() {
    if(owner==msg.sender) {
        _;
    }
}
```

9) 构造函数:

```
constructor() public {
    owner=msg.sender;
}
......
}
```

10) 教师添加或修改学生成绩:

```
function addStudentScore(string studentId,address student,uint score) public onlyOwner {
    studentMap[studentId]=student;
    scoreMap[studentId]=score;
    totalScore+=score;
    studentCount++;
}
function modifyScoreByStudentId(string studentId,uint score) public onlyOwner{
    if(!studentExists(studentId)) {
        studentNotExistsEvent(studentId);
        return;
    }
    totalScore-=scoreMap[studentId];
    scoreMap[studentId]=score;
    totalScore+=score;
}
```

197

11）获取学生平均成绩，学生成绩查询，学生存在性查询：

```solidity
function getAvgScore() public view returns(uint) {
    return totalScore / studentCount;
}
function getScoreByStudentId(string studentId) public constant returns(string,string,uint) {
    if(!studentExists(studentId)) {
        studentNotExistsEvent(studentId);
        return;
    }
    Student student=Student(studentMap[studentId]);
    var studentName=student.getStudentName();
    uint score=scoreMap[studentId];
    return(studentId,studentName,score);
}
 function studentExists(string studentId) public view returns(bool) {
    address student=Student(studentMap[studentId]);
    if(student==0x00) {
        return false;
    }else{
        return true;
    }
}
```

（2）在线调试

通过提供的在线 Remix 环境进行合约的在线调试，编译、部署过程与实验 1 中操作一致。

5. 实验结果

1）先部署学生合约，在老师合约中查看学生信息，如图 5-18 所示。

2）录入学生成绩，并测试其他功能，如图 5-19 所示。

5.5.5 实验 4：Solidity 基本语法

1. 实验介绍

通过本实验学习 Solidity 语言的基本语法，包括基本数据类型、高级数据类型、函数可见性、账户等，最后开发一个分布式转账合约。

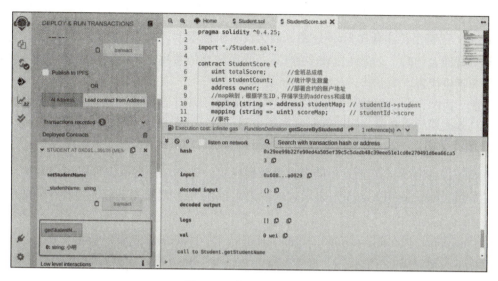

图 5-18　学生信息的查看

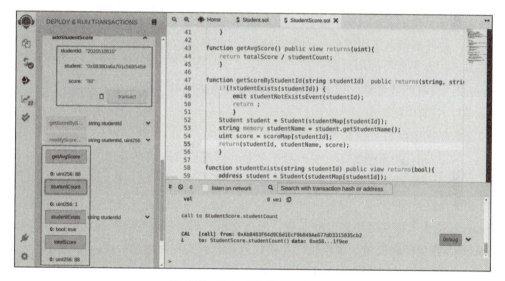

图 5-19　学生成绩的录入和测试

2. 实验目的

学习 Solidity 的基本语法，理解区块链上的账户概念。

3. 环境准备

Remix 智能合约在线调试工具。

4. 实验步骤

（1）Solidity 基础语法介绍

1）基本数据类型：

address：以太坊地址的长度为 20B，一般以 0x 打头。

int/uint：有符号或无符号整型数字，可以后跟数字指定长度，如 uint256。

bool：布尔型。

string：字符串，注意在 Solidity 中，因为没有长度限制，string 类型会占用大量的资源，实际运行智能合约时，会消耗比较多的 Gas，导致较高的费用，因此要慎重使用，一般使用 byte 作为下位代替。

byte：字节，可以后跟数字指定长度，如 byte32。

2）高级数据类型：

struct：结构体，类似 C/C++。

mapping：映射，本质上是存储和查找数据所用的键值对，类似于可以用任意类型表示下标的数组，mapping（K=>V）表示这个映射可以用 K 类型作为下标，同时存储的值是 V 类型。

如：mapping（address=>uint）public balance，其中 address 是键的数据类型，uint 是值的数据类型。可以用 balance [x] 获取 uint 类型的值，其中 x 是 address 类型。

数组：包括定长数组和变长数组两种。

event：事件，是 solidity 提供的一种日志基础设施，用于对某些特殊操作进行记录。

3）函数可见性定义：

public：在外部和内部均可见（创建存储/状态变量的访问者函数）。

private：仅在当前合约中可见。

external：只有外部可见（仅对函数）仅仅在消息调用中（通过 this.fun）。

internal：只有内部可见。

4）函数访问限制符：

view，constant：表示函数不会更改状态变量，但可以读取状态变量。

pure：表示函数既不更改也不读取状态变量。

5）变量存储类型：

storage：指永久存在区块链上的变量，通过交易的调用来改变合约的状态。

memory：指运行时变量，虚拟机会在函数运行时为该变量创建一块内存空间。

注意：状态变量（全局变量）默认为 storage 形式，函数内部变量默认为 memory 形式。

（2）编写智能合约

编写一个分布式转账智能合约，部署合约的人为合约管理员，只有管理员可以为其他用户发放代币，其他用户之间可以互相转账，转账的操作以事件的方式被记录在链上。

1）版本声明和合约创建：

```
pragma solidity ^0.4.24;
contract Coin {
```

2）声明全局变量 manager，作为本合约的管理员：

```
address public manager;
```

3）声明 mapping balances，用来记录每个地址的余额：

```
mapping (address=>uint) public balances;
```

4）声明 event Sent，用来记录转账过程：

```
event Sent(address from,address to,uint amount);
```

5）构造函数，将调用者的地址赋于 manager：

```
constructor() public {
    manager=msg.sender;
}
```

6）reward 函数，通过管理员账户为其他账户增加余额，其中通过 require() 来判断调用者是否为管理员账户，不是的话会报错，调用失败：

```
function reward(address receiver,uint amount) public {
    require(msg.sender==manager,"you are not the manager");
    require(balances[receiver]+amount >amount,"too many balances for receiver");
    balances[receiver]+=amount;
}
```

这里要注意，Solidity 本身对于数的加法溢出没有做处理，因此需要防备这种情况，就有了函数内第二行的 require 语句。以后对于任何增加和减少金额的操作，都一定要对溢出情况进行单独处理。

7）send 函数，调用时用户会将自己余额中的部分代币发送给输入地址所对应的账户，通过 require 来判断该账户余额是否满足转账需求，满足后再进行转账操作，最后通过触发 Sent 事件，将这次转账操作记录下来：

```
function send(address receiver,uint amount) public {
    require(balances[msg.sender] >=amount,"balances are not enough");
    require(balances[receiver]+amount >balances[receiver],"too many balances for receiver");
    balances[msg.sender]-=amount;
    balances[receiver]+=amount;
    emit Sent(msg.sender,receiver,amount);
}
```

(3)在线调试

通过提供的在线 Remix 环境进行合约的在线调试，编译、部署过程与实验 1 中操作一致。

5. 实验结果

1）调用 reward，获取代币，如图 5-20 所示。

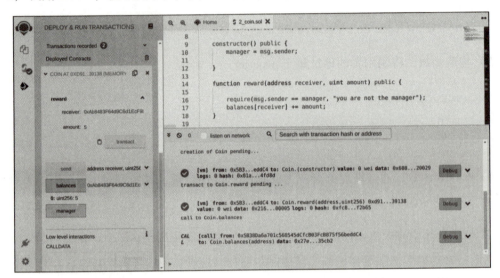

图 5-20 代币的获取

2）调用 send，发送代币，如图 5-21 所示。

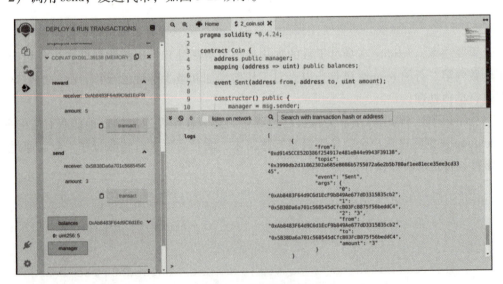

图 5-21 代币的发送

5.5.6 实验 5：ICO

1. 实验介绍

通过本实验学习设计并实现一个基于以太坊 ERC20 规范发行代币的 ICO 众筹系统，可以在项目早期通过 ICO 合约接收资金支持，完成众筹，并根据投资人的购买份额分配代币。最后完成一个教学区块链 ICO 合约的编写。

2. 实验目的

学习以太坊 ERC20 规范及对应的 EIP20 模板合约，如何利用以太坊进行分布式众筹，如何利用以太坊代币标准 ERC20 来发行自己的链上资产、合约的继承。

3. 环境准备

Remix 智能合约在线调试工具。

4. 实验步骤

（1）编写智能合约

1）实验场景。

计划实施一个用于教学的区块链项目，旨在改善、影响老师和学生教学互动的方式，要完成此项目，需要一笔启动资金，以支撑后续开发工作，为此发起了一个众筹项目。打算通过区块链网络来发起这个众筹项目。

2）ICO 众筹系统需求。

在区块链上开发 ICO 项目，以便从社会各界募集资金，ICO 项目目标募资额度 100 块，计划发行 100 token（西电币），1 token 代表 1 块。发起人根据投资额度，转给投资人相应数量的西电币，发起人可以授权委托人完成西电币转让，可查看授权。投资人可以增持或减持手中的西电币份额。

3）系统角色设计。

发起人、投资人、委托人。

4）系统数据内容。

发行量、候选人列表、名称、得票数、符号、个人份额、委托份额、合约。

5）定义了 5 个接口，分别是余额查询、本账户转账、代理转账、允许代理转账、查询代理转账额度，还有 2 个事件，记录了转账和允许代理两个操作。

```
    function balanceOf(address _owner) public view returns (uint256 balance);

    function transfer(address _to,uint256 _value) public returns (bool success);

    function transferFrom(address _from,address _to,uint256 _value) public returns (bool success);

    function approve(address _spender,uint256 _value) public returns (bool success);
```

```
function allowance(address _owner,address _spender) public view returns (uint256 remaining);

event Transfer(address indexed _from,address indexed _to,uint256 _value);
event Approval(address indexed _owner,address indexed _spender,uint256 _value);
```

6)声明 ICO.sol 合约。

首先是版本和声明,声明 ICO 合约继承自 EIP20Interface 合约。

```
pragma solidity >=0.4.22<0.6.0;
import "./EIP20Interface.sol";

contract ICO is EIP20Interface {
```

7)基本数据定义,定义了总代币上限、余额映射、允许代理交易额度映射、代币名和代币符号。

```
uint256 constant private MAX_UINT256=2**256-1;
mapping (address=>uint256) public balances;
mapping (address=>mapping (address=>uint256)) public allowed;

string public name;
string public symbol;
```

8)构造函数,设置基本信息。

```
constructor(
    uint256 _initialAmount,
    string memory _tokenName,
    string memory _tokenSymbol
) public {
    balances[msg.sender]=_initialAmount;
    totalSupply=_initialAmount;
    name=_tokenName;
    symbol=_tokenSymbol;
}
```

9）转账函数。

```
function transfer(address _to,uint256 _value) public returns (bool success) {
    require(balances[msg.sender] >= _value);
    balances[msg.sender]-=_value;
    balances[_to]+=_value;
    emit Transfer(msg.sender,_to,_value);
    return true;
}
```

10）代理转账函数。

```
function transferFrom(address _from,address _to,uint256 _value) public returns (bool success) {
    uint256 allowance=allowed[_from][msg.sender];
    require(balances[_from] >= _value && allowance >= _value);
    balances[_to]+=_value;
    balances[_from]-=_value;
    if(allowance<MAX_UINT256) {
        allowed[_from][msg.sender]-=_value;
    }
    emit Transfer(_from,_to,_value);
    return true;
}
```

11）账户余额查询函数。

```
function balanceOf(address _owner) public view returns (uint256 balance) {
    return balances[_owner];
}
```

12）允许代理转账函数和查询函数。

```
function approve(address _spender,uint256 _value) public returns (bool success) {
    allowed[msg.sender][_spender]=_value;
    emit Approval(msg.sender,_spender,_value);
```

```
        return true;
    }
    function allowance(address _owner,address _spender) public view re-
turns(uint256 remaining) {
        return allowed[_owner][_spender];
    }
}
```

(2) 在线调试

通过提供的在线 Remix 环境进行合约的在线调试，编译、部署过程与实验 1 中操作一致。

5. 实验结果

1) 给第一个人投票，如图 5-22 所示。

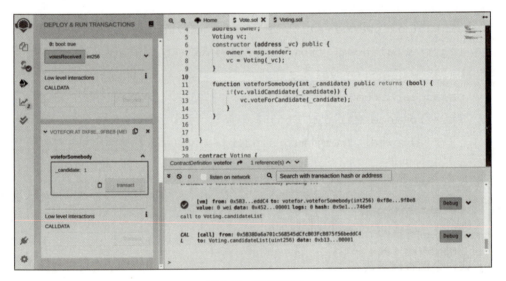

图 5-22　发起投票

2) 在合约 Voting 中查看第一个人的投票信息，如图 5-23 所示。

5.5.7　实验 6：二手车交易

1. 实验介绍

通过本实验学习如何在去信任的情况下，通过智能合约实现物理资产的链上交易，针对需要不同身份的多方协作完成交易目标的场景，通过合约构建一个无需中介的可信交易环境。设计并实现一个二手车交易智能合约，买方和卖方可以通过该合约对二手车资产进行交易。

2. 实验目的

学习如何在去信任的场景下实现不同参与方的可信交易，学习如何以不同身份对合约的

第 5 章 基于 Hyperledger Fabric 的区块链应用案例

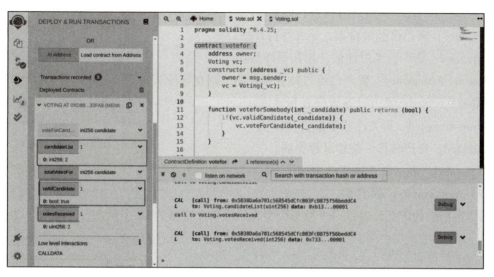

图 5-23 投票信息的查看

状态进行不同的操作。

3. 环境准备

Remix 智能合约在线调试工具。

4. 实验步骤

（1）编写智能合约

开发一个无中介的二手车交易平台，买房和卖方可以通过该平台对二手车资产进行交易。

1）系统需求：卖方发布要卖的二手车信息，给出车辆报价，此信息可公开查询。买方查看信息后，有购买意愿，经过考虑出价并发起要约。卖方查看买方出价，接受邀约，请买方对资产进行检查、评估。买方委托第三方机构检查、评估资产。资产检查机构对目标资产进行检查，并上报状态。资产评估机构对目标资产进行评估，并上报状态。资产检查、评估通过后，买卖双方达成共识，同意对二手车进行交易。如果资产检查、评估未能通过，买卖双发可以拒绝交易。在达成交易共识之前，双方可以拒绝交易。一旦达成交易共识，双方必须履约。要求规则公开、透明，合约状态可公示。投票结果不可篡改，永久保留。

2）系统角色设计：该演示合同中有四个角色，卖方是发起人，其他三个角色（买方、评估员和检查员）是参与者。在合同的某些阶段，参与者可以采取各种行动。智能合约中编写的逻辑将根据采取的操作相应地修改状态。拥有资产并想出售资产者，打算购买卖方正在出售的资产者，由买方选择作为要考虑购买资产的检查员，由买方选择作为要考虑购买资产的评估人。

3）系统数据内容：

Active：资产转移工作流程的初始状态。

Offer Placed：已为资产提出要约。

Pending Inspection：资产待检查、评估。
Inspected：资产已经过检查，正在等待评估。
Appraised：资产已经过评估，正在等待检查。
Notional Acceptance：资产已经过检查和评估，正在等待买卖双方的最终签署。
Seller Accepted：卖方已签署检查和评估。
Buyer Accepted：买方已签署检查和评估。
Accepted：资产转移、交易过程完成。
Terminated：表示资产转移已取消。

（2）AssetTransfer.sol 代码

基本数据结构定义，通过一个枚举类型表示该资产交易的 10 个状态。

```solidity
pragma solidity >=0.4.25<0.6.0;

contract AssetTransfer {
    enum StateType { Active, OfferPlaced, PendingInspection, Inspected, Appraised, NotionalAcceptance, BuyerAccepted, SellerAccepted, Accepted, Terminated }
    address public InstanceOwner;
    string public Description;
    uint public AskingPrice;
    StateType public State;

    address public InstanceBuyer;
    uint public OfferPrice;
    address public InstanceInspector;
    address public InstanceAppraiser;
```

1）构造函数，定义汽车的所有者、预期价格、汽车描述、合约状态设置为 active。

```solidity
constructor(string memory description,uint256 price) public {
    InstanceOwner=msg.sender;
    AskingPrice=price;
    Description=description;
    State=StateType.Active;
}
```

2）汽车所有者修改信息。

```
function Modify(string memory description,uint256 price) public {
    if(State!=StateType.Active) {
        revert();
    }
    if(InstanceOwner!=msg.sender) {
        revert();
    }
    Description=description;
    AskingPrice=price;
}
```

3)汽车所有者拒绝购买并将合约状态更新为 active。

```
function Reject() public {
    if(State!=StateType.OfferPlaced && State!=StateType.PendingInspection && State!=StateType.Inspected && State!=StateType.Appraised && State!=StateType.NotionalAcceptance && State!=StateType.BuyerAccepted) {
        revert();
    }
    if(InstanceOwner!=msg.sender) {
        revert();
    }
    InstanceBuyer=0x0000000000000000000000000000000000000000;
    State=StateType.Active;
}
```

4)暂停交易。

```
function Terminate() public {
    if(InstanceOwner!=msg.sender) {
        revert();
    }
    State=StateType.Terminated;
}
```

5)买方已为资产提出要约,设置评估和检查人员。

```
function MakeOffer(address inspector,address appraiser,uint256 of-
ferPrice) public {
    if(inspector==0x0000000000000000000000000000000000000000
0||appraiser==0x0000000000000000000000000000000000000000||offer-
Price==0) {
        revert();
    }
    if(State!=StateType.Active) {
        revert();
    }
    if(InstanceOwner==msg.sender) {
        revert();
    }

    InstanceBuyer=msg.sender;
    InstanceInspector=inspector;
    InstanceAppraiser=appraiser;
    OfferPrice=offerPrice;
    State=StateType.OfferPlaced;
}
```

6) 修改购买价格。

```
function ModifyOffer(uint256 offerPrice) public {
    if(State!=StateType.OfferPlaced) {
        revert();
    }
    if(InstanceBuyer!=msg.sender||offerPrice==0) {
        revert();
    }

    OfferPrice=offerPrice;
}
```

7) 买方取消出价。

```
function RescindOffer()public {
if (State!=StateType.OfferPlaced && State!=StateType.Pending-
```

```
Inspection && State!=StateType.Inspected && State!=StateType.Appraised
&& State!=StateType.NotionalAcceptance && State!=StateType.SellerAccep-
ted) {
        revert();
    }
    if(InstanceBuyer!=msg.sender) {
        revert();
    }


    InstanceBuyer=0x0000000000000000000000000000000000000000;
    OfferPrice=0;
    State=StateType.Active;
}
```

8)卖方接受报价。

```
function AcceptOffer() public {
    if(State!=StateType.OfferPlaced) {
        revert();
    }
    if (InstanceOwner!=msg.sender) {
        revert();
    }

    State=StateType.PendingInspection;
}
```

9)评估员和检查员分别确认结果。

```
function MarkAppraised()public {
    if(InstanceAppraiser!=msg.sender) {
        revert();
    }

    if(State==StateType.PendingInspection) {
        State=StateType.Appraised;
    } else if(State==StateType.Inspected) {
```

```
            State=StateType.NotionalAcceptance;
        } else {
            revert();
        }
    }

    function MarkInspected()public {
        if(InstanceInspector!=msg.sender) {
            revert();
        }

        if(State==StateType.PendingInspection) {
            State=StateType.Inspected;
        } else if(State==StateType.Appraised) {
            State=StateType.NotionalAcceptance;
        } else {
            revert();
        }
    }
```

10）买卖双方确认交易，达成共识。

```
    function Accept()public {
        if(msg.sender!=InstanceBuyer && msg.sender!=InstanceOwner) {
            revert();
        }

        if(msg.sender==InstanceOwner &&
            State!=StateType.NotionalAcceptance &&
            State!=StateType.BuyerAccepted) {
            revert();
        }

        if (msg.sender==InstanceBuyer &&
            State!=StateType.NotionalAcceptance &&
            State!=StateType.SellerAccepted) {
```

```
            revert();
        }

        if (msg.sender==InstanceBuyer) {
            if (State==StateType.NotionalAcceptance) {
                State=StateType.BuyerAccepted;
            } else if (State==StateType.SellerAccepted) {
                State=StateType.Accepted;
            }
        } else {
            if (State==StateType.NotionalAcceptance) {
                State=StateType.SellerAccepted;
            } else if (State==StateType.BuyerAccepted) {
                State=StateType.Accepted;
            }
        }
    }
```

5. 实验结果

1) 买方、检查方和评估方的初始化,如图 5-24 所示。

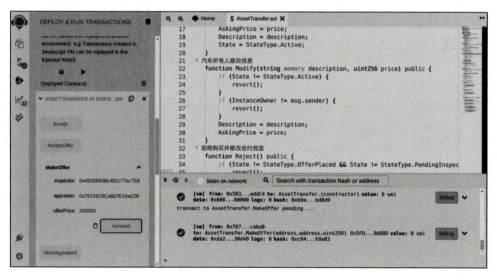

图 5-24 三方信息的初始化

2) 买方确认报价,检查方和评估方对汽车进行检查(MarkInspected)和评估(MarkAppraised),如图 5-25 所示。

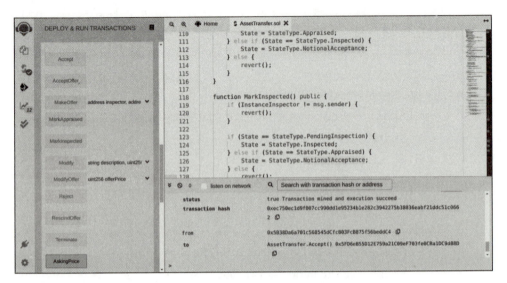

图 5-25 汽车的评估和检查

3）合约的最终签订，如图 5-26 所示。

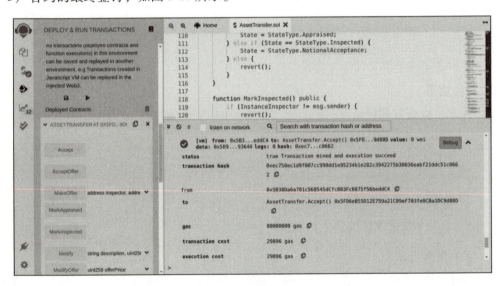

图 5-26 合约的最终签订

5.6 参考文献

[1] NASIR Q，QASSE I A，TALIb M A，et al. Performance Analysis of Hyperledger Fabric Platforms [J]. Security and Communication Networks，2018，2018：1-14.

[2] XU X，SUN G，LUO L，et al. Latency performance modeling and analysis for hyperledger fabric blockchain network [J]. Information Processing & Management，2021，58（1）：102436.

[3] SHALABY S，ABDELLATIF A A，AL-ALI A，et al. Performance Evaluation of Hyperledger Fabric [C]//

2020 IEEE International Conference on Informatics, IoT, and Enabling Technologies. Dohar: IEEE, 2020: 608-613.

［4］ANDOLA N, GOGOI M, VENKATESAN S, et al. Vulnerabilities on hyperledger fabric ［J］. Pervasive and Mobile Computing, 2019, 59: 101050.

［5］CHACKO J A, MAYER R, JACOBSEN H A. Why Do My Blockchain Transactions Fail? A Study of Hyperledger Fabric ［C］//SIGMOD'21: Proceedings of the 2021 International Conference on Management of Data. New York: Association for Computing Machinery 2021: 221-234.

［6］FATTAHI S M, MAKANJU A, FARD A M. SIMBA: An Efficient Simulator for Blockchain Applications ［C］// 2020 50th Annual IEEE-IFIP International Conference on Dependable Systems and Networks-Supplemental Volume (DSN-S). Valencia IEEE, 2020: 51-52.

［7］Ethereum Foundation. Introduction to Web3 ［EB/OL］. (2023-01-17) ［2023-01-17］ https://ethereum.org/en/web3/

［8］Ethereum Foundation. Remix Online IDE ［EB/OL］. ［2022-12-25］ https://remix.ethereum.org/

［9］SZABO N. Formalizing and Securing Relationships on Public Networks ［J］. First Monday, 1997, 2 (9).